기이한 생각의 바다에서

자기 형성과 그 진로, 인문과학의 과제

석학人文강좌 **19**

기이한 생각의 바다에서

자기 형성과 그 진로, 인문과학의 과제

2012년 11월 19일   초판 1쇄 발행

2022년 4월 18일   초판 2쇄 발행

지은이   김우창

펴낸이   한철희

펴낸곳   돌베개

책임편집   최양순 · 이경아

디자인   이은정 · 박정영

디자인기획   민진기디자인

등록   1979년 8월 25일 제406-2003-000018호

주소   (10881) 경기도 파주시 회동길 77-20 (문발동)

전화   (031) 955-5020

팩스   (031) 955-5050

홈페이지   www.dolbegae.co.kr

전자우편   book@dolbegae.co.kr

ⓒ 김우창, 2012

ISBN 978-89-7199-506-8 94100

ISBN 978-89-7199-331-6 (세트)

이 저서는 '한국연구재단 석학과 함께하는 인문강좌'의 지원을 받아 출판된 책입니다.

석학人文강좌 19

기이한 생각의 바다에서

자기 형성과 그 진로, 인문과학의 과제

김우창 지음

돌베개

책머리에

인문강좌 주최 당국과의 약조는 강좌가 끝나고 오래지 않아서 강좌의 원고를 정리 보완하여 책으로 출간할 수 있게 한다는 것이었다. 그러나 강좌를 끝낸 지 벌써 2년하고도 몇 달이 지났다. 원래 강의 담당을 수락한 것은 별 준비가 되지 않은 상태의 일이어서, 원고를 거의 강좌의 진행과 더불어 작성할 수밖에 없었다. 그중에 행복의 문제를 다루는 부분은 다행히 그 전에 김문조 교수의 초청으로 사회학회에서 발표할 기회를 가졌던 원고를 참고할 수 있었기 때문에 약간 일이 가벼울 수 있었다. 그러나 문제들을 제대로 전개할 만한 시간을 갖지 못하면서 원고가 작성되었던 것이 사실이다. 그 결과, 새로 정리하려 했지만 다른 일들에 밀리기도 하여, 원고를 다시 정리할 엄두를 내지 못하였다. 그러나 약조도 있고 하여 교정 정도의 수정으로라도 출간 준비를 하기로 하였다.

원고를 다시 한 번 읽어 보면서, 감명 깊었던 것은 토의에 참가하였던 분들이 참으로 진지하게 강의를 경청하고 적절한 질문들을 내놓은 사실을 새삼스럽게 확인한 것이었다. 강의에 기초가 되었던 원고를 새로 작성한다면, 이 질문들에 충분히 답이 되게 작성하는 것이 글 전체를 향상하는 좋은 방법의 하나인 것으로 여겨졌다. 민은경 교수는 강의에 언급된 동서양의 철학자들을 논하는 데에는, 인간 형성을 포함한 여러 개념이 동서양 전통에서 서로 다르고 또 시대에 따라서 다르다는 것을 밝히는 것이 필요하다는 점을 지적하였다. 필자도 원고를 다시 읽으면서 이 구분을 더욱 분명히 하는 것이 필요한 일일 뿐만 아니라 주제를 보다 짜임새 있게 조직하는 방법이라는 것을 생각하였다. 민 교수가 언급한 것 가운데에는 결론 부분이 산문적인 사실이 아니라 시적인 모호함으로 끝난다는 것이 있었다. (물론 이러한 표현을 쓴 것은 아니지만.) 이것은 민 교수가 언급한 시몬느 베이유나 틀릴링 그리고 프로이트가 함축하여 말한 초월자에 유사한 것이 끝에 올 수밖에 없기 때문이었을 것으로 생각한다. 존재의 신비에 대한 느낌은 플라톤의 이데아이든지 또는 신성한 어떤 것이든지 간에 서양의 존재론적 사고의 근본에 들어 있는 한 특징이라고 할 수 있지 않나 한다. 동양에도 사물의 근본 원리가 현세의 현실을 넘어가는 것이라는 생각은 있다. 또는 그것은 조금 더 강하게 이야기된다고 할 수도 있다. 그러나 서양 사상의 특징은—물론 이것은 거창한 일반화가 되지만—이 신비적인 차원을 인간의 인식 능력이나 언어에 의하여 끊임없이 접근되는 것이면서 접근되지 않는 것이라고 생각하는 데에 있는 것으로 보인다. 자크 데리다의 글에 "어떻게 말하지 않을 것인가"Comment ne pas parler라는 것이 있지만, 물론 이것은 말하지 않으면서 말을 하고 있는 글이다. 진실의 근본에 대한 이러한 역설적인 접근이 서양적 사고의 중요한 특징이 아닌가 하는 것이다. 그리하여 아포리아를 맴도는 탐구가 쉬지 않고 계속된다. 물론 이러한 개념 하나로 이 책에서 말하여진 것이 다 조직화될 수 있는 것은 아니다. 필요한 것은 개념의 자세한 판별과 그것의 현실적 관계를 밝히는 것이다. 그것은 앞으로 필자가 더 시도해 보아야 할 일이다.

강좌의 마지막 회에서는 여러 질의에 답하는 것이 주어진 일이었으나, 필자는 귀를 기울여 듣는 것이 얼마나 중요한 것인가를 길게 말하면서도, 듣고 답하는 일을 제대로 하지 못했다. 여건종 교수의 질문 가운데, 오늘의 물질주의 사회에서 사회적 삶의 조직 원리로서 심미적 이성의 설자리가 얼마나 되겠는가 하는 것이 있었다. 이 문제를 가지고 개념을 더 분명히 분석하고, 또 오늘의 사회 조건을 검토하는 것은 이 책에 또 하나의 중심을 세우는 일이 되었을 것이다. 그것은 새로운 작업을 요구한다. 다만 간단히 생각할 수 있는 것은 인간이 지상에 거주하는 데에 있어서 심미적 지향의 강화야말로 안정과 평화와 행복의 방법이 아닌가 하는 것이다. 그리고 이것은 상당히 나쁜 조건하에서도 가능한 일이라고 보아야 한다. 반드시 사회적·물질적 모순을 완전히 해결한 다음에만 가능한 것은 아니다. 그러나 이러한 문제도 물론 더 생각하고 연구해 보아야 할 문제이다.

김형찬 교수는 강좌에서 이야기한 곤학困學의 역정이 너무 괴로운 것이 아닌가 하는 질문을 하였고, 필자 자신의 개인적인 학문의 역정에 대하여 언급하는 것이 있으면 좋겠다는 의견을 피력하였었다. 여기에도 제대로 답하지 못하였었다. 강좌에서 언급한 정신의 삼엄한 단련의 과정은 필자의 개인적인 삶에서 나온 것이 아니라 책을 읽고 생각하고 하는 사이에 엮어 본 서사일 뿐이다. 그러니까 김 교수가 권하는 대로 이야기된 것보다는 편한 삶 속에서 이야기가 꾸며진 것이라고 하는 것이 옳다. 그러나 삶의 역정이, 나의 것이든 남의 것이든 고난으로 가득한 것이라는 것은 틀림이 없다. 시인 존 키츠의 유명한 말로, 인생이 눈물의 골짜기라는 말에 대하여, 그것이 "영혼을 단련하는 골짜기"라고 한 것이 있다. 인문과학의 사명은 이 눈물과 단련의 고통을 인지하면서, 그것이 누구에 관계되든지 간에, 그것을 조금은 미소로 바라보고 찬미할 수 있는 것으로 바꾸려는 노력에 있는 것이 아닌가 한다.

강좌에 도움을 주신 모든 분에게 감사를 드린다. 강좌를 조직하고 초청해 주신 것은 서지문 교수이시다. 문광훈 교수는 강좌의 사회를 참을성 있게 맡아 주셨다. 그리고 위에 이미 언급한 김형찬, 여건종, 민은경 교수는 그야말로 참을성 있게 듣고 평하여 주셨다. 앞에서 말한 대로 처음에 행복론을 써 볼 기회를 주신 것은 김문조 교수였다. 지금의 책 원고는 새로 교정을 하고 최소한의 논리적인 수정을 가한 것이지만, 이 원고는 강좌에서 배포되기 전에 인문강좌 측에서 교정을 일단 거친 것이었다. 이 자리를 빌려 감사드린다. 물론 그 외에도 이러한 강좌를 운영하는 데에는 보이지 않게 애를 써 주시는 분들이 많다. 감사드린다. 이제는 이경아 선생 그리고 최양순 선생을 비롯하여 돌베개출판사에서 수고해 주시게 되었다. 감사드린다.

2012년 9월 20일
김우창 謹識

차례

책머리에 004

1장 | 사회 속의 개인에 대하여
  1   서문: 자기 형성에 관하여 ——— 013
  2   사회 속의 나 ——— 030

2장 | 자기를 돌보는 방법에 대하여
  1   개체와 그 환경 ——— 057
  2   위기지학 ——— 064
  3   자기를 돌보는 방법 ——— 090

3장 | 행복의 추구에 대하여
  1   금욕과 행복 ——— 115
  2   행복의 공적 공간 ——— 121
  3   공적 행복 ——— 127
  4   공적 행복의 공간, 사회 문제, 권력의 추구 ——— 135
  5   자연과 원시의 행복 ——— 144
  6   단독자의 우주적 행복 ——— 149
  7   우주적 질서와 실존의 변증법 ——— 155

4장 | 곤학의 역정

   1   진정성의 결심 —————— 165

   2   곤학의 역정 —————— 193

   3   마지막 말을 대신하여: 나그네로서의 인간 —————— 209

종합토론 |

   김우창 선생의 『기이한 생각의 바다에서: 자기 형성과 그 진로, 인문과
   학의 과제』에 대한 토론문 —————— 225

찾아보기 273

1장

—

사회 속의 개인에 대하여

1. 서문: 자기 형성에 관하여

(1)

미완성의 인간　이 글에서 주제로 삼고자 하는 것은 자기 형성의 문제이다. 태어났을 때의 사람이 완전한 존재가 아님은 말할 필요도 없다. 이것은 육체적인 것을 말하지만, 정신적으로도 그러하다. 그리하여 인간은 성장하여 비로소 완성되는 존재이다. 이 성장의 상당 부분은 저절로 이루어진다. 그것은, 육체적인 의미에서든 정신적인 의미에서든, 주어진 생물학적 가능성이 저절로 현실로 발전되어 나오는 과정이다. 그렇지 못한 부분이 있다고 하더라도 그것은 사회의 문화적인 퇴적이 마련해 놓은 실천 지침에 따라 거의 저절로 일정한 종착점에 이른다고 할 수 있다.

　그러면서도 인간의 성장에서 개체적으로 형성되는 부분이 있게 되는 것을 완전히 부정할 수는 없다. 그것은 주어진 가능성들의 조합의 형태가 될 수도 있고 새로운 발견이 될 수도 있다. 또 사람은 일단의 성장이 끝난 이후에도 끊임없이 달라져 가는 존재이기 때문에, 일생 계속적으로 스스로를 형성해 가는 존재로 생각할 수도 있다.

어떤 것이든지 간에 개체적인 요소 그리고 개체적 형성의 사실이 무엇을 의미하며, 어떠한 종류의 그리고 어떤 인정을 받을 수 있는가를 생각해 보고자 하는 것이 이 글의 목표이다.

육체와 지능의 발달　사람은, 방금 말한 바와 같이, 신생아일 때 다른 동물의 경우에 비하여 더할 나위 없이 불완전한 상태에 있는 존재이다. 낳자마자 자력으로 세상을 향하여 걸어 나갈 수 있는 동물을 보면 우리는 놀라움을 금할 수 없다. 어미의 도움이 없이 완전히 자립할 수 있는 것은 아니지만, 그러한 동물들은 이미 상당한 정도로 평형을 갖춘 육체를 가지고 태어나고 어미의 사육을 받아야 하는 기간도 그다지 길지 않다. 이에 비하여 사람은 오랜 기간 동안 어머니 또는 그에 대신하는 보모의 도움이 없이는 독립된 존재로서 세상에 나갈 수 없다. 그러나 육체적 미완성은 정신적 미완성에 비하여 오히려 덜 심각하다고 할 수 있다. 그러면서 전자의 미완성은 여기에 밀접하게 연결되어 있다. 동물의 경우도 먹이를 찾고 피신처를 찾는 것을 완전히 본능의 기능으로만 볼 수는 없지만, 사람은 이 부분의 많은 일을 본능에 못지않게 지능에 의존하여 수행하여야 한다. 기본적인 삶의 수단의 확보를 위한 생물학적 기능도 지능의 발달을 기다려 보다 완전해진다. 그러니 인간의 미완성이 더욱 심각할 수밖에 없다고 할 것이다. 그러면서도 이러한 지능과 지적 능력의 양성 그리고 확대는 대부분의 경우 어머니를 비롯하여 성장하는 아이가 필요로 하는 여러 사람의 도움으로, 또 결국은 삶의 무대가 되어야 할 보다 넓은 사회의 도움으로 가능하다. 또 사회에는 이러한 도움의 전통이 퇴적하여 존재한다. 이것이 문화의 전통이다. 교육이 이것을 전달한다.

(2)

불확실성에로의 열림 지능의 발달은 확실성을 보장받을 수 있는 것이 아니다. 육체의 발달도 그와 다르다고 할 수는 없지만, 지능은 보이지 않는 잠재력이다. 그것은 많은 가능성을 감추어 가진 힘이다. 그러면서 그것이 여러 가지의 진로를 의미하는 한, 그것은 불확실성의 원인이 된다. 그리고 그것이 움직이고 있는 곳에서 세계 자체가 불확실한 것이 된다. 그러면서 그것은 자기와 세계의 새로운 가능성으로 열린다. 지능이 사람의 삶에 중요한 기능을 수행하게 되어 있다고 한다면, 사람과 사람의 삶의 장場으로서의 세계와의 관계는, 지능의 매개를 통하여, 다양하고 복잡한 것이 된다. 지능은 먹이와 피신처를 찾는 데에 한정되지 않는다. 사람이 살아간다는 것은 생존의 수단을 찾는다는 것을 말할 뿐만 아니라 그 수단과 수단을 서로 잇고 또 그 전체 환경을 새로 만들어 내며, 이러한 생존의 기본을 넘어서 세계와 존재의 전체에 대한 접근을 확대해 나아간다는 것을 말한다. 지능은 이러한 과정에서 지적 능력이 된다.

오류와 창조적 재구성 지능에 의하여 매개되는 인간과 세계의 불확실성은 두 가지 가능성을 갖는다. 인간 능력의 불확실성은 물론 오류의 가능성을 뜻한다. 개인적으로도 그러하지만, 집단적으로도 사람의 세계는 오류에 찬 것일 수 있다. (물론 완전히 잘못 상상되는 세계는 존재하지 않을 것이다. 그것은 쉼 없이 실천적 시험으로 검증되고 수정되어야 할 것이기 때문이다.) 다른 한편으로 인간 지능의 세계에 대한 불확실한 관계는 인간을 새로운 발견과 창조에 열릴 수 있게 한다. (물론 이것은 개인적 영감에서 출발할 수는 있지만, 집단적 창조 작업을 통하여 현실이 된다.) 물론 이것이 완전한 창조가 될 수는 없다. 새로운 창조는 많은 경우 완전히 새로운 것이라기보다는 주어진 세계의 잠재적인 가능성이다. 변함이 없는 사실은 사람이 이 세계에 산다는 것이다. 그리하여 인간의 창조적 가능성도 결국은 그의 세계를 만들어 내는 데에 기여하여야 한다. 사람이 세계를 창조적으로 구성할 수 있다면, 그것은 세계의 구성 또는 재구성일 수밖에 없다. 사람의 구성적 능력은 결국 근원적 유리遊離와 일치 사이에 존재한다. 그것은 인간과 세계 사이의 간격에서 일어나는 모순된 창조의 힘이면서 그것에 일치할 수밖에 없는 필연성이다.

이성　현실적으로 우선적 관심이 되는 것은 자아와 세계의 창조적 개방성이 가지고 있는 위험이다. 그것은 이점이면서 약점이다. 생존의 관점에서 그것은 이점이라기보다는 약점이다. 위에서 말한 대로, 세계는 자유와 오류의 공간에서의 선택적 구성의 결과이다. 개체의 관점에서 이것은 인간을 불안한 존재가 되게 한다. 개인의 선택은 그것이 통시적이고 집단적인 검증이 없다는 점에서, 집단의 경우보다도 더욱 큰 오류의 가능성을 가지고 또 직접적으로 생존을 위협하는 것이 될 수 있다. 여기에서 중요해지는 것은 이 선택이 일정한 원리에 의하여―삶의 필요와 그 충족의 수단을 적절하게 조정하는 원리에 따라서 이루어져야 한다는 것이다. 그리고 그것은 일정한 시간적 지속을 고려하는 것이라야 한다. 다시 말하여, 삶의 필요는 여러 선택의 가능성과 그 시간적 지속과 일정한 우선순위의 질서를 가진 것으로 파악되어야 한다. 여기에는 판단이 요구된다. 판단은 세계의 가능성과 그 현실화를 위한 기술적 능력과 그 시간적 지속과 삶의 안정성을 확보하기 위하여 필요하다. 다시 말하여, 인간은 제일차적으로는 주어진 본능의 담지자이다. 인간을 움직이는 것은 본능이다. 그러나 인간에게 그것은 환경 조건에 대한 충분한 지침의 역할을 하지 못한다. 그것은 전체적인 통괄의 원칙에 의하여 일관성을 얻어야 한다. 그리고 여기에서부터 자아라는 개념이 생겨난다. 이 개체적 일관성이 없이는 자아가 있을 수가 없다. 이 일관성은 의식의 지속을 요구하고, 이 지속에서 중심이 되는 것도 본능적 요구라고 할 수 있다. 이러한 관점에서 환경 조건에 반응하면서 자아의 생물학적 일관성을 유지하는 지능은 거의 본능의 일부라고 할 수 있다. 그러나 보다 넓고 지속적인 관점에서 자아를 형성하고 그 환경과의 대사를 가능하게 하는 데에는 그때그때의 필요에 반응하는 지능 이상의 원리를 요구한다. 보다 높은 지속과 일관성의 원리로 작용하는 것을 이성이라고 부를 수 있다. 이성의 발견은 사람의 세계와의 불확실한 관계에 보다 높은 안정성을 부여한다. 따라서 인간의 자기 형성이, 생물학적 잠재력의 발전과 경험적 지혜의 근본으로서 전통과 문화의 흡수와 함께, 이성적 능력의 함양을 지향하는 것은 당연하다.

(3)

이성의 내면과 외면 이성의 특이함은 인간의 내면의 원리이면서 세계의 원리일 수 있다는 것이다. 그리하여 그것은 위에서 말한바 외부 세계에 대한 통제력을 확보하는 수단이 된다. 그러나 인간의 자기 이해에서 더 중요한 것은 그것이 인간의 내면의 원리라는 사실이다. 그럼으로 인하여, 그것은 외적인 대상 세계의 강제력을 떠나서 인간의 내면의 자발성의 원리가 될 수 있다. 인간은 이성에 의지함으로써, 스스로 주체적인 인간이라는 느낌을 가질 수 있다. 어떻게 하여 이성에 있어서, 내면의 능력과 외면적 세계가 일치하게 되는 것인가는 쉽게 답할 수 없는 문제이다.

주체의 신비 이성은 어떻게 하여 사람의 내부에서 우러나오는 것인가? 그 힘이 완전히 개체의 내부에서 나오는 것이라고 하는 것이 정당한 것인가? 이성은 일정한 기율을 받아들임으로써만 나의 내적인 원리가 된다. 기율이란 밖으로부터 주어지는 어떤 것이다. 이성의 원리가 자의와 같은 것이 아니라는 것은 누구나 알고 있는 상식이다. 여기에서 자의는 '자의'恣意가 아니면서, 또 다른 의미에서의 '자의'自意가 아니다. 그러나 이것이 전적으로 밖에서 오는 것이라고 하는 것도 옳지 않다. 그것은 바로 우리 자아를 구성하는 핵심 원리라고 할 수 있기 때문이다. 그것은 간단한 의미에서의 나와 세계의 구분을 초월한다. 이러한 구분을 거부하는 신비는 이성의 근본적인 움직임 속에도 드러난다. 불확실하고 창조적인 세계는, 이미 시사한 바와 같이, 기성의 수단으로 통제할 수 없는 것이 생긴다는 것을 말한다. 그리하여 통제 수단을 찾는 것은 가장 중요한 부수적인 탐구가 된다. 현재에 있으면서 미래를 통제하는 것은 법칙적 체계이다. 그러나 모든 것이 일정한 법칙을 따라 풀어 나갈 수 있는 알고리즘으로 환원될 수 있는 것은 아니다. 창조는 숨어 있던 어떤 것을 발견하는 일이지만, 거기에는 언제나 발견되지 않는 부분이 있다. 발견에는 발견하는 주체가 있다는 것을 의미한다. 이것도 일단은 발견되는 것이면서, 발견 이전에 전제되는 것이기 때문에, 이 주체의 발견에 있어서도 전제되어야 하는 것이다. 그리하여 그것은 객관적으로 포착되지 아니한다. 그 근원이 무엇인가는 사색—생각하고 탐색하는 대상으로, 그러면서 끊임없이 둔주遁走하는 대상으로 남을 수밖에 없다. 이것은 초보적인 단계에서나 발달된 단계에서나 하나의 신비로 남는다. 사실 지능의 개발은 이 보이지 않고 포착되지 않는 능력—보이지 않게끔 되어 있는 능력을 개발한다는 것을 말한다. 또는 그것은 대상적으로 개발되는 것이라고 할 수 없기 때문에, 개발보다는 그 보이지 않는 힘에 이어진다는 것을 말한다.

개체와 초월적 이성　이러한 내적인 외적인 힘—자아의 내면에서 일관된 자발적 힘이면서 동시에 세계를 이해하고 구성할 수 있는 힘으로서의 이성의 근원은, 되풀이하건대, 간단히 포착되는 원리라고만은 할 수 없다. 그것은 이성적으로 파악된 세계를 넘어 그것을 가능하게 하는 주체성의 힘이다. 이 주체성은 개체적인 것이면서 그것으로 한정되는 것이 아니다. 그리고 그것은 분명하게 법칙적으로 파악될 수 있는 것이 아니다. 사람들은 본능과 충동의 다발이 인간이라는 사실로 인간이 예측할 수 없는 존재라는 사실을 설명할 수 있다고 생각한다. 그러나 다른 한편으로 이성 자체가—인간의 내적 그리고 외적인 관계를 통괄할 수 있는 이성 자체가 대상적 법칙의 합리성으로 환원되지 않는다는 사실이 인간을 예측할 수 없는 존재가 되게 한다고 할 수 있다. 이성 자체가 불분명한 근원에 입각해 있는 것이다.

하여튼 개체가 개체적이라는 것은 그것이 일반적·합리적 공식으로 환원되지 않는다는 것을 말한다. 개체는 개체가 속하는 일반적 종種의 견본이 아니다. 개체는 개체로서의 유일함을 가짐으로써 개체이다. 이것은 개체가 시간 속에 반복되지 않는 단 한 번의 사건—일정한 지속을 가진 사건으로 존재한다는 것을 상기시킨다. 그러면서도 개체의 삶은 일정한 형상—혼란된 사건적 연쇄를 넘어가는 형상을 갖는다. 그리고 그것은 인간의 한 전범典範이 된다. 그리하여 개체가 세계를 구성하거나 재구성한다면, 그것은 일반적 법칙의 실례를 제공한다는 의미를 넘어가는, 또는 단순히 이성이나 합리성으로만 설명되지 않는 새로운 가능성을 시사한다. 무엇보다도 그 새로움은 스스로만의 삶이 곧 하나의 전범이 된다는 사실로 나타난다. 이것은 더 간단한 차원에서의 생명의 원리라고 할 수도 있다. 가령, 한 송이의 장미는 장미라는 종種의 한 사례이다. 그러면서 특히 아름답게 피는 장미 한 송이가 있을 수 있다. 그리고 어떤 아름다움의 가능성을 가진 장미는 육종 실험을 통하여 전혀 새로운 장미의 전형을 보여줄 수 있다. 인간의 자기 형성의 문제는 이에 비슷하면서도 조금은 더 신비스러운 것이다. 외면의 형상으로서의 인간은 내적인 형상으로서의 인간에 대한 비유에 지나지 않고, 내면의 형상―그 영혼의 모습은 간단히 만들어 낼 수도 없고 지각될 수도 없다.

(4)

개체적 존재로서의 인간　　그러나 이러한 신비에 이어지는 개체성은 삶에 있어서의 독특한 그리고 중요한 인자因子로 인정되지는 아니하는 수가 많다. 여기에 깊이 관련되어 있는 것은 성장과 교육의 과정에 대한 이해이다. 어떤 이해에서, 이러한 개체성은 이 과정을 통해서 소거되어야 하는 것으로 간주될 수도 있다. 그러나 그것은 완전히 없어질 수는 없다. 그것이 소거되는 경우에도, 그것은 없어지는 것이 아니라 단지 억압되는 것일 것이다.

　어떤 경우에 있어서나 개체가 개체로서 존재한다는 것이 단순히 주어지는 것이라고만은 말할 수 없다. 그것은 발견되고 형성되어야 하는 과제이다. 우선 개체가 된다는 것은 자기에 대한 의식을 가진 존재가 된다는 것이고, 자기가 행하는 행위를 의식하고 그것을 적어도 어느 정도까지는 스스로 선택할 수 있는 행위로 생각할 수 있어야 한다는 것을 의미한다. 행동의 동인이 밖에서 강요되는 경우는 물론, 심리의 내부에서 밀려 나오는 경우라고 하더라도, 사람이 의식적 선택이 아닌 강요나 강박에 의하여 움직이는 것을 자유로운 개인으로 존재하는 사람의 모습으로 생각할 수는 없다. 물론 여기에서 의식적 선택은 이 강요나 강박을 불가피한 것으로 인정하는 경우를 포함할 것이다. 자유는 의식적 선택의 자유를 의미한다. 이때 행동자는 비로소 개체적 존재라고 할 수 있다. 이 개인은 자유로우면서 주체적인 존재이다. 또 그때에 사람은 창조적인 존재라고 할 수 있다. 그렇다는 것은 자유로이 선택된 행동은 스스로 창조하는 행동이라고 할 수도 있기 때문이다. 주체가 된다는 것 자체가 창조적 행위이다. 그런데 이때 스스로를 창조하는 주체는 어떤 것인가? 한편으로 그것은 사람에게 주어진 가능성이다. 그러나 동시에 그것은 스스로 창조한 것이다. 스스로를 형성한다는 것은, 주로 성장의 과정의 문제라고 할 수도 있지만, 더 확대하여, 삶의 전체를 스스로 형성해 간다는 것을 말한다.

수양과 교양　　그런데 인간의 자기 형성을 주요한 인간됨의 방법으로 생각하는 문화가 있고 그렇지 않은 문화가 있다. 또는 그것을 인정하는 경우에도 역점에 차이가 있다. 이 인정의 차이와 역점의 차이는 다분히 인간을 어느 정도까지 위에서 말한 바와 같은 주체적 존재로 파악하느냐 그렇지 않으냐 하는 데에 따라 생겨난다고 할 수 있다. 이것은 물론 철학적 반성의 전통의 문제이기도 하고 그 현실적 기반으로서의 사회적·정치적 제도의 문제이기도 하다.

동양에서 수양, 수신, 수행 등은 인간이 일정한 방법으로 형성되어야 한다는 것을 인정하는 인간 이해의 일부이다. 그런데 수양의 끝에 기대되어 있는 것은 많은 경우 이미 정형화된 인간형에 맞는 인간이다. 물론 이 정형화 과정의 개체적 성격을 부정하거나 그 창조적 가능성을 무시하는 것은 아니다. 그러면서도 일반적으로 받아들여지고 있는 인간형이 일정한 테두리에서 생각되는 것임은 틀림이 없다. 통속적으로 말하여, "사람이 되어야 한다"고 하는 말은 이러한 정형성을 표현하는 말이라고 할 수 있다. 서양에도 인간 수양의 이념 또는 형성의 개념이 있다. 그러나 이것은 조금 더 개성적인 인간의 독자성을 존중하는 것으로 생각된다. 그러면서도 그것은 하나의 전범적 양식을 갖는다. 중세의 『크리스토의 모방』De Imitatione Christi 이라는 저서에서 모방이란 그리스도의 모형에 맞추어 사는 삶을 말한다. 그러나 이 모방이 영혼의 독자성에 관계되는 것인 한, 개인의 개체성의 신비는 모델의 단일성을 넘어 남아 있다고 할 수 있다. 근대에 들어와서, 역설적이라고 하겠지만, 개체가 구현할 수 있는 전범은 전범이면서 거의 전적으로 독특한 것으로 생각된다. 이것은 특히 낭만주의 그리고 그 후의 시대에서 그렇다. 이렇게 파악되는 인간 형성의 개념—교양은 독일 문학과 철학에 핵심적인 개념이 된다. 그것은 어떤 이상에 접근해 가는 것을 말하면서도 그것이 개인의 개성적 성취라는 사실을 중요시한다. 20세기 초에 있어서도 교양의 개념은 독일 문학에서 중요하다. 그러면서 그것의 개인적인 의미는 한층 강화된다고 할 수 있다.

헤세의 교양　교양의 문제를 다룬 소설가로서 대표적인 사람의 하나가 헤르만 헤세이다. 헤세에 있어서 이 교양의 개념에서 이상적 인간은 주어진 모습에 닮아야 한다는 것과는 다른 근본적인 의미에서의 자기 형성의 결과이면서, 그리고 의미 깊은 전범적 형상을 나타낸다.

　헤세는 소설 『데미안』의 머리 부분에서 개인의 삶이 갖는 이러한 독특한 의미　개인의 삶의 독자성을 드러내면서 동시에 우주적인 차원을 갖는, 인간 형성, 즉 교양의 의미를 요약하고 있다. (이것은 이러한 사실이 소멸되어 가는 것이 그의 시대라는 것을 개탄하는 방법으로 말하여진다.)

"오늘날은 어느 때보다도, 살아 있는 현실의 인간이 무엇으로 되어 있는지를 이해하지 못하는 시대가 되었다. 〔그는 이 소설의 첫머리 부분에서 쓰고 있다.〕 개체적인 삶 하나하나는 자연이 시험하는 독특하고 값비싼 실험인데, 이것을 모조리 없애 버린 것이 오늘이다······. 한 사람 한 사람은 자기 자신 이상以上의 것이다. 개인은 세계의 현상들이 꼭 이런 방식으로 한번, 다시는 반복되지 않게 교차하게 된, 유일하고 특별한 그리고 의미심장한 교차점이다. 그리하여 한 사람 한 사람의 이야기는 중요하고 영원하고, 신성하다. 그리하여 각 개체는, 살아가고 자연의 뜻을 실현하고 있는 한, 놀라운 존재이고 주목의 대상이 될 만하다. 모든 개인에 있어서, 정신은 육화되고, 모든 개체에 있어서, 피조물이 괴로워하고, 모든 사람에 있어서, 구원자가 십자가의 못에 박히는 것이다."

이러한 개인의 독자성에서 출발하는 개체는 자신을 발견하고 형성하는 일을 운명으로 받아들이지 않을 수 없게 된다.

"한 사람 한 사람의 삶은 그 자신에로의 길이고 길을 시험하는 것이고, 하나의 길을 시사하는 일이다. 〔헤세는 계속 쓰고 있다.〕 어떤 사람도 완전히 전적으로 자기 자신이 된 일은 없다. 그러나 각자 그렇게 되도록— 어떤 사람은 서투른 모양으로, 다른 어떤 사람은 보다 현명한 형태로 최선을 다하여 그렇게 되도록 노력한다. 한 사람 한 사람은 모두 탄생의 흔적, 원초적 탄생의 진흙과 알 껍질의 과거를 삶의 끝까지 지니게 된다. 어떤 사람은 사람이 되지 못한다. 그리하여 개구리나 도마뱀이나 개미로 남는다. 어떤 사람은 허리 위는 사람이고 그 아래는 물고기로 남는다. 모든 사람은 자연에 의한 인간 창조의 실험의 도박이다. 우리는 모두 같은 근원, 어미들을 함께하고 있다. 우리는 다 같은 문으로 세상으로 나온다. 그러나 각자는—깊은 곳에서 일어나는 실험으로서, 자신의 목적을 향하여 나아가려고 애를 쓴다. 우리는 서로서로 의사를 소통할 수 있다. 그러나 각자는 자기 자신을 자기 자신에게만 이해 해석하여 줄 수 있다."[1]

행복한 삶/기이한 생각의 바다의 항해　　『데미안』은 당대의 청년들에게 큰 삶의 안내서가 되었다고 하지만, 헤세가 말하는 자기로 가는 길을 현실 속에서 추구하는 것은 지극히 어려운 일이었다. 시대는 과연 개인의 의미는 말살될 수밖에 없는 시대였다. 세계는 나치즘과 전쟁으로 치달아 갔다. 헤세는 반전 운동과 평화주의의 노선을 따르다가 스위스로 이주하고 스위스 국민이 되었지만, 작품으로나 생활로나 그의 길은 주로 현실 연관성이 약한, '내면에의 길'을 이루었다고 할 수밖에 없다. 자기 형성의 노력은 대체로 개인적인 차원에 머문다. 자기 형성은 자기와 세계의 조화—일정한 발전을 통하여서만 성취될 수 있는 조화와 균형에서 끝나는 것일 것이기 때문이다. 중요한 것은 집단의 운명이었다. 그리고 그것이 개인적 삶의 탐구에 우호적인 것이 아닐 때, 그러한 탐구가 성립할 수는 없다.

　그러나 그것이 장기적으로 볼 때 문명의 질에 무의미한 것이라고 할 수는 없다. 개인이 가는 자기의 길을 향한 모험은, 헤세가 말하는 바와 같이, 보다 큰 인류 전체의 모험의 일부로서 존재한다. 개인의 삶은 이미 자취가 나 있는 길을 가는 것이다. 그리고 그것은 지나간 시대에 있어서의 개인의 삶의 실험에서 개척된 것이다. 다만 그것이 중단되었을 뿐이다. 그리고 이 중단은 삶의 창조적 표현을 경색하게 할 위험을 갖는다.

　위에서 사람의 삶은 독창적이면서 동시에 전범을 이루는 것이라고 하였는데, 그것은—특히 문학적·철학적 구조물로 형상화되었을 때, 보다 구체적으로 사례 또는 범례가 된다고 할 수 있다. 사람들은 자신의 삶을 살면서 다른 사람의 삶을 참조한다. 그리고 이것은 반성적 언어로 되찾아지고 표현되고 또 그것이 고전적인 모형이 되었을 때, 다른 사람들을 위한 중요한 참조의 틀을 구성하게 된다. 그것을 모방하여 산다는 것이 아니라, 자신의 삶을 형성적으로 생각하고 그에 대한 사색을 심화하고자 할 때 참조의 틀이 된다는 말이다. 헤세가 말한 것처럼, 모든 사람의 삶은 각각 자연의 존재론적 실험이다.

개인의 삶의 실험은 단순히 삶의 형상의 실험이 아니다. 거기에서 나오는 창조적 업적—예술 작품, 과학적 발견, 제도적 실험 등은 인류 전체의 관점에서 진행되는 거대한 실험의 가장 분명한 증거이다. 자기의 삶의 전범성은 자아실현의 만족과 행복의 한 근거가 된다고 할 수 있다. 그러면서 그것은 그것을 가능하게 하는 사회의 이상을 암시한다.

개인적이면서 사회적인 삶은 그 자체로 중요한 실천적 의미를 가지면서, 지적 반성 속에 거두어들여질 때, 또 다른 초개인적인 의미를 가지게 된다. 하나의 삶의 형상적 완성에서 지적인 깨달음은 특별한 의미를 갖는다. 그것을 통해서 비로소 그것은 어떤 의미 있는 것으로 파악되고 거두어들여질 수 있는 것이 된다. 이것은 단순히 하나의 삶에 대한 또 삶 일반에 대한 경이감에 불과할 수 있다. 그러나 그것은 우리를 삶 전체로 열어 주는 창문이다. 이 경이감은 잠재적으로 모든 삶, 모든 물질세계, 시간의 시종始終 전부를 향한다.

현실적 삶의 실험이 지적으로 거두어질 때, 그 수확은 개인의 삶의 기술의 숙달을 넘어 개인적 삶의 완성보다는 지적 능력의 전 인류적인 발전, 또는 존재의 신비의 해석으로 연결된다. 여기에 관계되는 것은 가장 넓은 의미에서의 인간 지성의 진화이다. 우리가 말할 수 있는 궁극적인 질문은 인간의, 지적 진보—또는 더 좁게 말하여, 학문적 진화의 존재론적 의미에 관한 것이다. 워즈워스는 케임브리지의 트리니티 칼리지의 뜰에 서 있는 뉴턴의 석상을 보고, 그것을, "기이한 생각의 바다를 홀로 항해하는 마음의 대리석 지표"라고 기술한 바 있다. 그것은 그 자신의 마음에도 존재하는 '기이함'에 대응하는 것이었다. 그것은 그로 하여금 자신의 주변의 대학 생활을 호감을 가지고 보면서도 그 경쟁과 허영을 넘어 자신의 존재가 그 자리 그때만을 위한 것이 아니라 보다 넓은 현실과 우주로 나아가는 운명을 가진 것이라는 것을 깨닫게 한다.[2] 뉴턴이나 워즈워스가 아니라 하더라도 사람은 모두 이러한 마음의 모험 속에 있다. 이 모험은 사람으로서 살아가기 자체에 수반된다. 다만 우리는 삶의 길에서 이미 우리의 어머니와 스승과 사회의 도움을 받기 때문에 그것이 알 수 없는 낯선 바다에서 홀로 항해하는 행위의 일부라는 사실을 깨닫지 못한다. 그러면서도 종국에는 미지의 공간에 홀로 가는 기이한 노정路程이라는 것을 생각하게 되는 순간들을 갖는다. 이 글에서 주로 생각해 보고자 하는 것은 서두에 말한 바와 같이 인간의 자기 형성의 문제이면서 그것이 지시하는 이러한 알 수 없는 존재의 바다에서의 항

해에 관한 문제이다. 물론 여기의 시도는 대체로 깊은 차원에서보다
는 세속적인 관점에서 약간의 관찰을 시도하는 데에 그칠 것으로 생
각한다.

2. 사회 속의 나

(1) 교육과 자기 형성

제도와 비판적 의식 누누이 말한 바와 같이, 미완성으로서의 인간됨은 완성을 요구한다. 미완성의 인간에게 제일차적으로 필요한 것은 단순히 삶의 유지에 필요한 기술 능력이다. 그것은 초보적인 것일 수도 있고 조금 더 큰 범위의 것일 수도 있으나, 구태여 되돌아본다면 그것은 이미 세계에 대한 지적 이해를 내포한다. 그러나 이것은 보다 넓은 지적인 능력에 이어지는 것일 수 있다. 이러한 능력은 저절로 습득되는 것이기도 하고 적극적인 노력을 통해서 개발되는 것이기도 하다. 그리하여 사람은, 어느 쪽이든지 간에, 배움의 존재이다. 이 배움의 노력은 개인적인 것일 수도 있으나, 대부분의 사회에서 사회적인 제도로서 조직화된다. 이것이 사회적 계획으로 정립된 것이 교육이다. 이러한 사회 제도로서의 교육은 개인적인 노력의 경우보다도 능률적이고 더 포괄적인 것일 수 있다.

그러나 제도의 특징의 하나는 자기비판적인 것이 되기 어렵다는 것이다. 제도는 그 자체로 자기 영속화의 경향을 갖는다. 그것은 제도가 갖는 관성이나 거대함 또는 권위주의 등으로 인한 것이기도 하지만, 외면화된 것을 다시 의식의 내면으로 끌어들여 오는 일의 어려움으로 인한 것이기도 하다. 대체로 의식의 밖에 있는 것 또는 그렇게 정립된 것은 상당한 노력 없이는 의식의 재귀적 반성의 과정에 편입되지 않는다.

정보와 정보 비판　이러한 물화物化는 도처에서 일어난다. 외부 세계의 내면화의 과정으로 얻어지는 결과는 다시 외부 세계의 일부로 간주된다. 이것이 정보이다. 사람의 지식의 많은 부분은 이러한 정보로 이루어진다. 외부적인 사물과 사안과 개념은 정보의 단편으로서 의식에 흡수되게 마련이다. 이러한 단편적 정보는 일정한 체계를 이룬다. 그리고 이것이 지속적 의식의 움직임의 내용이 되는 것이다. 정보의 재의식화가 어려운 것은 이 체계의 전부를 인지하기가 어렵기 때문이다. 그런데다가 근년에 와서 정보의 걷잡을 수 없는 확산은 이것을 다시 의식의 과정으로 끌어들이는 것을 더욱 어렵게 한다. 그러나 전체성에 대한 요구는 사람이 가진 근본적인 요구의 하나이다. 그것은 쉽게 현실을 통제할 수 있는 지렛대가 된다. 그리하여 정보의 종합적인 이론이 생겨난다. 동시에 그것에 대항하는 여러 이데올로기가 생겨난다. 그것이 현실에 맞는 것이든 아니든 그것은 통제를 위한 심리적 요구를 충족해 준다. 이러한 체계와 전체성은 사람들에게 삶을 형성해 나가는 데에 당연한 한 원리가 된다.
　이러한 연유들로 하여, 무비판성은 개인이 자기의 삶의 능력을 기르고 삶을 헤쳐 나가는 지적 능력을 기르는 데에 있어 대체적인 특징이 된다. 지적 과정의 정보화는 더욱더 사람들로 하여금 배움을 사회적으로 처방된 범위 안에서만 파악하게 한다. 교육의 많은 부분도 이러한 외면화된 지식의 단편 또는 이것의 피상적 체계—진정한 의미에서의 내면적 의식이 없이 외면화된 정보로서의 체계의 집적이 된다. 이러한 정보 교육을 크게 강화하는 것은 물론 제도—그중에도 시험 제도이다. 그러나 비판적인 의식은 이것을 다시 보다 열려 있는 의식의 움직임—자기 고유의 의식의 움직임이면서 그것을 넘어가는 보편적 의식의 움직임에 끌어들일 수 있는 의식을 말한다. 자기 형성은, 사회적 교육 제도와 연결되면서도 별도로 개인의 차원에서 배움을 적극적으로 만드는 노력이 있음으로써 가능해진다. 그것은 비판적 의식의 발달을 요구한다.

교육과 자기 형성 사람의 삶은 외적인 여러 요인과의 교환을 필수로 한다. 삶의 주체인 개인이 처음부터 외적인 요인들에 의하여 침투되어 있는 것은 당연하다. 생물학적 존재로서 또 사회적 존재로서 사람은 주어진 본능과 충동과 욕망 그리고 내적인 소망에 따르고, 또 사회가 다져 놓은 삶의 길을 따라 걸어간다. 그리하여 사는 것을 배우는 것은 대체로 그 사회화의 과정에 일치한다. 자기 형성의 과정 그것도 사회화의 과정이다. 생물학적인 것들은 반드시 사회적인 것이 아니라고 하겠지만, 그것도 사회와 역사와 문화에 의하여 형성된 형태로 사람의 삶에 내재한다. 교육은 주로 사회화의 수단이다. 강조되는 것은 사회가 제공하는 여러 길과 길잡이이다. 그 결과 교육은 그것이 가질 수 있는 자기 형성적 의미를 보이지 않게 한다. 그것은 상당 부분 스스로를 형성하는 것이 아니라 사회적 타자에게 그것을 맡기는 일을 의미한다. 그리하여 그것은 대체로는 자기 형성보다는 별로 반성되지 않는 정형화를 지향한다. 형성보다는 성형을 의미하는 경우가 많은 것이다. 이 성형이 전정한 의미에서, 위에서 말한 바, "자신에로의 길, 적어도 그러한 길을 만드는 일, 그것을 여러 가지로 짐작하는 일", 그리고 "전적으로 자기 자신이 되는 일"을 목표하는 것이라고 할 수는 없다. 정보의 폐쇄 회로를 형성하는 제도는 자기 형성의 관점에서는 미로가 된다. 그리하여 자기 형성은 이 미로의 체제에 대한 일정한 거리를 유지하는 것을 요구한다. 추구되어야 하는 것은 미로를 피하여서 보다 넓은 삶의 가능성을 찾아가는 것이다.

한국인의 교육열　교육열은 한국 사회의 큰 특징의 하나이다. 이것은 스스로도 인정하고 이제는 세계적으로도 인정되어 가고 있는 사실이다. 오바마 대통령이 미국 교육의 문제점들을 고쳐야 한다는 것을 강조하는 연설에서, 한국의 예를 비교하여 말한 것도 한국인이 교육에 대하여 바치고 있는 특별한 에너지가 한국의 밖에서도 주목을 받고 있다는 증거가 된다. 물론 오바마 대통령의 연설에 그 내용에 대한 특별한 언급이 있는 것은 아니다. 미국에서 고교의 탈락자가 없게 하여야 한다는 것을 강조하면서, 한국의 교육 제도에서 배워야 한다고 말했을 뿐이다.

한국에서 교육의 의미는, 전체적인 관점에서는, 교육 입국이라든지, 교육 강국이라는 말로 표현할 수 있다. 그러면서 이것은 개인의 이익의 동기를 통하여 작용한다. 개인과 그 가족으로는 입신양명 또는 부귀영화가 그 주된 동기가 되는 것이다. 이렇게 말하는 것은 그 것을 지나치게 천박하고 단순화된 동기로 해석하는 것일 수 있다. 크게 보면, 개인의 입신양명은 공익과 대의에 봉사한다는 의지에 의하여 매개된다. 이 이익이 물질적인 것이 아닌 경우에도, 공익에 대한 봉사는 개인적 야심의 성격을 가지고, 그러한 의미에서 결국 개인 이익으로 환원될 수 있다. 그것을 사회가 이용하는 것이다.

교육에서의 개인과 사회의 역학　물론 인간의 성장 과정에서 개인의 독특한 발전을 도와주는 것이 교육의 본령이라는 생각이 있는 것은 사실이다. 이것은 자유주의적 사회에서의 교육의 기본적인 전제이다. 그러면서 사회의 필요도 교육의 중요한 목적이 되지 않을 수 없다. 자유주의 또는 민주주의 국가에서 교육이 의무가 된다는 사실에서 이것은 알 수 있는 일이다. 그러나 여기에 전제되어 있는 것은 개인의 발전의 총체가 사회의 필요를 충당한다는 것이다. 그러나 이것은 지나치게 낙관적인 전제라고 할 수 있다. 사회와 국가의 필요는 교육의 대전제가 될 뿐만 아니라 그 세부 과정에 스며들게 마련이다. 우리 사회에서 도덕주의의 전통은 이것을 강화한다. 그리하여 개인의 자기 형성은 개체적 발전이 아니라 사회가 부과하는 도덕적 당위의 내면화를 의미한다. 개인도 거기에서 개인적 성취감을 얻는다. 그런데 이 도덕주의는, 많은 경우, 순수한 것이라기보다는 숨은 개인주의에 연결되어 있다. 개인의 성장, 이익, 도덕주의, 사회와 국가의 요구─이러한 것들이 혼합되어 움직이는 것이 우리의 사회 동역학의 특징이다. 교육도 이 동역학 속에서 움직인다.

목적으로서의 이익과 가치　이렇게 말하면서, 한 가지 지적할 수 있는 것은 개인과 사회 어느 쪽에 역점을 두던지 이것을 하나로 묶고 있는 것이 이익의 논리라는 점이다. 개인이 이익에 의하여 움직이는 것은 물론이지만, 사회적 필요도 거의 전적으로 집단적인 이익으로 이해된다. 대체로 집단적인 목적은 반성의 대상이 되기 어렵다. 목적이 된 집단 이익도 반성의 대상이 되지 아니한다. 그리고 개인 이익의 추구가 이것에 일치하는 것이다. 이익은 개인의 경우에도 무의식적인 동기로 작용하기 쉽다. 그것이 집단의 이익에 일치할 때, 그것은 특히 반성의 대상이 되지 아니한다.

　이러한 이익의 영역에서 개인의 독특한 자기 형성의 추구─세속적 이해관계를 초월하는 자기 형성의 추구는 갈 길을 잃을 수밖에 없다. 자기 형성은 세속적 의미에서의 이익 추구에 일치하는 것은 아니기 때문이다. 그것은 궁극적으로는 그것을 넘어가는 가치를 지향한다. 자연의 모든 형성적 움직임의 종착역이 일정한 형상의 완성이라고 한다면, 완성은 형성적 가능성의 성취이고 일단은 그 자체로 목적이고 가치이다.

(2) 사회 통합의 역학

사회 통합/시장주의 그러나 이익의 관점에서의 개인과 사회의 통합이 반드시 나쁜 것은 아닌지도 모른다. 개인적인 이익의 각축이 공공 공간의 당연한 공리가 되어 있는 사회에 비하여 이것은 한 단계 높은 사회라고 할 수는 있을 것이다. 개인 이익의 동기가 사회 전반에 확산됨에 따라, 사회 통합은 더욱 강조된다. 그러면서도 사회의 이익은 모든 인간 행동의 이해에서의 가장 중요한 범주로 남아 있다.

어떻게 시작되었든지 개인 이익의 세계에서 사회성의 강조는 심리적인 강제력의 동원—도덕적 수사를 수반하는 강제력의 행사를 의미한다. 여기에 대하여 생각해 볼 수 있는, 다른 방안의 하나는 도덕적 시장 원리이다. 개인적인 동기란 사회 속에서 일정한 자리를 차지하려는 것이고, 사회 속에서 일정한 자리를 차지한다는 것은 그 사회에서 요구하는 일을 한다는 것이다. 개인이 얻고자 하는 것은 사회적 재화財貨이고, 이 사회적 재화는 사회가 필요로 하는 작업 또는 그것에 따르는 보상이다. 그러니까 위에서 이기적인 것처럼 말한 입신양명의 출세욕은 결국 사회 봉사로 귀착한다고 할 수 있다. 또 생각할 수 있는 것은 사람의 일에 일어나는 기이한 연금술의 작용이다. 나쁜 동기에서 이루어진 일에서도 일의 수행 과정에서 동기 자체를 바꾸어 놓을 만큼의 정화 작용이 일어나는 일이 있다. 개인적 동기가 일단 사회적 재화를 향하여 움직여 갈 때, 그것은 세속적인 차원에서 시작하였다가도, 수행의 과정을 통하여, 참다운 공적 봉사의 행위로 바뀌기도 한다. 어떤 경우에나 살아남는 것은, 동기에 관계없이, 사회 검증을 통과하는 행위이다. 그러니까 동기의 성격에 관계없이, 교육열은 교육 입국의 동력이 될 수 있다고 할 것이다. 다시 말하여, 여기에서 개인적 동기와 사회적 성취의 관계는 개인적 이윤의 추구가 국가의 부를 확대하는 데 기여한다는 자유 시장의 원리와 비슷한 원리 속에 움직인다고 할 수 있다.

사회 통합/명분과 도덕　그러나 개인적 추구와 사회적 성취의 모순적 일체화는 인간의 사회생활의 복잡한 변증법 속에 움직인다. 개인적인 동기 또는 이기적인 동기의 중요성에도 불구하고, 사회 전체로 보아, 우위에 있는 것은 사회의 필요이다. 그러나 이것은 그것대로 가치와 도덕의 왜곡, 위선, 숨은 폭력으로 나아가는 계기가 될 수 있다. 이것은 시장주의에 대하여, 개인에 우선하는 전체 이익을 강조하는 전체주의가 존재할 수 있는 것에 비슷하다. 그리고 이 두 경향은 많은 경우, 보이지 않는 혼합 속에 존재한다. 사회적 생존에서 서로 떼어 낼 수 없는 두 가지인 사회와 개인 가운데 사회의 우위는 불가피한 것일 수 있으면서도, 일방적으로 강조될 때, 그것은 도덕과 윤리에 관계된 인간 심리의 많은 부분을 이중화한다. 개인이 개인의 이익을 추구하고, 그리고 그것이 공언될 때에는 적어도 거기에는 감추어진 이중성이 없다. 문제는 개인을 완전히 소거할 수 없는 상태에서 사회가 일방적으로 강조될 때이다. (말할 것도 없이 개인을 완전히 초월하는 봉사─사회 봉사가 없는 것은 아니다. 그것은 성자나

위대한 영웅의 경우에만 가능하다.) 이 상황에서 사회적 요구의 절대성은 위선의 계기가 된다. 즉 개인적인 동기에 의하여 추구되는 것이 사회 전체의 이익에 기여하는 것으로 위장되는 것이다. 전체주의 국가에서 독재자의 이익은 국가 이익에 일치하는 것으로 말하여진다. 그 실질적인 목적이 무엇이든지 간에, 그가 말하는 국가 이익은 모든 사람이 받아들여야 하는 공적 명분이다. 다른 경우에도, 흔한 예로 쉽게 생각할 수 있는 것은, 반드시 공공 목적을 위한 것이라고 할 수 없는, 또는 그에 교묘하게 겹치는 토목, 건설 등의 사업이 국가적 명분으로 추진되는 경우이다. 부패는 이러한 위장 속에서 일어난다. 그러한 일이 아니라고 하더라도 도덕적 명분의 경쟁은 그 자체로 도덕을 타락시킨다.

국제 관계에서의 국가적 명분　　특히 주목할 것의 하나는 위에서 말한 전체주의, 여러 형태의 사회에서의 부패, 그리고 도덕주의의 왜곡은, 오늘의 민족 국가 시대에서는, 민족 국가의 자기주장을 배경으로 한다. 국제 관계 속에서 파악된 민족 국가의 명예는 국가적으로만이 아니라 개인 심리에서도 중요한 무게를 가지고 있다. 한 사회는 그 자체로 자족적인 것으로, 그 자체의 삶의 조건의 자족 상태로 생각되기보다는 경쟁적인 관계에서 파악된다. 원시, 문명, 선진, 후진, 대국, 소국 등의 가치에 함축된 평가들은 이러한 현상의 일반화의 한 표현이다. 그것이 실제 나라의 삶의 내실에 반드시 관계되는 것이 아니라도 국제적 비교와 그 비교에서의 우위는 현대 세계에서 늘 국가의 자기 이해와 평가에 중요한 요소가 된다. 그리하여 국가적인 의미에서 중요한 것이 되어 마땅한 것이거나 아니거나 국가적인 프라이드가 되고 또, 그것이 나의 자아와 신진대사 되는 대화의 일부이기 때문에, 자기 가치의 일부가 된다.

(3) 가치 이중성의 사회

사회성의 우위　정치 논쟁에서 어떤 형태로든지 국가와 민족 그리고 사회적 의무의 숭고함이 강조되는 것은 이해할 만한 일이다. 그러나 분명하게 그렇게 표현되지는 아니하면서도, 그것이 개인적 이익의 방패막이가 될 수 있다는 것은 위에서 이미 언급하였다. 그런데 이 것은 오히려 숨은 동기이면서 쉽게 드러날 수 있는 것이라고 할 수 있다. 더 착잡한 것은 보다 직접적인 도덕의 실질적 내용에 일어나는 기묘한 변화이다. 국가나 민족의 이름을 말한다는 것은 누구에게나 가능한 것은 아니고, 그것은 경쟁을 통해서 획득되는 특권이다. 그것은 궁극적으로 권력 투쟁으로 이어진다. 그러나 그렇지 않다고 하더라도 도덕적 우위를 점유하는 것은 인간의 중요한 심리적 필요이다. 그리고 그것은 자기주장과 자기 정당화의 근거가 되고 명성의 자원이 되고, 다른 한편으로는 경멸과 질시의 동기가 된다. 이러한 것들은 소위 인간의 깊은 욕구의 하나인 인정을 위한 투쟁으로 설명할 수 있을는지 모른다. 이러한 명분의 싸움에 권력 의지의 요소가 반드시 의식적으로 작용하는 것은 아니다. 적어도 의식의 차원에서 그것은 선을 위한 투쟁으로 의식될 수 있다. 그러나 그것은 보다 넓은 인간 이해를 방해하고 궁극적으로는 보다 넓은 인간성에 대한 인정을 어렵게 한다.

이것은 물론 도덕적 함축을 갖는다. 어떤 한정된 경계에 의하여 정의되는 공동체에 대한 강조가 보다 개방된 상호 존중과 자비와 사랑의 사회보다는 대인對人 긴장이 높은 사회에서 일어나는 것은 역사에서 흔히 볼 수 있는 일들이다. 제한된 공동체는 아我와 비아非我, 적과 동지를 구분하고 집단의 결속과 충성을 강조함으로써 집단 내부에서도 강제력을 만들어 낸다. 이것이 전체적인 사회관계를 긴장된 것이 되게 하는 것이다. 그리고 선 아래에 숨은 악을 보이지 않게 한다. 그러나 이러한 이중화는 더 일반적으로 도덕주의에 따르는 위험이다.

동기와 표현　도덕적 우위는 권력에 이어지고 권력은 강제력을 의미한다. 그러면서도 도덕은 폭력과 동일한 것은 아니다. 도덕적 지배가 필요로 하는 것은 강제력보다도 사회적 실천에 있어서의 전략적인 접근이다. 그것은 많은 경우 '악마와의 협약'을 정당화할 수 있다. 그러나 더욱 일반적인 것은 언어 메시지의 이중화—사용자 자신도 의식하지 않는 이중화이다. 권력이 기능하는 데에 개별자들의 동의는 불가결의 요소의 하나이다. 이것을 위하여 동원되는 것은 선전이나 설득이나 합리적 토의의 방법이다. 그러나 방법론과 절차에 대한 엄격한 성찰이 동반되지 않는 한, 이것은 권위와 상징의 신화화, 그것을 위한 언설의 독단화로 흘러갈 경향을 갖는다. 그러면서 그것은 언제나 어떤 특정 인간이나 집단의 의지보다는 신성화된 사회의 명분을 표방한다. 그리하여 담론과 인간관계는 알게 모르게 숨은 의도를 가진 것이 된다. 그리하여 목적과 수단이 갈라지게 되고, 선의 추구는 비선非善을 수단으로 하는 이중성을 갖게 된다. 사회적 가치의 이중성의 관행 속에서 사회 행위에 있어서의 외적인 표현과 동기의 괴리는 일반화된다. 그리하여 표현은 늘 숨은 동기나 의도를 의심하게 한다. 권력에 있어서 목적과 수단이─서로 다른 모습을 가지고 있는 목적과 수단이 동전의 양면을 이룬다는 것은 대체로 사람들이 받아들이는 인간 행동의 전형이다. 여기에서 더 나아가 이러한 이중성은 모든 인간적 거래에서 암암리에 전제되어야 하는 사항이 된다. 그런데 표현이 숨은 뜻과 반드시 일치하지 않는 것이 관행이 된다면, 말은 전반적으로 존중될 수 없는 것이 된다. 그것은 자기도 모르게 거짓을 포함하는 것으로 이해되기 때문이다.

가치의 전략화　사회성의 일방적 강조는 반드시 도덕적인 왜곡이 아니라도 모든 자체적인 가치를 사라지게 한다. 그리고 물론 사회의 이름으로 모든 것이 전략화되기 때문에 스스로도 의식하지 못하는 거짓이 기본적인 삶의 기술이 된다. 위선이나 마키아벨리적 의도가 있는 것이 아니면서도 단순히 사회성의 지나친 강조가 의도를 넘어서 사회생활에 이러한 효과를 낳는 것이다. 어쨌든 이것은, 선악의 문제를 떠나서, 독자적인 가치가 없어지는 것─그리고 인간의 삶에서 다원적인 가치의 근거가 없어진다는 것을 의미한다. 과학이나 문학에서 그 자체로 존귀한 성취보다도 노벨상과 같은 외적으로 부여되는 명예에 대한 관심이 높은 것과 같은 현상도 이러한 왜곡의 결과이다. 문화가 문화 산업으로 또는 문화 콘텐츠로 변화하는 것도 왜곡 내지 변화의 한 표현이라고 할 수 있다. 이것은 조금 더 복잡하게 이해되어야 하는 현상이기는 하지만, 스포츠에서 성취의 탁월함보다 국가적 명예와 그에 따르는 금전적·사회적 보상이 크게 생각되는 것도 비슷한 현상이다. 올림픽 정신이라는 것이 말하여지던 때가 있었다. 그러나 이제는 육체적 기량의 경쟁이 중요하고 그 경쟁에서 이기든 지든 잘 싸우는 수행performance이 중요하다는 올림픽 정신의 담론은 완전히 잊힌 것이 되었다.

위에서 든 경우들은, 신성한 것의 엄숙성을 가진 것이든 아니면 조금 더 일상적인 것이든, 전체성으로서의 사회가 인간의 담론과 활동과 가치에 영향을 주는 경우이다. 그런 강조가 없는 경우에도, 사회의 우위 속에서 많은 본질적 가치는 사회 전체의 이름으로 정당화되어야 된다는 압력을 받는다. 그리하여 그 자체로 가치 있는 것이 없어진다. 그리고 많은 것이 내면이 없는 외면이 된다. 이 관점에서 선善은 그 자체보다 선행이 가져올 수 있는 사회적 인정으로 인하여 중요하다. 진리의 경우도 물론 진리의 발견 자체가 뜻깊은 것이 아니라 그것이 가져올 수 있는 명예와 보상이 중요하다. 아름다움도 그것이 가져올 수 있는 물질적 또는 명성의 보상 또는 인정으로서만 의미를 갖는 것이 된다.

(4) 인간 형성의 우상들

시장의 우상, 극장의 우상　이러한 왜곡이나 명분과 실체의 괴리에 관련하여 보다 넓게 오늘의 사회에서 인간이 추구하는 많은 목적과 가치는 이에 비슷하게 이중화되어 있다고 할 수 있다. 그리고 그것은 개인적인 추구인 경우에도 사회성의 절대적 지배하에 있다. 그러나 이것이 반드시 그러한 것으로 의식되지는 않는다. 그것들은 우리 마음속에서 우리를 저절로 승복하게 하는 우상이 된다. 프랜시스 베이컨은 과학적 사고를 방해하는 원인들을 말하면서 그것을 네 개의 우상: 종족의 우상, 동굴의 우상, 시장의 우상, 극장의 우상이라고 부른 바 있다. 그 가운데, 종족의 우상과 동굴의 우상은 어떻게 보면, 인간이 피할 수 없는 것이다. 종족의 우상은 원래부터, 세계 인식에 있어서 세계를 있는 그대로 보지 못하게 하는, 고르지 못한 인간의 심성의 생김새를 말한다. 그것은 세상의 모습을 비뚤어진 형태로 비출 수밖에 없다. 동굴의 우상은 개인적 품성과 취향으로 하여 일어나는 편견과 왜곡 그리고 오류를 말한다. 왜곡을 최소화하는 노력이 있을 수 없다는 것은 아니지만, 이러한 것들은, 방금 말한 바와 같이, 진리에 가까이 가고자 할 때, 인간에게 어찌할 수 없게 주어지는 한계라고 할 것이다.

　오늘의 세계에서 그 의미를 현대화한다면, 피할 수 없는 것이 아니면서도 중요하게 작용하고 있는 것은 시장의 우상과 극장의 우상일 것이다. 시장의 우상은 사람들 상호간의 교환의 과정에서 생겨나는 오류이다. 그것은 어떤 용어가 존재한다고 하여 그것이 지칭하는 사물의 존재를 당연시하는 것과 같은 경우이다. 그러나 이러한 베이컨의 정의를 떠나 용어 자체의 의미를 따라 그것을 좀 더 넓게 생각한다면, 시장이 우리의 사고에 끼치는 엄청난 영향은 새삼스럽게 말할 필요도 없다. 다만 이것은 금전적인 영향 관계만이 아니라 유행하는 여러 용어—학문적인 깊이를 가지고 있는 것 같으면서도 상품적 성격을 가진 여러 용어와 개념들에도 그대로 해당되는 것이라 할 수 있다.

이러한 유통 시장의 힘은 곧 극장의 우상에 연결된다. 베이컨에 있어서 이것은 잘못된 철학 체계, 이념 체계에 의하여 정당화되는 사실의 왜곡과 오류인데, 이것은 오늘의 이데올로기적 사고에도 그대로 해당된다고 할 수 있다. 그러나 그것은 보다 확대하여 또는 보다 자유로운 뜻으로 사용할 수 있는 비유가 될 수 있다. 과시 소비con-spicuous consumption는 상품 시장의 한 특징을 말한 것이지만, 이 테두리 안에서 상품의 가치는 간단한 의미에서의 사용 가치나 교환 가치가 아니라 사회적인 인정에 의하여 매개되는 가치이다. 과시 소비에 있어서 상품 수요는 물론 그것이 표현해 주는 사회적 지위에 의하여 자극된다. 상품이 아니라도 사회적으로 정당화되는 많은 개인적 추구는 이러한 성격을 갖는다.

우상의 극복　　사회의 우상들이 진리의 탐구를 위하여 무엇을 뜻하든지 간에, 이러한 것들이 참으로 우리의 마음을 움직이는 주인이 되어 있다고 한다면, 그것들은 자기다운 자기의 형성을 어렵게 하는 요인이 된다. 적어도 일단은 시장과 극장의 허상을 허상으로 인식하고, 검토되지 아니한 사회적 명령과 자신의 편견을 극복하도록 노력하는 것이 자기 형성의 요건이 된다고 할 수 있다. 물론 현대의 과학적 사고의 선구자가 된 베이컨과 같은 사상가가 생각하였던 선입견 없는 세계 인식이 가능한가는 다시 한 번 문제 삼을 수밖에 없다. 이것은 특히 과학적 사고보다도 사회적 존재로서의 인간의 사고에 해당된다. 결국 사람의 일은 개인적인 것도 사회와 인간적 한계의 테두리 안에서 일어나는 것일 수밖에 없고, 또 그 안에서 의미 있는 것으로 정당화되는 것이 아닐 수 없다. 다만 이 테두리는, 적어도 인간에게 가능한 범위 안에서는, 우상으로 부과되는 것이 아니라 반성적으로 수용되는 것이라야 할 것이다. 이때, 개인과 사회의 관계는 하나가 다른 것을 흡수하는 것이라기보다는 긴장과 길항을 통하여 하나로 지양되는 것이 될 것이다. 이러한 과정 속에서 개체의 개체성과 함께 사회의 사회성도 온전하면서 하나의 삶의 공간을 이루는 것이 될 것이다. 그러나 이것이 결코 자의적인 것일 수는 없다. 결국 인간은 인간을 넘어가는 세계 안의 존재이기 때문에, 그 한계 속에 있기 마련이다. 인간의 한계는 이 세계의 한계 속에 있다. 그러면서 이 세계가 인간에 의하여 끊임없이 접근되어야 한다는 점에서, 그리고 그것이 진리로서 드러난다는 점에서, 이러한 것들은 진리의 테두리 안에 있다. 인간은 개체로서, 또 사회적 존재로서, 진리의 과정 속에 있지 않을 수 없다. 즉, 사회의 일체성과 안녕과 발전 그리고 문화의 가치들이 이 과정 속에서 반성적으로 검증되면서 다시 하나로 융합되어야 한다고 할 것이다.

엿듣는 독백　이 하나의 과정 속에서 역으로 문화의 가치들— 여러 가지의 진선미의 가치들은 그 자체의 근거를 가지면서도 사회적 의미를 갖게 된다. 그리고 비로소 사회로부터 개인에로 배분되는 보상으로서의 명성과 이익도 삶의 진정한 보람의 일부가 될 수 있다. 다만 이 과정은, 조금 전에 말한 바와 같이, 하나에 의한 다른 것의 흡수가 되는 것은 아니다. 시인이 사용하는 화법을 설명하여, 시인의 시란 다른 사람을 상대로 말하는 것이 아니라 시인이 스스로에게 말하는 것을 다른 사람이 엿듣게 된 결과라고 하는 해석이 있다. 이것은 많은 예술적 표현에 해당되는 것이다. 그러나 지금에 와서 미술과 문학의 표현은 거의 전적으로 관중이나 독자의 관심을 끌기 위한 상업적 전략—또는 적어도 대외對外 전략의 지배하에 있다고 할 수 있다. 같은 역설적인 안과 밖의 관계는 정치적·사회적·윤리적 가치 일반에도 적용된다. 여기에서도 이상적으로 말하면, 이러한 가치는 그 자체로 의미를 갖는 것이면서 사회적 기여가 되고 사회적으로나 개인적으로 명예의 이익의 열매를 가져오는 것이 되는 것이 바람직하다. 언어 또는 매체적 표현에 있어서의 자아와 타자 그리고 사회적 요인의 상호 작용은 일방적으로 단순화할 수 없게 복잡하다. 그러나 타자와의 외적 세계가 최대한으로 배제된 자기 집중이— 독자적인 가치의 체계에 의하여 여과되지 않는 형태로는 외적 간여가 배제된— 일단 예술적 표현과 기타 가치 행위의 초점이 되어야 한다는 것은 모든 중요한 예술적 성취 그리고 도덕적 행위가 증언해 주는 것이다. 이것은 다른 인간 행위에 있어서도 마찬가지이다.

(5) 가치의 독자성과 자기 형성

가치의 독자성/개체적 선택　사회에 대한 궁극적인 관계가 어떤 것이든지 간에, 위에서 말한 바와 같은, 가치의 독자성은 개체적 인간의 독자성을 구성함에 있어서 중요한 의미를 갖는다. 가장 기본적인 관점에서 가치의 독자성은 개인이 선택하는 것이다. 그럼으로 하여 그것은 개인의 자유의 표현이다. 물론 이것은 개인의 선택이 자유 의지에서 나온다는 것 외에 그것이 가치를 가지고 있다는 것을 말한다. 그것의 존재는 사회적 뒷받침에 관계없이 중요할 수 있다. 이 가치는 어디에서 오는가? 그 근거로서 사회적 또는 생물학적 목적이나 필요를 생각할 수 있지만, 그러한 근거는 가치의 그 자체로서의 의미를 손상할 가능성이 크다. 독자적 가치는 칸트적으로 말하여 무목적의 목적성Die Zweckmassigkeit ohne Zweck을 보여주는 어떤 심미적 형식으로 설명될 수밖에 없을 것이다. 물론 이것은 심미적 영역을 넘어 존재론적인 드러남을 나타내는 것으로 생각할 수도 있다. 많은 초월적·정신적 가치는 이러한 무목적의 목적성의 형태를 갖는다고 할 수 있다.

　사람이 자기의 삶을 형성한다고 할 때, 그것도 결국은 그 자체로 완성감을 주는 자기실현을 말하는 것이다. 이러한 자기실현은 이상적으로 말하여 삶 자체의 총체적 구현을 암시하는 형식이 된다고 하겠지만, 이것은 대체로 그 자체로 의미 있는 특정한 가치 창조의 행위에 집중된다. 그리하여 그 자체로 의미 있는 가치의 추구가 인간자유의 표현이면서 동시에 자기실현이 된다. 그러면서도, 위에서 말한 바와 같이 이것은 다시 사회적인 의미 그리고 한발 더 나아가 존재론적인 의미를 갖게 된다.

개인의 이익/사회적 유통 속에서의 개인 사회성은, 되풀이하건대, 직접적인 의미에서는 지나치게 강조될 수 없다. (예를 들어, 사회 봉사로서의 자선 행위도 행위 자체의 직접성이 아니라 그 사회적 명분이 표방될 때 그 순수성이 손상된다.) 특히 세속적인 집단 이익이 인간의 행위를 정의하는 테두리가 될 때, 여러 가지의 왜곡이 스며들게 한다. 이것은 방금 말한 높은 차원에서 일어나는 인간적 추구에서의 왜곡만을 말하는 것이 아니다. 위에서 우리는 사회적 명분하에서의 개인적인 이익의 추구가 가져오는 왜곡 효과에 대하여 언급하였다. 그런데 이때 추구하는 개인 이익은 참으로 개인적인 것인가? 생물학적 필요는 생존의 필요에 관계되는 것인 만큼 그것에 관계되는 이익을 확보하는 것은 어떻게 달리할 수 없는 개인의 이익이라고 할 수 있을 것이다. 그러나 그 이외의 얼마나 많은 것이 개인의 이익에 속하는 것일까? 가령, 어떤 귀금속 장신구는 그것의 사회적 과시의 가치를 떠나서 얼마나 개인의 독자적인 평가를 나타낸다고 할 수 있는

가? 돈은 누가 보아도 가치의 운반자라고 할 것이다. 그러나 그것이 현실의 삶에 쓸모 있는 것이 아니라 교환을 통해서만 가치를 얻게 된다는 것은 이미 일반적 상식이 되었다. 또 이 교환의 세계가 튼튼한 것이라고 하더라도, 일정한 화폐권을 넘어서—국제적인 화폐 교환의 제도가 없다면, 그것이 본질적으로 귀한 것, 개인 이익의 필요에 관계된 것이라고 할 수 있을 것인가? 한 사회를 넘어 다른 사회에서 의미를 갖는 명예가 얼마나 될 것인가? 또는 한 사회에서도 역사의 혁명적 변화가 있다면, 한 제도 속에서의 명예가 새로운 제도하에서의 명예로 교환될 수 있을 것인가? 삶의 명예가 죽음 후 명예로 지속되는 것이 개체적인 생명의 관점에서 어떤 의미를 갖는 것일까?

개인 이익의 사회적 쟁탈전이 심각하다고 한다면, 그것은 다분히 많은 사람들이 같은 재화의 이익을 탐하기 때문이라고 할 터인데, 그것은 그 재화에 대한 사회적 평가가 소통되고 있고 그것을 여러 개체가 받아들이기 때문이라 할 것이다. 물론 사회에서 인정하는 가치가 모두 헛된 것은 아니다. 다만 사회적 소통과 순환 속에서 부풀려진 것들이 많다는 것이다. 그리고 그 사회적 가치들이 진정한 것이라고 하더라도, 거기에 개인적 평가가 개입되지 않은 한 그것은 개인의 자유로운 선택에서 또 그 판단에서 나오는 것은 아니다. 그럼으로써, 그것은 어떤 경우에 있어서나 선택된 것이 아니고 밖으로부터 부과된 것이다. 그러는 한도에 있어서, 개인의 선택은 개인의 선택이 아니다. 그것은 의식 없는 무리의 일부로서 맹목적인 어떤 힘에 휩쓸리고 있다는 것을 나타낼 뿐이다.

그리하여, 모든 개인 이익의 추구에도 불구하고 무반성적으로 받아들여지는 사회의 우위가 보이지 않게 하는 것은 개인이다. 또는 개인이 사회의 명분 아래에 잠행하는 것이라면, 개인은 보이지 않게 하기보다는 뒤틀린 모습으로 비치게 된다고 할 수 있다. 개인은 존재한다고 하더라도 사회적인 정당화가 없이는 가치 없는 존재이다. 또 개인은 전적으로 사적인 이익을 동기로 하는 존재이고, 그러니만큼 가치의 근원인 사회의 관점에서도 무가치의 또는 반反가치의 존재이다.

사회의 진정한 이익　그런데 개인 이익과 사회적 가치가 혼란스럽게 섞여 있는 데에서, 사회는 사회대로 참모습을 갖는 것일까? 이때의 사회란 너무나 당연한 것으로 판촉販促되기 때문에, 그것은 성찰의 대상에서 제외된 어떤 것, 당연한 것으로 상정된 당위가 된다. 이 사회는 대체로 무반성적으로 투입되는 정보들로 구성된다. 그러면서, 그것은 참으로 가치 있는 그리고 지속하는 사회의 모습이 되기 어렵다. 진정한 개체의 존재는 진정한 사회를 위한 가장 중요한 기초이다.

그러한 진정성이 없는 사회는, 위에서 말한 것처럼, 대체로 여러 가지 명분하에 얽혀 있게 마련인 권력과 이익이 구성해 낸 결과이다. 권력은 이데올로기를 만들어 낸다. 또는 반대로 지나치게 추상적인 구도를 가진 이데올로기는 자기 정당성을 과신하기 때문에 권력을 추구하지 않을 수 없게 된다. 어느 쪽이든 그것은 물론 큰 공동체의 명분을 정당화한다. 그러나 이때 보다 복합적인 변증법적 이념으로서의 사회 자체는 보이지 않게 된다. 그것은, 한편으로는, 가족과 친족 그리고 대면 공동체와 민족과 국가라는 구체적 내용을 가진—감각과 감정과 정신 그리고 지구의 일부로서의 산하山河에 친밀하게 연결되어 있는 내용을 잃어버리기 쉽다. 그러면서 그것은, 다른 한편으로, 다른 생명체와의 공존 공간 그리고 실존의 존재론적 바탕으로 열리는, 순수한 공존의 공간이 아니게 된다. 이러한 공간에로의 열림을 매개하는 것이 개체적인 생존이다.

자기 형성/사회/보편성   그렇다고 개인의 개인됨이 좁은 자기에로의 침잠을 말한다고 할 수는 없다. 개인은, 위에서 말한 바와 같이, 독자적인 존재이면서 보다 큰 바탕에 열려 있음으로써만, 참다운 가치를 갖는 존재이다. 다시 헤세의 말을 인용하여, 사람은 "자신에의 길"을 만드는 존재이다. 그러면서 "개체적인 삶 하나하나는 자연이 시험하는 독특하고 값비싼 실험이다." 그리하여 "한 사람 한 사람은 자기 자신 이상의 것이다. 개인은 세계의 현상이 저런 방식이 아니라 꼭 이런 방식으로 교차하게 된, 유일하고 특별한 그리고 의미심장한 교차점이다."

말할 것도 없이 이러한 열린 세계에 못지않게 중요한 것이 개인의 실존을 둘러싸고 있는 여러 사회적 차원이다. 좁은 자아의 한계를 넘어가는 것은 현실의 사회적 관계에 의하여 촉발된다. 이 관계의 보편화의 훈련이 없다면, 사람이 자연과 우주적인 진리로 나갈 수 있을는지 자못 의심스럽다고 하지 않을 수 없다. 이것은 사유의 문화적 전통에 의지하지 않고는 초개인적인 넓은 공간을 바르게 인식할 도리가 없다는 점에서도 그러하다. 그러나 이러한 것도 개인적인 실존의 사건을 통하여 가능해진다. 뉴턴의 독특한 삶이 없이는 뉴턴의 물리학은 태어날 수 없었다고 할 수 있다. 보편적 진리는 언제나 개인의 실존 속에서 일어나는 사건이다. 그런데 이것은 위대한 인간만이 아니라 모든 사람의 삶에 그대로 해당되는 것이라고 할 수 있다. 여기에서 일어나는 것은 일단은 일반화될 수 있는 우주 법칙이라기보다는 어떤 독특한 실존적 사건이다. 그것은 그 나름의 일반적 서사 구조를 가지고 있으면서도 그 독특한 계시적 성격으로 하여 간단히 버릴 수 없는 의미를 갖는다. 사람들은 자신의 삶—범용하면 범용한 대로 자신의 삶의 독특함을 느끼는 순간을 갖는다. 그러면서 그러한 순간은, 비록 그것을 분명하게 포착하지는 못한다고 하여도, 자신의 삶에 일반적 존재의 법칙이 비쳐 드는 순간이라고 할 수 있다. 만유인력에 대한 뉴턴의 깨달음은 떨어지는 사과를 본 데에서 시작되었다고 말하여진다. 이것이 만들어진 이야기라는 해석이 있지만, 그 이야기는 사람의 삶에 사건과 우주적 계시가 교차하는 방식을 예시하는 것이라 할 수 있다. 자연법칙이 드러나는 것도 많은 경우 개인적인 체험의 틈새를 통하여서이다. 그렇지 않은 경우에도 사람의 삶은 진리가 일어나는 바탕이 되는 사건적 시간의 연쇄라 할 수 있다. 인간의 자기 형성은 지극히 현실적인 차원에서 자신의 삶을 살고자 하는 노력이면서 그것을 다시 보편적인 차원에서 이해하고 형성하려는 시도이다. 그러면서 여기에는 사회와 문화가 개입된다.

개인적 사건으로서의 보편성은 집적되고 반성되어 집단적 주체성
이 되고 다시 보다 넓은 보편성을 가능하게 된다. 뉴턴의 물리학은
그 자신의 사건이면서 다른 과학적 사고의 누적 속에서 일어난 사건
이다.

주

1 Hermann Hesse, *Demian* (Franfurt am Main: Surhkamp Taschenbuch, 2007), S. 7~8.

2 William Wordsworth, *The Prelude or Growth of a Poet's Mind*, Bk III, "Residence at Cambridge."

2장

—

자기를 돌보는 방법에 대하여

1. 개체와 그 환경

인간의 사회적 형성   많은 경우 성장한다는 것은 독자적 인간으로 자기를 형성한다는 것을 말하는 것이라기보다는 주어진 사회적 요구에 합치되는 인간이 된다는 것을 말한다. 이것은 부과되는 것이면서 인간이 다른 사람과의 관계 그리고 그것의 총체로서의 사회의 규범적 정의定義에 민감하다는 것을 전제한다. 그러한 의미에서 사람은 윤리적 존재 그리고 도덕적 존재—homo ethicus, homo moralis 이다. 이것이 사회로부터 주어지는 윤리적 요구와 도덕주의에 반응하게 하는 것이다. 그러나 이러한 압력 이전에 사람은, 이미 말한 바와 같이, 생물학적으로 환경적인 요인—사회화된 환경적인 요인과 교섭하는 가운데 형성된다. 가장 기초적인 동작과 습관을 넘어선 차원에서는 사회적 성장의 요인은 삶의 작업에 관계되는 것이라고 할 수 있다. 사람은 거의 본능의 차원에서 공작하는 존재—homo faber이다. 그리고 그것은 여러 선택을 가지고 실험하는 것을 요구하고 또 실험의 공간은 목적을 넘어가는 여러 동작의 즐거움을 가능하게 하기 때문에, 유희하는 존재로서의 인간됨—homo ludens도 여기에 이어진다고 할 수 있다. 사람은 이러한 본래의 성향에 따라 일과 놀이를 배우고 자기를 형성한다. 그리고 이것은 전체적으로 사회적 구조화에 의하여 일정한 정향을 얻는다. 농업 사회 또는 이것보다는 수공업이 번창하는 사회에서 사람의 성장은 거의 유희적인 형태로 주어지는 여러 일을 배우면서 이루어진다. 그리하여 놀이는 흔히 일의 한 측면이 되고 일은 놀이의 한 측면이 된다. 또 놀이는 사회화의 한 부분을 이룬다. 공동체적인 축제와 같은 형태의 놀이는 놀이의 충동을 표현하면서 보다 적극적으로 일정한 사회적 기능을 수행한다.

오늘날에도 성장과 자기 형성에 있어서, 이러한 요인들은 그대로 존재한다고 하겠지만, 그것들이 하나의 통일체로 파악되기는 어려운 것이 되었다. 사람이 성장해 가면서 적응해야 할 보다 큰 사회는 현대에 올수록 한없이 다양화된 분업의 체계를 이룬다. 이것은 인간 역사의 어느 때에 있어서보다 합리화되고 비인격적이고 착잡한 것이 되었다. 그리고 공작의 충동에 의존하는 기술과 직업 훈련은 인간 형성의 가장 큰 압력이 되었다. 그러면서 그것의 전체적인 의미는 간단히 이해되지 않는다. 개인적으로 작용하는 것은, 작업 자체의 흥미 이외에는, 개인적인 이익에 대한 관심이다. 이 이익은 한편으로는 물질적인 것이고, 다른 한편으로는 사회적 인정에 관련된 이익— 사회적 지위와 존경에 관계된다. 그러나 일의 전체적인 의미는 대체적으로 윤리적 요구와 도덕주의를 통하여 부여된다. 그것은 극히 추상화된—집단의 이익으로 모든 것을 정당화한다. 일이 삶의 전체성으로부터 유리되어 있으면 있는 만큼 도덕주의가 강화되는 것이다.

자기 형성의 요인/그 변증법　이러한 과정에서 개인적인 자기 형성은 뒷전으로 물러날 수밖에 없다. 이것은 사회 전체의 의미와 형성도 마찬가지이다. 그것도 일정한 거리에서 반성되는 대상이 되지 못하는 것이다. 이러한 사회화의 폐단은 앞에서 충분히 이야기한 바 있다. 우선 필요한 것은 자기 형성과 교육에 관계된 요인들을 분명하게 확인하는 것이다. 결국 인간의 형성에는—개인적인 의미에서나 사회적 의미에서나 인간의 형성에는 이러한 요인들이 하나로 조화되어야 한다고 하겠지만, 일단 중요한 것은 이 요인들을 별개의 것으로 분명히 하는 것이다. 그런 다음 그 얽힘을 밝혀야 한다.

인간 존재의 기반으로서의 자연　되풀이하건대, 교육에 그리고 인간 형성에 관련되는 큰 요소는 개인과 사회이지만, 특히 강조되어야 할 것은 모든 것의 바탕으로서의 자연이다. 도덕적 인간, 공작의 인간, 유희의 인간은 인간 본성에 관계되는 것이면서 궁극적으로 사회적 존재로서의 인간의 여러 측면, 그러니까 부분적 요소를 나타낸다. 이에 대하여 자연은 이것을 넘어가는 삶의 전체적인 조건을 생각할 것을 요구한다. 다만 자연은 개인의 삶 그리고 모든 삶의 가장 큰 테두리를 이루면서도, 대체로는, 특히 현대 산업 사회에 있어서, 사회적으로 매개된다. 그리하여 일단 자기 형성의 주요 요인은 다시 개인과 사회로 환원된다. 그러나 자연과 개체적 존재를 사회에 흡수할 수 있는 것으로 생각하는 것은 많은 왜곡을 가져온다. 그 관계는 종속 또는 귀속이 아니라 변증법적 길항 속에 존재한다. 이것들은 완전히 독립하여 존재하지 않으면서도 무시될 수 없는 독자성을 갖는다. 이것을 잊지 않는 것은 개인의 삶에 중요한 것일 뿐만 아니라, 결정적인 삶의 한정 조건으로서의 삶을 생각하고 그 사회 질서를 생각하는 데에 중요하다. 달리 말하면, 개인과 사회 그리고 자연은 선형적으로 확대되는 것이 아니라 순환적인 변증법 속에 존재한다. 그러면서도 이 순환의 회로의 바탕이 되는 것은 자연이다. 그것은 이 둘을 초월하여 존재하면서 그 사이에 끼어드는 매개자이다. 사실 자연은 사람의 삶의 환경적 조건이면서도 사람의 내면에 이미 들어가 있다. 내면에 있다는 것은 제일차적으로는 그것이 천부의 생물학적 자질이라는 말이다. 이것은 다시 본능 그리고 정신적 요구로서 인간의 생존 방식에 표현된다. 이 요구 중 가장 기이한 것은 아름다운 자연에 대하여 사람이 가지고 있는 심미적인 갈구이다. 그러나 보다 쉽게는 그것은 모든 사람이 가지고 있는 자연의 근접성에 대한 내면적 요구에서 일상적으로 나타난다.

그러나 특히 상기할 필요가 있는 것은 자연이 사회적 인간관계에서도 기본이 된다는 사실이다. 개인의 민족적 근원 또 민족적 소속은 삶의 중요한 조건이다. 이것은 생물학적 진리이다. 또는 성이나 나이에 의한 사람의 구분도 사람의 주어진 생물학적 구분을 말하는 것이다. 그러나 인간의 삶을 규정하는 여러 조건은 생물학적이면서도 대체로는 사회적 변용을 통하여 삶의 사실적 조건이 된다. 어떻게 출발했든 사회는 그 자체로 사람의 생존을 규제한다. 사실 민족이나 성이나 연령이 중요한 것도 대체로 생물학적인 이유에서보다도 그것에 사회적 범주로 사실성을 얻기 때문이다. 보다 순수하게 사회적인 범주로서 사람의 삶에 결정적인 영향을 주는 것은 사회 계급이나 신분과 같은 것이다. (이러한 것들이 중요하면서도 그러한 결정론이 불합리한 판단을 가져온다는 것은 전통 사회의 선입견에서나 새로운 사회 실험의 편협한 정책들에서 흔히 볼 수 있는 것이다.) 여기에서 주의하고자 하는 것은 이러한 사회적 범주를 넘어 자연이 인간의 삶에 보다 직접적으로 개입한다는 점이다. 사회화된 범주를 넘어 여러 인간적 관계가 생기고 연대가 생기는 것은 모든 인간이 자연적 조건을 공유하고 있기 때문이다. 어떻든 사회적 한정 조건 아래에서도 사람의 일상적 삶의 많은 일들은 사회적 범주를 통해서가 아니라 자연과의 직접적 교섭 속에서 이루어진다. 이때 자연과 사회는 혼성되어 존재한다고 할 수도 있고 서로 교차하면서 존재한다고 할 수도 있다. 그러면서 자연은 여전히 가장 기본적인 바탕이 된다. 그럼으로 하여 사람은 이러한 사회적 한정을 넘어 보편적 인간의 개념으로 나아갈 수 있다.

우리가 개인을 생각할 때도 그러하지만, 그리고 그 개인이 그의 자질과 능력을 발전시킬 수 있다는 것을 말할 때, 그것은 반드시 민족적으로 또는 사회적으로 미리 한정된 자질과 능력을 말하는 것은 아니다. 그것은 그것을 넘어 자연이 부여한 인간적 자질과 능력을 발굴해 낸다는 것을 말한다. 이것은 상식적인 입장에서도 말할 수 있는 것이지만, 자아를 보다 넓게 하는 과정의 논리가 요구하는 것이기도 하다. 자기 또는 자아 형성의 문제를 생각할 때 하나의 축을 이루는 것은 자아의 총체적인 모습에 대한 반성적 의식이다. (자기와 자아는 같은 뜻을 가진 것으로 말할 수 있지만, 자아는 아마 현실적인 의미에서의 자기보다도 반성적 의식에서 이루어지는 주체를 말하는 것으로 해석할 수 있지 않나 한다.) 반성은 대상을 그것을 넘어가는 관점에서 본다는 것을 의미한다. 자아 반성에서 자아를 넘어가는 관점은 자아—조합된 자아 전체를 넘어가는 전체의 관점이다. 이 전체는 자아의식의 운동이면서, 많은 경우, 자아의 외부에 설정되는 큰 것이기 쉽다. 이 큰 것에 사회가 있고 자연이 있고 또는 더 큰 초월적 차원이 있다. 어쨌든 현실적으로 사람이 보다 넓고 지속적인 자아에 이르는 것은— 이 의식은 자아 형성의 전체이고 소득이라고 할 것 인데— 그것을 넘어가는 큰 것과의 관계를 통하여서이다. 인간의 자기의식에 사회적 귀속감이 중요한 것도 그것이 단순히 외부적으로 부과되는 경험적 조건이 아니라 거의 선험적인 요청이기 때문이다. 그러나 개인은 여기에서 자연이라고 부른 더 큰 테두리와의 관계를 의식화함으로써만, 보다 경직된 사회 범주를 넘어갈 수 있고 보다 진정한 자아로서 정립될 수 있다. 적어도 자연은 사람이 쉽게 접할 수 있는 가장 큰 테두리이다. 이것이 사람이 가지고 있는 큰 것에 대한 근원적 요청을 충족시킨다.

물론 이것이 그러한 추상적인 의미만을 가지는 것은 아니다. 그것은 조금 전에 말한 바와 같이 경험적으로도 자연이 거의 모든 것의 근본이기 때문이다. 개인은 단순히 사회로만 환원될 수 없다. 그것은 존재론적 의미에서만이 아니라 경험적으로도 자연으로 열려 있는 존재이다. 이 관점에서 그러한 개인의 집합으로서의 사회는 이차적인 성격을 갖는 범주일 뿐이다. 아래에서 생각해 보려는 것은 개인으로부터 출발하는 삶의 방법이다. 그런 다음에 그것은 다른 보다 넓은 세계로 이어지게 된다. 여기에는 우리의 전통적인 사상의 흐름에서 배울 수 있는 것이 있을 것으로 생각한다. 그렇다는 것은 사람의 삶의 근본으로서 사회적·국가적 의무—국가적 의무를 강조하는 것이 전통 유교 사상이지만, 동시에 그것이 개인의 확립으로부터 시작해야 한다는 것을 강조하였기 때문이다. 그리고 그것을 잊어버리는 경우의 위험을 무엇보다도 강하게 의식하고 있었다.

2. 위기지학

(1) 자기/화합/정치

자기와 타자의 눈　많은 전통에서 자기 형성은 대체로 배우고 공부하는 일을 요구하는 것으로 생각된다. 이것이 자기 형성의 전부를 말한다고 하는 것은 인간성과 그에 대한 이해를 지나치게 좁히고 학문과 학자를 특권화하는 것이 된다고 할 수 있지만, 이러한 위험을 잊지 않는 한, 학문적 노력이 자기 또는 자아 형성의 핵심이 될 수 있다는 것은 사실일 것이다.

우리는, 학문의 추구가 — 자기 형성에 한정되는 것이 아닌 넓은 의미에서의 학문을 포함하여 — 한편으로 사회적 명성과 명분의 획득, 다른 한편으로 여러 가지의 이익의 배분에 연결되고, 자기 형성의 노력까지도 여러 가지 사회적 우상에 의하여 움직이게 된 것은 우리 근대사의 필요와 자본주의 체제가 갖는 성격으로 인한 것이라고 말하였다. 그러나 여기에 관련된 문제는 조선 시대로부터 있어 왔던 문제이다. 조선 시대에 학문이 중요했던 것은 학문이 사회적으로나 국가적으로 유용한 것으로 파악된 때문이라고 할 수 있다. 유학儒學

에 있어서 거의 모든 사고思考의 목적은 사회 윤리의 확립을 겨냥하는 것이었다. 그러나 물론 이와 아울러 또는 이것을 명분으로 하여 학문은 입신양명하는 개인적인 이익 추구의 수단이 되었다. 국가적 또는 개인적인 관련 어느 쪽도 지나치게 단순화될 수는 없는 일이지만, 생각하여야 할 것은, 학문이, 그것이 어떤 것이든지 간에, 학문 외적인 목적과 동기에 너무 직접적으로 연결될 때, 그 참의미를 벗어져 나가기 쉽다는 사실이다. 국가나 사회의 관점에서도, 학문의 중요한 효용의 하나는, 역설적으로 그 자율성이다. 학문과 여러 의미에서의 사회적 이익의 추구가 예로부터 전승되어 온 것이라면, 그 압력에 대항하여 배우고 공부하는 일을 자기 자신에서부터 출발하게 하여야 한다는 것도 예로부터 강조되는 학문적 지침이었다. 유학에서 학문에 작용할 수 있는 타율적 동기 그리고 사회적 종속을 경고하고 그 자기 충족성을 강조하는 말은 위기지학爲己之學이다. 이것은 원래 『논어』에 나오는, "옛날에 공부하는 사람들은 자신의 수양을 위해서 했는데, 요즘 공부하는 사람들은 남에게 인정받기 위해서 한다" 古之學者爲己 今之學者爲人[1]라는 부분에서 비롯되었다. 이것은 유학에서 중요한 지표가 되었지만, 이 지표까지도 시대에 대한 비판으로 이야기된 것을 보면, 학문 연구에는 어느 시대에나 이러한 양극의 끌림이 존재했다고 할 수 있다.

그런데 『논어』의 이 구절은 문자 그대로 자기를 위하고 남 또는 사람을 말하는 것으로 해석할 수도 있을 것이다. 조금 냉소적으로 생각하여, 자기를 위하여 하는 것이 학문이라고 하면, 그것은 바로 개인적인 이익을 위하여 학문을 한다는 말인가? 물론 위의 번역에 의하면, 자기를 위한다는 것은 자아 수양을 말하고 남을 위한다는 것은 남에게 인정받기를 위한다는 뜻이다. 이것은 유교 전통에서의 일반적인 해석이다. 주자의 주석도 그러하다. 그러나 이 두 가지 있을 수 있는 해석을 하나로 한다면, 자기를 위한다 할 때의 자기는 새로 발견되어야 하는 진정한 자아라고 할 수 있다. 그러한 의미에서 여기의 자아는 형성되어야 하는 자아이다. 그런데 주자의 주석에는, 남이나 사람(人)을 위하면 결국 사물의 참모습에 이르지 못하고 자기를 잃어버린다는 것이 포함되어 있다. 결국 자기를 위하는 것 또는 진정한 자기를 발견하는 것은 사물의 질서를 발견하는 것으로 완성된다는 뜻이 여기에 들어 있다고 할 수 있다(爲己, 其終至於成物).[2] 자기 형성의 필요 이외에, 중요한 점은 아마 자기를 위한 학문이 바로 학문 자체의 자율성을 살리고 그 객관성을 기약할 수 있다는 역설일 것이다. 위기지학의 역설적 의미는 같은 주제에 대한 주자의 다른 언급에서도 볼 수 있다.

"지금 배우는 사람에게 긴요한 것은 공부의 방향을 분명히 하는 것이다. 요점은 자기를 위하는 것과 다른 사람에게 내보이려는 것의 구분이다. 자기를 위하는 것은 직접 외물과 일거리를 이해하려는 것이니 스스로 이해하려고 도모할 뿐이다. 그렇게 느긋하게 이해하는 것이 아니며, 그렇게 좋게 보이도록 적당히 이해하여 다른 사람에게 자기도 정말 그렇게 생각한다고 말하게 만드는 것이 아니다."[3]

학문을 하는 것은 다른 사람에게 잘 보이기 위하여 다른 사람의 말을 별 생각 없이 추종하거나 거기에 동의하는 일이 아니다. 이러한 것이 부질없는 일이라는 것은 주자가 드는 보다 일상적인 사례에서 더 분명하게 드러난다.

> "배우는 사람은 반드시 자기를 위해야 한다. 비유컨대 밥을 먹는 것과 같으니, 점차 조금씩 먹으면서 배불리 먹는 것이 옳은가, 아니면 문을 열고 대문 밖에 놓아두고서 우리 집에 많은 음식이 있다는 것을 다른 사람에게 알리는 것이 옳은가? 요즘 배우는 사람들은 자기가 마땅히 행하는 일을 다른 사람들에게 말한다."[4]

학문은 자신의 정신적 성장을 위한 것이지 결코 다른 사람에게 잘 보이기 위한 것 또는 자기를 과시하려는 것도 아니다. 그러면서 중요한 것은 이 자신을 위한 학문이 학문의 객관성의 기초가 된다는 사실이다. 자기를 위한 학문이 향하는 것은, 맨 처음의 인용에 나와 있듯이, "외물과 일거리"〔物事〕이다. 이것은 궁극적으로 『대학』大學에서 공부의 가장 중요한 항목으로 말하여지는 격물치지格物致知를 가리키는 것일 것이다. 이것은 현실 세계에서의 윤리적 실천을 말할 수도 있지만, 세상의 이치에 대한 연구를 말할 수도 있다. 주자가 물질세계의 법칙에 대하여 깊은 관심을 가지고 있었다는 것은 잘 알려진 사실이다.

자기의 삶　그러나 다른 한편으로 우리는 "외물과 일거리"가 반드시 이러한 고매한 것만을 가리키는 것은 아닐 수 있다는 것을 생각할 필요가 있다. 유학의 가르침도 그러하지만, 사실 일상적 삶에 대한 주의는 자기 형성의 과정에서도 중요한 한 부분이어서 마땅하다. 앞에서 말한 밥을 먹는 일에 대한 주자의 비유는 반드시 비유에 그치는 것이 아니라 현실적인 사례를 말한 것이라고 할 수 있다. 밥의 의미는 먹는 데 있다. 그리고 그것이 삶의 필수 사항이라는 것을 인정하는 것은 삶의 태도의 근본적 정향에 관계된다. 주자는 "우리 집에 많은 음식이 있다는 것을 다른 사람에게 알리"려는 것이 옳은 태도가 아니라는 것을 말한 다음에 학문적인 것의 일상적 이용에 대하여 이렇게 말한다.

"근래 배우는 사람들은 대부분 고원한 것을 좋아하여 의리는 마음속에 잠재워 두고, 수많은 말만 반복하고 있다. 예전에 어떤 사람이 결혼 증명서를 작성하는 것을 구경한 적이 있는데, 역시 하늘의 명령과 사람의 윤리를 들먹였다. 남자가 장가들고 여자가 시집가는 것은 본디 일상적인 일이다. 생각건대 비근한 것을 싫어하는 것이 있기 때문에 일상에서 행하는 일을 번거롭게 치장하는 것이다. 그런 행동은 단지 자기를 위하지 않고 자신에게 유익함을 추구하지 않는 것이며, 단지 명성을 좋아하여 좋게 보이도록 꾸미는 것이니, 역시 자기를 속이는 것과 관련이 있다."[5]

자신을 위한 학문이라는 것은, 이와 같이, 일상적 삶에서의 사실성도 포함하는 것이라고 할 수 있다. 자기의 삶은 자기 형성과 함께 누구나 수행하여야 하는 삶의 작업을 포함한다고 해야 할 것이다. 이것은 사실 존중으로서의 학문의 기본 자세에도 깊이 관계되어 있는 일이다. 사물의 원리에 충실하다는 것은 높은 우주적인 원리만을 말하는 것이 아니다. 사실성은 나날의 삶에도 있다.

삶의 체험과 정치 철학　　일상성에 대한 비유로서 밥을 먹는 일을 다시 생각해 본다면, 그것은 단순히 굶지 않고 밥을 먹는 것보다는 적절한 수준에서 먹는 일을 말한다고 할 것이다. 여기에 추가하여 일어나는 문제는 궁극적으로 적절하게 밥을 먹는 일, 또는 적정한 수준의 소비를 위하여서는 그 배경으로서 어떠한 사회 질서가 일정한 균형을 이루어야 하는 문제일 것이다. 그것을 위하여서는 통치자가 학문을 가진 사람이어야 하고, 보통 사람의 경우에도 그것을 저울질할 수 있게 하는 공부가 필요하다고 할 수 있다.

　전통적인 유학이 윤리적 가르침과 정치 원리에 관계된다는 것은 우리가 다 알고 있는 일이다. 공자는 그가 생각하는 윤리와 정치 철학의 격률格率을 널리 이야기하여 정치가와 제자들에게 전파하고 유교의 정치 철학의 기초를 놓고자 하였다. 그러나 우리는 그의 삶의 철학이 삶의 최소한 그리고 그 이상의 조건들을 깊이 인식하게 된 체험으로부터 나왔다는 것을 잊어버리기 쉽다. 그 점에 있어서, 지금 우리가 묻고 있는 인간 형성―또는 수신의 문제에 있어서 공자의 윤리와 정치 철학의 근본에 잠겨 있는 체험적 근거를 상기하는 것은 중요한 일이다.

다시 말하여, 공자는 정치 윤리의 대가大家가 되고 현자 또는 성인이 된 것은 윤리 교사로서의 그의 명성이 널리 퍼진 다음이라고 하겠지만, 그의 윤리적 수신의 필요는 삶의 필요에 이어져 있는 것이었다. 사는 법을 궁리하다 보면 이르게 되는 것이 윤리적 수신이다. 그리고 그것이 정치적 지혜의 일부가 된다. 그것은 그의 구체적 인간직 체험에서 나오는 하나의 결과이다.

『논어』의 도처에는 그가 안정을 얻지 못하고 궁색한 처지에 있었다는 언급들이 있다. 자공이 공자의 재능과 박식이 이야기되었을 때에 그것을 성인의 운명을 타고 낳은 때문이라고 설명하자, 이에 대하여 공자는 그의 어린 시절의 경험을 말한다. "나는 젊었을 때 천하게 살았기 때문에 여러 비천한 일에 능한" 것이다. 공자의 다른 제자들도 말하여 "여러 가지 재주를 익힌 것"은 등용되지 못한 때문이라고 한다.(「자한」子罕 6)[6] 이것은 나이가 더 든 다음의 이야기로 생각되지만, "육포 한 묶음 이상의 예물을 갖춘 사람이라면 나는 가르치지 않은 적이 없다"(「술이」述而 7)고 공자가 말할 때, 그것은 단순히 그의 가르침을 차별을 두지 않고 시행했다는 것보다는, 그의 생활의 절박성을 말하는 것이라 말할 수 있다. 적절한 자리와 고장을 발견하지 못하고 유랑한 공자를 보살핌을 받지 못하는 상갓집의 개와 같았다고 한 것은 『공자가어』孔子家語에 나오는 유명한 비유이다. 이러한 사례나 비유로 보아 공자가 보다 편하게 생활할 수 있는 방도를 생각하지 않은 것은 아닌 것으로 보인다. 전기적 회고가 많은 「술이」述而 편에서, 부귀와 직업에 대하여 말하는 것은 그가 삶의 물질적 측면에 대하여 가지고 있던 대체적인 생각을 엿보게 한다. "부富가 만약 추구해서 얻을 수 있는 것이라면, 비록 채찍을 드는 천한 일이라도 나는 하겠다. 그러나 추구해서 얻을 수 없는 것이라면 내가 좋아하는 일을 하겠다."7 그는 이렇게 아무 일이라도 할 용의가 있었다.

(2) 학문과 삶의 즐거움

즐김으로서의 학문 『논어』에서 볼 수 있는 공자의 모습은 여러 가지 의미에서 자기가 살아가는 방법에 대하여 끊임없이 궁리하는 사람이다. 『논어』는, 학문에 대한 취미를 가지고 있으면서도 어려운 처지에 처해 있는 사람이 어떻게 살아가야 하는가 하는 문제가 공자의 주된 관심사라는 느낌을 준다. 그때 학문은 취직의 수단─밥벌이를 위한 수단의 의미를 가질 수 있다. 특히 학문이 정치에 관계될 때 그러하다. 그런데 밥벌이가 중요한 사람에게 정치는 어떤 의미를 갖는가? 한 가지 답은 밥벌이의 수단으로 관직을 얻고자 한다면, 정치에 대한 지식이 필요하다. 특히 높은 관직을 희망하는 경우에 그러하다. 그러나 다른 한편으로 정치에 대한 학문은 밥이 충분하건 하지 않건 삶에 필요한 요건이라고 할 수 있다. 일정한 사회의 지도地圖가 없이는 정신적 안정이 있는 삶을 살 수 없기 때문이다. 통치 철학은 통치자에게 필요하고 정치를 생각하고 그것에 따라 정치에 참여하는 것을 의무로 생각하는 사람─전통적으로 군자라고 불리는 사람에게 필요한 것이다. 그러나 그것은 정치와는 큰 관계가 없는 사람에게도 필요하다. 그렇다는 것은 누구나 자신의 삶을 전체적인 상황 속에 위치하게 하는 데에는 사회에 대한 지도—이상적인 지도와 현실적인 지도를 가져야 하기 때문이다. 물론 이것은 자신의 삶을 이해하면서 살고자 하는 사람의 경우이다.

그런데 자신의 삶을 의식적으로 살려는 사람에게 학문은 그 자체로 의미를 갖는다고 할 수도 있다. 『논어』에 나오는 공자의 생각은 이러한 것이 아니었나 한다. 학문은 그에게 삶의 보람의 하나였다. 궁극적으로 사람이 학문을 하되 자기를 위하여 하여야 한다고 하는 것은 이러한 의미를 포함하는 것일 것이다. 그런데 이것은 긴 노력의 다음에 오는 보람이라기보다는, 당장에 생기는 즐거움이라는 인상을 준다. 그리고 배움의 대상도 반드시 거창한 주제만을 뜻한 것은 아니었던 것으로 보인다.

> "배우고 때때로 그것을 익히면 또한 기쁘지 않은가? 벗이 먼 곳에서 찾아오면 또한 즐겁지 않은가? 남이 알아 주지 않아도 성내지 않는다면 또한 군자답지 않은가?" 學而時習之, 不亦說乎, 有朋自遠方來, 不亦樂乎, 人不知而不慍, 不亦君子乎

이것은 『논어』의 유명한 시작이다. 여기에서 학문의 의의는 그것의 사회적인 뜻이나 고상한 정신적 의의보다도 사람이 가질 수 있는 즐김의 체험에 연결되어 있다. 학문은 멀리서 오는 친구가 주는 기쁨과 같은 것이다. 그 즐거움이 그 자체의 것이라는 것은 친구 만나는 일에 비유된 것에서도 볼 수 있지만, 남이 알아 주는 것과 관계가 없다는 발언에서도 다시 강조되어 있는 사실이다. 사실 『논어』 전편에 걸쳐서, 학문은 대체로 즐거움에 관련되어 있지, 엄숙한 의무로 해석되지 아니한다.

작은 실천의 배움과 즐거움　그런데 "배운다"고 할 때, 무엇을 배운다는 것인가? 아마 그것은 공자의 후대에 경서經書가 된 문서들을 공부하는 것일 것이다. 배워야 하는 것은 그가 삶의 가장 중요한 요건으로 생각한 의례를 배우는 것을 말하는 것이기도 할 것인데, 이것은 그의 생각으로는 주대周代의 전통에 기초한 것이기 때문에, 경서를 배우는 것은 이 점에서도 중요한 일이었을 것이다. 그러나 이에 추가하여 공자는 배움의 대상을 폭넓게 생각하였을 것이다. 가령, 그가 시를 배우는 것이 중요하다고 말할 때, 시는 마음을 깨끗이 하여 정치에 나아갈 수 있게 하고, 감흥을 일으키고, 사람을 사귀고, 외교 활동을 하는 데에 중요한 역할을 한다고 하면서, 다른 한쪽으로는 짐승과 풀과 나무의 이름을 아는 데에 도움이 된다고 하였다.(「양화」陽貨 9)

　배움의 대상에서 현실 생업의 기술과 일상적 행동에서 배우는 것도 배제하였다고 할 수는 없다. 공자가 젊었을 때 익힌 천한 일들에도, 그것이 반드시 군자가 배워야 할 것은 아니라고 하면서도, 배움에 도움이 되는 것이 없지 않았을 것이다. 공자에게―그리고 물론 유교적 수행 전반에서 중요한 것은 삶의 실천적인 면―요즘 말하는 정치적 실천만이 아니라 일상적 행동의 실천이었다. 그의 제자들이 그를 회상하면서, 자로가 비질하고 물 뿌리는 일이 군자의 일에서 말단이 된다고 말하는 데 대하여, 자하는 그것은 나무나 풀의 종류가 다른 것처럼 항목을 달리할 뿐이지, 군자의 도에 들어가지 않는 것은 아니라고 말한다.(「자장」子張 12)

『소학』小學을 편집한 주자도 이러한 작은 일상적 실천을 강조하였다. 그는 모든 것이 어린 시절의 실천에서 오고 나중의 학문은 그것을 다시 이론적인 관점에서 이해하려고 하는 시도라고 되풀이하여 말하였다. 어린 시절의 실천에 이미 학문의 시작이 존재한다는 것이다. 어린아이에게 불을 지피게 하고 마당을 쓸게 하는 것은 아이들이 그러한 일에서 신중한 행동의 방법을 배우게 되기 때문이다. 그의 어록은 이렇게 기록하고 있다.

"어린아이가 숯을 집어넣어 산만하게 불을 피웠다. 선생님께서 말씀하셨다. 나는 이런 사람을 좋아하지 않는다. 이것은 곧 불을 지피는 데 경건하지 않은 것이다. 그래서 성인은 어린이에게 물 뿌리고 마당 쓸고 손님을 맞이하는 일을 가르쳐서 매사에 조심하게 하였다."[8]

사실 이러한 의도적인 교육 목적을 위한 것이 아니라도 주자의 말에는 일상적인 행위에 대한 언급이 많은데, 다음과 같은 것은 일상의 비속한 일에서 배움을 얻는 그의 마음을 넘겨보게 한다.

"내가 아침 목욕을 하다가 한 가지 설명이 생각났다. 무릇 등을 밀 때는, 반드시 왼쪽부터 손을 움직여야 힘이 절약되고 때를 제거할 수 있다. 여기에서 조금 밀고 저기에서 조금 밀면서 두서없이 힘을 준다면, 하루 종일 고생을 하더라도 결과가 없게 된다."[9]

이것은 공부를 할 때에도 일정한 방법이 있어야 한다는 데에 대한 비유에 불과하지만, 그 자체로 하나의 작은 깨달음이 되는 것이라고 하여야 할 것이다. 그리고 그것의 연속이 학문과 덕의 실천에 이르는 것이다.

미적 실천   그러나 다시 한 번 이것들을 지나치게 엄숙하게 해석할 필요는 없다. 그러면서 그것은 심각한 뜻을 갖는다. 즐거움은 공자에게서―또 근본적으로는 유학에서, 무엇보다도 중요한 것이었다. 이것은 도덕적 실천에서도 그러하다. 맹자에서, 가족의 안녕과 형제의 원만한 관계와 함께 하늘과 땅에 부끄럽지 않게 사는 것, 즉 도덕적으로 바르게 사는 것, 그리고 영재를 가르치는 것을 군자의 세 가지 즐거움〔君子三樂〕이라고 한 것과 같은 것도 우연한 일은 아니다. 즐거움은 공자에게 삶의 근본이었다. "무엇을 안다는 것은 그것을 좋아하는 것만 못하고, 좋아한다는 것은 즐기는 것만 못하다" 知之者, 不如好之者, 好之者 不如樂之者.(「옹야」擁也 18)[10] 이것은 모든 것의 정점에 있는 것은 즐거움이나 기쁨이라는 말이지만, 동시에 아는 것과 좋아하고 즐기는 것이 하나라는 말이기도 하다. 이것은 도덕적 내용의 배움을 말하는 것일 것이다. 그러나 작은 일상적인 일들에서의 배움도 여기에서 제외하여야 할 이유는 없다. 배움에 있어서, 현실의 움직임의 방법적 이해는 배움의 즐거움의 핵심적인 요소이다. 위에서 말한 배워서 즐거운 것은 큰 것에나 작은 것에나 해당된다고 하여야 할 것이다.

조금 심하게 말하면, 공자는 탐미주의자였다고 할 수도 있다. 학문이 그에게 즐김의 대상이었다고 한다면, 모든 지적 활동에서 그에게 가장 즐거운 것은 음악이었던 것으로 보인다. 『논어』에 수없이 나오는 것이 음악에 대한 언급이다. 제나라에서 소韶라는 음악을 듣고 석 달 동안 고기 맛을 잊었다는 이야기는 그의 음악 기호를 가장 극적으로 표현해 주는 삽화이다.(「술이」述而 13) 여러 제자가 각자가 원하는 것을 말하는 장면에서 어떤 제자는 정치를 말하고 어떤 제자는 학문을 말하지만, 공자는 시원한 놀이터에서 노는 것이 소원이라는 제자 증석의 말에 전적인 공감을 표현한다. "증석이 말하였다. 늦은 봄에 봄옷을 지어 입은 뒤, 어른 5~8명, 어린아이 6~7명과 함께 기수에서 목욕을 하고 무우에서 바람을 쐬고는 노래를 읊조리며 돌아오겠습니다."(「선진」先進 25)[11] 공자는 자기도 여기에 함께하고 싶다고 말하는 것이다.

위에서 음악이 고기 맛에 비교되는 것을 보았지만, 공자가 고기와 음식을 즐긴 것은 그를 참으로 탐미주의자가 되게 한다고 할 수 있다. 뿐만 아니라 모든 개인적인 일에 있어서 그는 섬세한 취미를 가지고 있었다. 제자들의 관찰에 의하면, 공자는

"쌀은 고운 쌀이라야 싫어하지 않으셨고, 회는 가늘게 썬 것이어야 싫어하지 않으셨다. 밥이 쉬어 맛이 변한 것과 생선이나 고기가 상한 것은 드시지 않으셨다. 빛깔이 나쁜 것도 안 드셨고, 냄새가 나쁜 것도 안 드셨다. 잘못 익힌 것도 안 드셨고, 제철이 아닌 음식도 안 드셨다. 썬 것이 반듯하지 않은 것도 안 드셨다. 고기가 아무리 많아도 밥 생각을 잊을 정도로 드시지는 않으셨다. 술만은 한정을 두지 않으셨으나, 품격을 어지럽힐 정도까지 이르시지는 않았다. 사 온 술과 사 온 육포는 드시지 않으셨다. 생강은 물리치지 않으셨으나, 많이 드시지는 않으셨다. 나라의 제사에서 받은 고기는 하룻밤을 묵히지 않으셨다." (「향당」鄕黨)[12]

다만, 이러한 탐미주의에도 불구하고, 위의 인용에서도 알 수 있는 것은, 그가 절도를 잃어버릴 탐식가이거나 관능주의자는 아니었다는 사실이다. 그는 좋은 음식을 즐기면서도 그 즐김에 절제를 두고자 하였다. 뿐만 아니라 그 절제는 한편으로 단정한 모양―심미적 형상에 관계되고, 다른 한편으로 의례 관습의 격식―제례의 형식에 관계되어 보다 큰 의미를 함축한다. 그러니까 공자는 단순한 의미에서 미적인 만족감을 추구했다고 할 수는 없지만, 구체적인 사항들에서 조화된 즐김 또는 즐김 속의 조화를 추구한 사람이라고 할 수 있다. 미적 실천이 그의 행동의 양식이었던 것이다. 이것은 그의 삶의 전체와 사회 철학에서 중요한 의미를 갖는다. 그에게서 많은 것은 이러한 미적인 감성의 훈련에 관계되기 때문이다.

반소식의 즐김과 조화　공자의 심미주의에서 중요한 것은, 다시 한 번 말하여, 전체적인 조화이다. 그것이 즐김의 조건이다. 또는 즐김은 이 조화를—삶의 조건으로서의 조화의 충족을 감지하는 데에서 일어난다고 할 수 있다. 그리하여 이 조화는 개인적으로나 사회적으로나 공자가 추구하는 가장 중요한 목표이다. 그리고 그것은 단위의 크고 작음에 상관없이, 적어도 어느 정도 이룩할 수 있는 목표이다. 그가 강조하는 검소함은—그것도 절대적인 관점에서 말하는 것은 아니지만—그것이 보다 간단한 조화를 용이하게 하는 때문이라고 할 수 있다. 공자가 검소한 삶을 강조한 것으로 흔히 『논어』의 「술이」 편에 나오는 다음과 같은 구절이 인용된다.

> "거친 밥을 먹고 물을 마시며 팔을 베개 삼고 누워도 즐거움은 또한 그 가운데 있다. 의롭지 않으면서 부귀를 누리는 것은 나에게는 뜬구름과 같은 것이다" 飯疏食飮水, 曲肱而枕之, 樂亦在其中矣, 不義而富且貴, 於我如浮雲.[13]

여기에서 공자가 말하고 있는 것은 최소한의 음식과 안락에 만족할 수도 있다는 사실이다. 주목할 것은 그러한 빈곤 속에서도 삶을 즐겁게 누리는 것이 가능하다는 것이다.

그렇다고 공자가 이러한 검소한 생활을 적극적으로 추구하였다는 것은 아니다. 그는, 최소한도의 물질적 생활의 조건에 부쳐서, 부귀에 대하여서도 말하고 있다. 이것은 부귀와 의가 양립할 수 없는 경우를 말하는 것인데, 단순히 공자를 도덕주의자로 생각하면 이것은 부귀보다는 의를 강조한 것으로 취할 수 있으나, 그러한 도덕적 엄격주의적 입장을 떠나 보면, 부귀가 의로운 경우라면, 공자가 그것을 거부하였을 것으로 말할 수는 없다. 그에게 중요한 것은 빈곤이나 부귀보다도 주어진 테두리 안에서 이룰 수 있는 조화된 즐김의 삶이었다.

(3) 조화의 정치학

조화의 동심원　앞의 '반소식'의 인용에 포함되어 있는 부귀와 의에 대한 공자의 견해는 이렇게 비교적 유연한 삶의 조화에 대한 관심에 이어져 해석할 수 있다. 이미 말한 바와 같이 그것은 부귀의 향수는 의와 양립할 수 있는 것이라야 한다는 것이지만, 그것은 한발 더 나아가, 전체적인 삶의 조화에 대한 그의 소망을 특수한 경우에 해당시켜 표현한 것이라고 읽을 수 있다. 하필이면 부귀와 의에 대한 견해가 검소한 음식이 가져올 수 있는 즐거움에 대한 견해에 이어져 표현되어 있는 것인가? 그것은 음식에 대한 즐거움도 부귀와 의의 적절한 상태 안에 존재하여야 한다는 것을 말하는 것일 것이다. 공자가 엄격한 금욕주의자가 아니라고 한다면, 그가 말하고 있는 것은 부와 귀가 의로운 행위의 결과이거나 그것에 양립하는 것이 아닐 때에는 침식의 검소함에서 기쁨을 찾아야 하고, 그것이 모두 조화된 상태에 있을 때에는 반드시 그러한 금욕적 절제가 필요한 것은 아니라는 생각이었다고 할 수 있다. 그렇다면 그에게 최선의 상태는 이 일상적인 삶의 여러 차원이 위축됨이 없이 펼쳐지는 것이었을 것이다. 이 것은 한편으로 일상적 삶을 가능하게 하는 것이면서 사람이 발붙이 고 사는 고장의 경제와 정치가 적정한 상태에 있고 다시 그 안에서의 전체의 삶이 조화를 이루고 있는 경지를 말한다. 이렇게 조화의 가 능성은 여러 동심원을 이루고 있다. 그리하여 사람의 삶을 즐겁게 하는 테두리는 작은 것이 될 수도 있고 큰 것이 될 수도 있다.

그런데 동심원이 하나로 유지되는 데에 일정한 원리가 있다. 사회 적 존재로서의 사람의 내면적·외면적 행위를 조절하는 예禮, 그리고 그것들의 보다 내적인 원리로서의 덕이나 인仁이 이러한 원리들이 다. 이것이 바르게 작용할 때, 삶은 인간적인 것이 된다. 수신과 정치 는 여기에 관계된다. 하나는 내적 원리를 다지고 다른 하나는 그것 의 표현으로서의 질서를 돌보는 일을 한다.

화합의 인간관계와 공동체　이러한 이상적 조건─개인적으로나 사회 적으로 조화된 사회에 대하여 가지고 있는 상상은 빈곤과 낮은 직업 과 생활의 필요에 대한 공자의 체험에 연결하여 생각하여 볼 수 있 다. 거기에서 출발하여 공자는 무엇보다도 편안할 수 있는 삶을 원 하고 상상하게 된 것이라고 할 수 있다. 편한 삶은 부나 귀에 의하여 가능해지는 안락한 삶이 아니라 많은 것이 조화를 이루고 마음이 편 하거나 즐거울 수 있는 삶이다. 그러나 기초적인 삶의 필요의 핍박 하에서 또 그것을 넘어선 다음에도 거기에서 출발한 원한에 사로잡 힐 때, 사람의 삶은 난폭하고 짧고 저열한 것이 될 수 있다. 이것을 완화할 수 있는 것은 부드러운 인간관계이며, 그것에 기초한 공동체이다. 물론 이것은 쉽게 얻어질 수 없는 것이었기에 그것은 상상되고 생각되는 것일 수밖에 없었다고 할 것이다. 이러한 생활의 필요, 그것을 넘어갈 수 있는 방법에 대한 연구와 공부—이러한 것들이 공자를 정치 철학으로 나아가게 한 것이 아닌가—우리는 이렇게 생각해 볼 수 있다. 그렇다는 것은 그의 정치 철학이 철저하게 온화한 인간관계를 설교하는 것이기 때문이다. 그러한 그의 생각의 원형은 친밀한 가족과 친지 그리고 서로 가까이 지낼 수 있는 사람들의 공동체이다.

위의 사정들과 관련하여 볼 때, 『논어』의 처음에 있는 효도와 인간관계에 대한 강화講話는 단순히 상투적인 윤리 강령을 반복하는 것이라고만 읽을 수 없다.

> "젊은이들은 집에 들어가서는 부모님께 효도하고 나가서는 어른들을 공경하며, 말과 행동을 삼가고 신의를 지키며, 널리 사람들을 사랑하되 어진 사람과 가까이 지내야 한다. 이렇게 행하고 나서 남은 힘이 있으면 그 힘으로 글을 배우는 것이다." (「학이」學而 6)[14]

위의 인용에서 흥미로운 것은 공부를 중시하는 것이 공자의 생각이면서도 인간관계를 그보다 우위에 둔다는 점이다. 또는 그러한 인간관계의 훈련은 공부의 전초이고, 그것을 반성적으로 성찰하는 데에 도움을 주는 것이 공부이다.

가족 관계에서 볼 수 있는 평화로운 인간관계에 대한 바람을 확대된 조건 속에서 실현하는 것이 정치이다. 「위정」爲政 편에 나온 한 삽화에서 왜 정치를 하지 않는가 하는 질문을 받고, 공자는 『시경』詩經의, "오직 효도하고 형제간에 우애하며 이를 정사政事에 반영시켜라"라는 말을 인용하며, "이 또한 정치를 하는 것인데 어찌 관직에 나가야만 정치를 한다고 하겠는가?"라고 말한다.(「위정」爲政 21)[15] 이것은 모두가 화합하는 상태에 있으면 정치가 필요 없다는 말이지만, 물론 가족에서 경험할 수 있는 온화한 인간관계를 나라에 확대하는 것이 정치라는 뜻을 시사하는 말이기도 하다. 일반적으로 말하여, 내적 조화가 국가의 원리라는 것은 무수히 반복되는 공자의 말이다. 이것은 다음과 같이 영토를 확장하는 문제에 대하여 공자가 답하는 데에서도 볼 수 있다.

"내가 듣건대, 국가를 다스리는 사람은 백성이나 토지가 적은 것을 걱정하지 말고 분배가 균등하지 못한 것을 걱정하며, 가난한 것을 걱정하지 않고 평안하지 못한 것을 걱정하라고 했다. 대개 분배가 균등하면 가난이 없고, 서로가 화합을 이루면 백성이 적은 것이 문제일 리 없으며, 평안하면 나라가 기울어질 일이 없다. 그렇기 때문에 먼 곳에 있는 사람들이 복종하지 않으면 문화와 덕망을 닦아서 그들이 따라오도록 하고, 그다음에는 그들을 평안하게 해 주는 것이다."(「계씨」季氏 편 1)[16]

중요한 것은 국력이 아니라 국민을 화합하게 하는 정치이다.

(4) 인간적 수련

예禮　이러한 사회 집단—가족, 친지, 친밀한 인간들의 공동체의 모델을 두는 사회 집단의 삶에서 중요한 화합의 분위기는 단순히 따뜻한 마음씨로써 가능해지는 것은 아니다. 이것을 매개하는 것은 도덕적 품성이다. 여기에서 덕의 중요성 그리고 그것의 개발과 유지의 중요성이 나온다. 도덕적 품성 또는 그 매개자로서 가장 중요한 것은, 위에서 말한 바와 같이, 그것이 덕성의 외면적 표현을 중재한다는 점만으로도, 예禮이다. 『논어』는 유자有子의 말을 빌려 이를 다음과 같이 설명한다.

　　"예의 기능은 화합이 귀중한 것이다. 옛 왕들의 도는 이것을 아름답다고 여겨서 작고 큰일들에서 모두 이러한 이치를 따랐다. 그렇게 해도 세상에서 통하지 못하는 경우가 있는데, 화합을 이루는 것이 좋은 줄 알고 화합을 이루려 하되 이를 예로써 절제하지 않는다면 또한 세상에서 통하지 못하는 것이다."(「학이」12)[17]

인간관계의 객관화　화합을 기하는 데에 예가 중한 것은 그것이 인간관계를 객관화하는 것이기 때문이라고 할 수 있다. 도덕적 규범의 의의는, 인간 행동을 일관되게 하는 일 외에, 개체들의 갈등의 관계를 규범의 세계에 대한 자율적 복종으로 전환할 수 있게 하기 때문이다. 예에 개인 관계를 조정하는 경우를 말하는 「학이」學而 편의 다음

항목은 이러한 것을 암시한다.

"약속한 것이 도리에 가깝다면 그 말을 실천할 수가 있고, 공손함이 예에 가깝다면 치욕을 멀리할 수 있다. 인척이 되고도 그 친한 관계를 잃지 않을 수 있다면 또한 종친이 하나가 될 수 있다."[18]

위에 든 여러 상호적 인간 행위 가운데에서, 주체들의 갈등의 가능성을 줄일 수 있는 것을 말하고 있는 것은 무엇보다도 "공손함이 예에 가깝다면 치욕을 멀리할 수 있다"는 부분일 것이다. 공손은 지나치게 개인적인 것이 될 때, 자신을 실제로 낮추는 것이 될 수 있지만, 그것을 규범에 따르는 것이 되게 한다면, 그것은 그러한 갈등을 줄이는 것이 될 것이다. 이 경우에 나를 낮추는 것은 다른 사람에게 굴종하는 것이 아니라 내가 받아들인 규범을 따르는 것이다. 그것은 나가운데에도 나의 최선을 따르는 것이다. 이것은 다른 경우, 약속과 그 실행, 인척 관계와 그것이 요구하는 도리의 경우에도 해당된다. 이러한 주체 갈등의 변증법에 대한 예민한 의식으로부터 출발하여, 공자는 그 자신과 정치 지도자들이 취하여야 하는 태도로서 '온화, 선량, 공손, 검소, 겸양'溫良恭儉讓(「학이」 10)[19]을 손꼽아 말한다. 여기에서 부수적으로 말할 수 있는 것은 정치 지도자의 온화하고 겸손한 태도는 공자의 개인적인 경험—그의 여러 잡역의 경험으로부터 깨달은 것일 수 있다는 점이다. 어떤 경우에나 현실의 주종 관계가 요구하는바, 자기를 낮추는 일로부터, 또 비굴함이라는 간교함의 전략으로부터, 사람을 구해 주는 것이 예의이다.

예/인간의 사회적 존재 방식　유교 문화에 있어서 예의 중요성은 거의 절대적이라고 할 수 있는데, (물론 그것이 공허한 것이 되었을 때에 따라오는 피해가 막대할 수 있다는 것도 경계해야 할 일이지만,) 이것을 유교의 가르침의 핵심으로 파악한 미국의 철학자 허버트 핑가레트는 개인과 사회의 변증법에서의 그 기능을 매우 적절하게 설명해 준다. 그는 개인적으로나 사회적으로 마땅히 이루어져야 할 일을 저절로 이루어지게 하는 마술적인 힘이 예라고 해석한다. 예는 사회의 전통과 관습에서 만들어진 형식이다. 그러나 그것은 개인과 사회를 다 같이 포용하는 신성한 힘을 매개하는 기능을 가지고 있다. 예는 개인으로 하여금 보다 본질적인 자아의 차원에 접근할 수 있게 한다. 그러면서 그와 그의 행동을 사회의 원활한 움직임의 일부가 되게 한다. 핑가레트의 생각으로는 이 포괄적 차원이 존재론적으로 개인이나 사회보다 근본적이고 그 두 항목을 선행한다. 이러한 근본적 예를 수련하는 사람이 군자이다. "정신적으로 고양된 사람(군자)은, 사회적 형식, 곧 예와 다듬어지지 않은 개인적 경험을 하나로 융합하여, 인간다움의 진정한 힘, 덕德을 현실화하는 존재 방식의 연금술에 정진하는 사람이다."[20] 이 예가 인간의 사회를 '성스러운 의례'가 되게 한다.

인간 본성에 이르는 길/인에 대한 핑가레트의 해석　그런데 주의할 것은, 핑가레트의 해석에 나와 있듯이, 예가 반드시 사회적 의의만을 가진 것은 아니라는 것이다. 그것은 개인이 자신의 진정한 자아에 이르는 길이기도 하다. 그러니까 그것은 인간의 내적인 필요에 대응하는 것이다. 그러면서도 예가 주로 외적 형식에 표현되는 것임은 틀림이 없다. 이에 대하여 이것을 가능하게 하는 내적인 힘이 인仁이다. 진정한 예는 인이 동반하는 예이다. 인은 어질다든지 자애롭다든지 하는 말로 옮겨 볼 수 있지만, 쉽게 해석하기 어려운 개념이다. 핑가레트의 인에 대한 이해는 매우 특이하다. 그것은 단순히 어진 마음, 또 자애로운 마음을 말하지 않는다. 핑가레트는 이것을 심리나 태도로 설명하는 것은 부적절하고 예의 삶을 가능하게 하는 내적인 힘으로 보는 것이 제일 적당하다고 말한다. 인은 개인 중심적으로 "자신의 힘 전부를 펼치고자 하는 의지"이다.[21] 이 의지는 보다 완전한 삶을 지향한다. "인간 성장의 개화開花에 도움이 되도록 완전하게 조직되어 있는 삶"이 예 속에 들어 있는 삶인 것이다.[22] 그렇다면, 자신의 힘의 전체적 발휘를 뜻하는 사람은 예에 맞게 살도록 노력하지 않을 수 없다. 인은 이렇게 하여 자신의 힘을 전부 발휘하고자 하는 사람이 그가 구현될 수 있는 인간성을 완전히 실현하는 방법이다. 그러므로 인은 참다운 의미에서 '개체성의 정위치'the locus of the personal가 된다.

인을 이룩하는 것이 쉽지 않은 것임은 물론이다. 핑가레트는 인과 예를 성취하는 것을 한 개인이 뛰어난 피아니스트가 되어 주어진 악곡을 완전하게 연주하는 것에 비교하여 말한다. 좋은 피아니스트가 되는 데에는 타고난 자질이 있어야 한다. 그것은 개체적 자질이다. 그러나 그것은 절제된 자기 훈련으로 개발되어야 의미 있는 것이 된다. 그러면서 자질의 개발은 자신을 음악의 요구에 맞추어 객관화할 수 있는 힘을 기르는 것을 말한다. 완전한 연주는 주어진 곡을 완전히 객관적으로 연주하면서, 그 가능성이 한껏 표현되게 하고, 이 객관성 속에 자기 자신의 능력을 구현하는 행위이다. 인仁에도 이에 비슷한 여러 가지 자기 훈련이 필요하다. 그러나 인과 예를 위한 단련은 기능의 훈련을 넘어선 인간적 자질의 자기 단련인 만큼 더욱 어려운 것이라고 할 수 있다. 인을 실천하는 데에 주어진 대로의 자기를 버리고 자기의 이익을 버리는 일이 필요하다. 어려운 일을 먼저 하고 소득은 뒤로 미루는 마음의 준비가 있어야 한다仁者 先難而後獲.(「옹야」擁也 20) 그러면서 사람은 예로 나아간다. 예를 닦는 것은 "칼로 자르는 듯, 줄로 가는 듯, 정으로 쪼는 듯, 숫돌로 광을 내는 듯"如切如磋如琢如磨(「학이」15)[23] ─ 끊임없이 자기를 닦는 것을 요구한다. 이 훈련은 자기를 버리는 것까지를 의미할 수 있다. "자기를 이겨 내고 예로 돌아가는 것"이 인인 것이다克己復禮爲仁.(「안연」顏淵 1)

자아의 일관성　　그러나 동시에, 이렇게 자기를 극복하는 것은 자기를 완전히 버린다기보다 근본적인 자기를 찾고 또 자기를 보다 확실한 바탕 위에서 세우는 것을 의미한다. 이러한 인간의 보편성 위에 놓임으로써 발휘되는 인간됨은 일관된 삶을 위하여 필요하다. 인은 자아의 원리이다. "인을 실천하는 것이야 자신에게서 나오는 것이지 다른 사람에게서 나오는 것이 아니다"爲仁由己, 而由人乎哉.(「안연」顔淵 1) 공자는 자기가 "하나의 이치로 모든 것을 꿰뚫고 있는"一以貫之(「위령 공」衛靈公 2) 사람이라고 하였다. 이것은 그의 앎이 많은 것을 하나로 꿰뚫고 있다는 말이기도 하지만, 이 일관성의 뒷받침이 되는 인간됨, 즉 인으로 그렇다는 것을 의미하는 것이라고 할 수 있다. 그리고 삶의 여러 상황에서 하나로써 모든 것을 꿰뚫는다는 것은 일관성을 위하여 많은 것을 삼간다는 것을 의미할 수도 있다. 필요한 것은 많은 것에서의 자기 절제이다. 모든 것을 다 가질 수는 없다. "군자는 먹는 것에 대해 배부름을 추구하지 않고, 거처하는 데 편안함을 추구하지 않는다. 또한 일하는 데 민첩하고 말하는 데 신중하며, 도의를 아는 사람에게 나아가 자신의 잘못을 바로잡는다. 이러한 사람이라면 배우기를 좋아한다고 할 만하다."(「학이」 14)[24] 그것은 이보다도 더한 노력과 희생―죽음을 요구할 수도 있다. "뜻있는 선비와 인仁한 사람은 살기 위해 인을 해치지 않으며, 자신의 목숨을 바쳐서 인을 이룬다."(「위령공」 8)[25]

이것은, 공자가 가장 강조한 것이 조화의 원리라고 할 수 있음에도 불구하고 인이 사회적 삶에 맞지 아니한 것일 수도 있다는 것을 말한다. 그러면서도 그것은 사람다운 삶을 위해서 필요한 것이고, 또 궁극적으로는 사회의 바른 조화를 위해서 필요한 것이다. 그러나 인은 멀리 있는 것이 아니고 가까이 있는 것이다. "내가 인을 실천하고자 하면, 곧 인은 다가온다"仁遠乎哉, 我欲仁, 斯仁至矣.(「술이」 29)[26] 그러면서 그것은 하루를 지탱하기 어렵고,(「이인」里仁 6) 그것을 지탱하기 위해서는 강한 의지를 요구한다. 책임은 무겁고 길은 멀다. 그것을 위한 노력은 죽음에 이르러서야 그만둘 수 있는 것이다. (「태백」泰伯 7)

3. 자신을 돌보는 방법

(1) 자기에서 이성에로

위기지학과 자기를 돌보는 기술　사람이 삶을 살아가는 데에 중요한
것이, 자연을 일단 빼어 둔다면, 사회와 개인의 두 요소인데, 이 글의
이 부분에서 시도하는 것은 이러한 인간의 문제를 개체의 관점으로
부터 이야기하는 것이다. 그러한 각도에서 공자의 생각을 일단 생각
해 본 것이 앞부분이었다. 그것은 공자의 사상이 한국의 전통에서
중요한 때문이기도 하지만, 해석의 각도에 따라서는 그것이 사회적
존재로서의 인간을 개체적인 관점으로부터 시작하여 고찰하는 것이
기 때문이다. 그리하여 우리는 위에서 공자를 즐김의 인간이라고 보
고 즐김을 삶의 핵심이 되게 하기 위하여 사람이 사회의 이상을 어떻
게 생각하고 거기에서 도출되는 사회를 위하여, 그리고 자기 자신의
본성을 찾기 위하여, 어떻게 예와 인을 수련하여야 한다고 생각하였
는가를 살펴보았다. 그런데 인간을 철저하게 개체의 관점에서 파악
하려 한 것은 근대적 서양 사상의 특징이라고 하겠지만, 그렇다고 하
여 사회적 존재로서의 인간을 완전히 무시하려 한 사상의 흐름을 많

이 찾을 수는 없다. 대부분의 시도는 개인의 자유 의지로부터 시작하여 사회적 유대에로 나아가는 회로를 확인하려는 것이었다. 여기에서 그러한 흐름을 전체적으로 전망할 수는 없지만, 우리는 미셸 푸코의 만년의 사상에서 특히 개체와 사회적 윤리의 회로를 찾으려는 노력에 대하여 잠깐 언급해 보기로 한다. 그의 생각은 이 회로를 의도적으로 설정하고자 한 점에서 위에 설명하고자 한 공자의 생각에 비슷한 데가 있다. 그렇다고 푸코에 공자의 영향이 있다는 것은 아니다. 푸코는 공자에 비슷하게 초월적인 차원을 거치지 않고 개인으로부터 출발하여 사회에 이르고자 하였다. 이때에 이르게 되는 결론은 비슷한 것이 되는 것인지 모른다. 다만 푸코의 생각은 공자의 경우보다도 더 분명하게 자기— 이기적일 수 있는 자기에서 시작하고 그 과정을 분명한 매뉴얼로써 제시한다.

위기지학과 비슷한 미셸 푸코의 용어는 '자기의 기술'이다. 이것은 푸코의 만년에 분명하게 주제화되는 개념이다. 그것은 그가 어떻게 보면 공자의 경우보다 더 분명하게 개인주의적인 시대와 문화에서 그의 사고를 전개했기 때문이라고 할 것이다. 그는 서슴지 않고 사람의 초미한 관심사가 "자기를 돌보는 일"souci de soi(care of the self)이라는 전제를 받아들인다. 그러나 이것이 간단한 일이 되는 것은 아니다. 그것은, 공자의 경우에서나 마찬가지로, 여러 가지 복잡한 경로를 통하여서만 가능하여진다. 이 자기를 돌보는 일을 위한 여러 가지 방책이 "자아의 공학"techniques de soi(technologies of the self)이다.

자기의 목숨을 어떻게 보존할 것인가, 무엇을 위하여 살아갈 것인가―이러한 물음에 대한 답변을 안다고 하더라도 어떻게 해야 그것이 가능할 것인가의 물음은 사람이 떨쳐 버리기 어려운 물음이다. 이것은 복을 빈다든지 점을 친다든지 하는 행위에도 들어 있는 근본적인 질문이지만 철학과 문학의 근본에 잠겨 있는 물음이기도 하다. 다만 일상적 차원에서의 질문은 대체로 운수運數―외적 조건의 기복에 대한 물음이지만, 철학적인 질문은 그것에 맞추어 어떻게 행동해야 하는가 그리고 그 행동이 적절하기 위해서는 자기 자신을 어떻게 단련해야 하는가 하는 질문―즉 덕성을 기르는 데에 대한 질문이 된다고 할 수 있다. (르네상스 유럽인이 사람과 정치의 기복을 결정하는 요인으로서 생각한 운명fortuna과 덕 또는 힘virtu의 대조에서 후자의 중요성을 강조하는 것이 철학적 질문이라고 할 수 있다.) 그런데 이러한 물음에 대한 답변은 보다 깊은 사유를 담은 것일수록 운수나 외적인 조건이 아니고 다시 개인을 넘어가는 어떤 큰 것과의 관계에서 주어지는 것이 보통이다. 구체적인 상황에서 나오는 구체적인 문제에 대한 물음까지도 결국은 인생의 의미에 대한 설명을 그 배경으로 하여서만 답하여지는 것이다. 이 의미는 큰 것으로부터 온다. 이때 큰 것은 운수나 운명처럼 밖으로부터 주어지는 조건이 아니라 내적인 의미로 전환 해석되는 초개인적인 조건이다. 그리하여 답변은 나라나 정의나 진리나 신과 같은 큰 범주의 것으로 정당화되는 삶을 암시하게 된다. 이에 대하여 푸코가 말하는 자기를 돌보는 방법 또는 기술의 특징은 거의 전적으로 구체적인 삶의 문제, 자신의 삶의 문제를 그 사고의 출발점으로 하고 또 종착점으로 한다. 푸코의 자아의 기술은, "개인들에게 자기가 가진 수단을 써서, 또는 다른 사람들의 도움을 빌려, 자기의 몸과 영혼과, 생각과, 행동과 존재의 방식에 일정한 작용을 가함으로써, 자신을 변용하여, 행복과 순수성과 지혜와 완성 또는 불멸의 어떤 상태에 이르고자 하는 기술이다."[27] 그러니 이 기술은 철저하게 자신을 위한 것이다. 그것은 보다 잘살기 위하여 또는 건강하게 살기 위하여 의학적 기술을 빌려 오는 것에 유사하다. 그러나 역설은 이러한 시술施術 행위가 다시 사회로 이어진다는 것이다. 이 자아의 기술에 대하여는 다른 곳에서도 이야기한 일이 있지만,[28] 이야기의 순서상 여기에서 다시 그것을 언급하지 않을 수 없다.

푸코의 계보학/경험적 방법　잘 알려진 바와 같이 푸코의 방법은 '계보학'이다. 이것은 추상적 논리에 의존하는 철학적 사유에 대조될 수 있다. 그는 사람들의 생각이, 여러 사회적이고 역사적인 원인이 전혀 없는 것은 아니지만, 대체로는 우연의 연쇄처럼 발전하는 것으로 생각하고 이 관계를 추적하는 것으로써 여러 아이디어의 근원과 의미를 밝히려고 한다. 그리고 자신의 생각도 그러한 계보적 해석을 통해서 거의 간접적으로 전달한다. 이것은 그가 추상적 사고에서 나오는 체계를 거부하는 것과 관계되어 있다. 그는 체계적인 진리의 가능성—적어도 인간 과학에서는 그러한 가능성에 대하여 깊은 회의를 가지고 있는 것이다. 사람이 배울 것이 있다면, 그것은 연역적으로 도출될 수 있는 것이 아니라, 수많은 범례를 통하여서일 뿐이다. (이것은 자연과학에 대조되는 인문과학의 방법론이다. 푸코는 이러한 범례들을 철학적으로 검토하는 것이 인문과학의 방법이라고 생각하는 것일 것이다.) 그가 즐겨 찾는 범례는 주로 희랍과 로마 제국에서의 헬레니즘 시대의 저서들에서 나온다. 그 시대의 철학은, 그의 생각으로는, 큰 철학적 진리의 탐구를 포기하고, 현실에서 개인이 부딪치는 문제에 답하는 일에 관심을 가지고 있었다. 그리하여 철학은 병을 치료하는 의학에 가까웠다. 스토아 철학이나 에피쿠로스학파의 철학이 그러한 것이다. 그리하여 푸코는 여기에서 예를 끌어오기를 즐긴다. 그런데 그의 범례에 의한 학습의 방법은 정작 그의 생각을 정확히 잡아내기 어렵게 한다. 여기에서 시도하는 것은 푸코의 글에 나오는 약간의 예를 다시 들어 그의 견해를 살펴보는 일이지만, 범례들에 비쳐 있는 것들은 그의 생각인지, 아니면 원전에 대한 그의 해석인지 분명치 않다. 어쩌면 그의 의도는 이것들을 참조하면서 독자로 하여금 스스로의 삶을 위하여 스스로 생각을 더듬어 가고 삶을 실험하라는 것인지 모른다.

자아의 진실과 자아의 현실 문제　자아의 문제에 대한 전통적인 접근과 푸코의 차이는 델포이의 신탁 신전 앞에 씌어 있었다는 말, "너 자신을 알라"라는 말에 대한 해석을 소개하는 데에서부터 짐작할 수 있다. "자신을 알라"는 것은 전통적으로 참다운 의미에서의 자기가 누구인가 또는 무엇인가를 알아야 한다는 말로 해석된다. 푸코는, 여기에 대하여, "네가 신이 아니라는 것을 알라"는 해석이 있고, 또 하나, "네가 신에게 묻고 싶은 것이 무엇인가를 정확히 알라"는 해석이 있다고 말한다. 이 두 해석 가운데에 아마 그에게는 후자의 경우가 적절한 해석으로 생각되는 것이 아닌가 한다. 어떤 일반적인 문제보다도 그때그때의 현실 상황에서 일어나는 문제가 중요한 것이고, 그에 대한 답을 구하는 것이 인간적으로 의미 있는 일이라는 것이 푸코의 생각의 흐름이기 때문이다. 흔히, "너 자신을 알라"가 고대 철학이 물었던 가장 중요한 도덕적 질문이라는 것이 통념이지만, 실은 그보다는 '자기를 돌보는 것'이 고대 철학에서 개인의 삶이나 사회적 삶의 관점에서 제일 많이 회자된 주제였다는 것이 푸코의 생각이다.[29] 당장의 문제가 무엇인가를 묻는 것은 이렇게 설정된 문제의 지평에서 나오는 자연스러운 물음이다.

이기의 술책　　그런데 그때그때의 문제를 정확히 알아야 된다는 것을 넘어서, 자기를 돌본다는 것을 생각하면, 그것은 상당히 자기 이익을 챙기고 그것을 위하여 전략적 행동을 취한다는—그러니까 다른 사람과 세상에 대하여 상당히 교활한 술책으로 대하는 것을 서슴지 않는다는 것을 의미하지 않는가. 오늘날 우리 사회에서도 일반화된 처세술의 하나가 이러한 것이다. 사실 모든 자아의 공학에는 그러한 사술詐術이 없을 수가 없다. 완전히 초월적인 차원이 배제된 처신의 방법이 그렇게 되는 것은 불가피한 것으로 보인다. 그러면서도 푸코의 미묘한 철학적 해석학에서 이 이기의 철학은 조금 다른 가능성으로 나아간다. 이기의 술책에서 출발한 것이 다른 사람과 사회와 인간 일반을 포용하는 것이 되는 것이다.

이기와 사랑의 변증법　　푸코의 『자아의 공학』의 처음에 나오는, 아테네의 귀족 청년 알키비아데스의 경우는 이 기이한 이기의 철학의 복합적인 함의를 예시해 준다. 플라톤의 저작으로 되어 있는 『알키비아데스 1』에 나오는 이 이야기에 대한 푸코의 주석에 의하면, 알키비아데스는 매우 자존심이 높은 귀족 출신의 젊은이여서 당대의 젊은이들의 습관과는 달리 보다 나이 든 사람의 사랑을 받는 애인, 두 사람의 관계에서 제2인자가 되는 애인이 되기를 거부한다. 그러다가 결국 그는, 육체적인 관계에서가 아니라 정신적인 관계에서이지만, 소크라테스에게만은 제2인자의 자리에 들어가는 것에 동의한다. 그것은 그의 정치적 야망의 달성을 위하여 필요한 지혜를 소크라테스로부터 배우고자 하는 동기가 강하기 때문이다. 극히 전략적인 동기에서 낮은 자리를 받아들이는 것이다. 그러나 이 관계에서 미묘한 변화가 일어난다. 알키비아데스가 소크라테스를 통해서 배우게 되는 것은 법이나 정의 또는 화합이 무엇인가 하는 것이다. 그러나 그가 배우는 것은, 푸코의 시사하는 바로는, 이러한 주제에 대한 어떠한 가르침보다도 스승 소크라테스와의 인간관계에서 얻게 되는 깨달음이다. 푸코의 생각으로는 성적 관계와 정치 사이에는 밀접한 유사성이 있다. 그에게 성적 관계는 언제나 동등한 것이 아니라 불평등한 것이다. 그러니만큼 성관계에서의 두 주체는 팽팽한 긴장 속에 있을 수밖에 없다. 그러면서 그것이 사랑 속에 하나로 해소된다. 이러한 긴장과 사랑의 화해는 스승과 제자의 관계에서도 비슷하다. 그리하여 어느 경우에나 두 주체의 변증법적인 관계는 배움의 중요한 부분이 된다. 이 관계에서 법이나 정의 그리고 화합의 문제가 일어나는 것은 자연스럽다고 할 수 있다. 이런 점에서 사랑과 정치는 상사相似 관계에 있다.

영혼의 탄생과 공정성의 원리　　이것은 푸코의 불분명한 설명을 풀어본 것이지만, 그는 이러한 기묘한 인간관계에서 자아에 대한 깨우침이 일어난다고 생각하는 것이다. 이 자아의 발견은, 방금 말한 바와 같이, '변증법적 운동'에서 일어난다. 그것은 인간관계에서—사실상 어떤 대상과의 관계에서도, 전략적 고려의 들고남이 생겨남에 따라 그것을 일관하는 원리가 필요하게 된다는 사실에 연유한다. 두 자아의 평등과 불평등의 승강이 사이에 자아가 생겨나는 것이다. 또는 푸코가 대담하게 끌어들이는 용어로는, 이 자아가 사람의 영혼이다. 긴밀하면서도 긴장이 있는 인간관계에서, 자기를 돌본다면, 자기가 돌보는 것은 반드시 몸을 돌보는 것이 아니다. 돌봄의 대상으로서의 자기는 "의상도, 도구도, 소유물"도 아니고, "이 도구들을 사용하는 원리—신체의 원리가 아니고 영혼의 원리"이다. (이렇게 하여 "자아"가 성립한다. 우리말 용법에서 "자기"는 다른 사람[人]에 대비하는 말이고 "자아"는 보다 독자적인 주체를 말하는 것으로 생각된다. 푸코의 "수아"soi는 이 둘 사이를 왕래한다.) 이 영혼은 어떤 '실체'라기보다는 '행동'이지만, 그것은 '신성한 요소' 가운데에 스스로의 이미지를 확인한다. 그러면서 또 하나의 도약이 일어난다. 즉 이 신성한 요소를 명상 속에 관조함으로써, 영혼은 "정당한 행위와 정치적 행동의 기초가 되는 규칙"을 발견한다. 그리하여 영혼이 자기를 알려고 하는 노력에서 나오는 이러한 신성한 요소를 명상하게 될 때, 바른 정치적 행동이 나오는 것이다.[30] 애인이든 스승이든 다른 사람과의 친밀하고 긴장된 관계에 들어가는 사람은, 한편으로 자신의 행동에 일관되는 원리를 발견하고, 다른 한편으로 일관된 원리를 통하여 깨닫게 되는 순수한 이념의 가능성에 접하고 공정한 윤리적 규범의 존재를 인식하게 되는 것이다.

그러면서 다시 한 번 강조해야 할 것은 이러한 영혼의 자각이 길거나 짧거나 한 번의 명상이 아니라 삶의 현장으로부터 출발하는 것이라는 사실이다. 명상이 여기에 작용한다면, 그것은 현장과의 교환 관계 속에 끼어드는 요소이다. 자기를 돌본다는 것은 "나의 소유지를 돌보고 건강을 돌보는 것"이다. 그것은 "농부가 자기 밭과 가축과 집을 돌보는 일, 임금이 도시와 시민을 돌보는 일, 조상과 귀신을 섬기는 일, 또는 의료업에서 환자를 돌보는 일"[31]과 같은 일이다. 그러는 가운데에도, 위에 말한 애인간의 관계, 정치적 행동에서의 인간관계 또는 사제 관계 등은 특별한 의미를 갖는다. 그것은 위에서 말한 바와 같이 변증법적 운동을 통하여 바른 인간관계와 그 배경으로서의 신성한 이념의 세계를 깨닫게 하는 계기가 되기 때문이다. 사제 관계는 더욱 특별하다. 그것은 여기에 인간관계의 변증법 이외에 이념에 대한 관심이 개재될 수밖에 없기 때문일 것이다.

보편성의 훈련　　인간관계의 이러한 보편성에로의 확대는 소크라테스와 알키비아데스의 철학적 사제 관계에서도 예시되지만, 고대에 있어서 철학을 공부하는 동아리들에서 더욱 분명해진다고 할 수 있다. 피타고라스에게서는 그것은 "질서 있는 공동생활"이 되고, 더 나아가 "영혼에 대한 일련의 의미 있는 봉사"가 된다. 철학은 자기를 돌보는 방법으로서의 성찰의 훈련이 중심이 된다. 철학은 단순히 공부하는 것만을 뜻하지 않는다. 그것은 일상적 실천을 포함한다. 하루, 수주일, 수개월 동안의 피정避靜을 통하여 자기를 되돌아보는 계획은 그 실천의 일부이다. 그것을 통하여, "공부하고 읽고, 불운이나 죽음에 대비"하는 것이다.³²

글쓰기의 변증법　　이렇게 철학적으로 또는 정신적으로 확대된 자기 돌봄의 방법 가운데 푸코가 역점을 두고 길게 언급하는 또 하나의 계기는 글을 쓰는 일과 같은 것이다. 물론 공부하고 읽는 것이 중요함은 말할 것도 없다. 피정의 내용의 한 부분이 이것이다. 그러나 공부는 어떤 교리를 배우는 공부가 아니라 자기의 삶의 모양과 일관성을 찾아가는 일이다. 공부는 범례에 대한 공부이다. 범례는 많은 것일 수밖에 없다. 중요한 것은 하나하나와의 조우遭遇이면서 그것에서 일관된 원리를 찾아내는 일이다. 일관된 원리를 얻어야 한다는 것은 이 조우가 변증법적 교환이 되어야 한다는 것을 말한다.

침묵과 자아　　또 주목할 수 있는 것은 이 과정에 스며드는 침묵의 요소이다. 읽고 쓰는 것은 침묵의 작업이다. 그러면서 거기에서 변증법적 조우가 일어난다. 푸코는 교사와 제자의 관계에서, 듣는 법, 침묵 속에 앉아 있는 법을 익히는 것이 중요하다고 말한다. 인간관계에서의 위계를 완전히 배제할 수 없기 때문에 온순한 경청이 중요하다는 것일까? 모든 정신의 과정에는 조용한 가운데 진행되는 일종의 '꿈의 작업'Traumwerk이 필요하다는 것일까? 또는 발견되는 일관된 원리가 '신성한 요소'를 포함하는 것이라면, 그것은 언어를 초월하는 직관에 드러나는 것이라고 할 수 있다. 푸코는 사제간의 교환에서의 침묵의 중요성을 말하지만, 이것도 이러한 관점에서 설명하는 것이 가장 적절할지 모른다. 침묵은 변증법적 교환의 바탕을 이룬다. 그리고 그것은 자아의 기이한 바탕이 된다.

언어/서간書簡　　그러면서도 중요한 것은 침묵이 언어와 일정한 관계 속에 있다는 것이다. 두 주체의 친밀하면서도 긴장된 해후邂逅에서 일어나는 것이 변증법적이라고 하는 것은 그것이 말을 매개로 하여 일어난다는 것을 말한다. (디알렉티케dialektike 변증법은 디알렉티코스dialektikos 대화에서 나왔다.) 두 사람의 대화는 어떤 경우에나 언어의 구성적 질서 속으로 편입되게 마련이다. 이 질서—사람의 모든 질서화 작업의 바탕을 이루는 언어의 질서가 가장 분명하게 작용하는 것은 글쓰기에서이다. 글에서 말하는 것은 자신의 이야기이지만, 그러면서 그것은 독자를 상대로 한 글이다. 그것은 자신의 행적을 적고 다시 검토하는 수단이 되고 그것이 검토되는 것을 기대하는 것이다. 그러면서 그것은 자신을 보다 잘 돌보기 위한 방법이다.

이러한 글로 대표적인 것은 친구에게 보내는 편지이다. 편지에서 (푸코가 생각하고 있는 것은 로마 사람들의 편지 교환인데) 내용은 반드시 중요한 화제나 주제에 관한 것이 아니라 일상적인 삶—매우 자질구레해 보이는 일들이다. 또 하나 편지의 내용은 몸의 상태에 대한 보고를 포함하는 것이 보통이다. 자기의 행동을 바르게 한다는 것은, 궁극적으로 영혼의 상태가 바르게 된다는 것을 말하면서, 동시에 몸의 움직임 하나하나에 마음을 쓴다는 것을 말한다. 그리하여 편지는 몸과 마음 전체가 일정한 규범—스승에게 배우고 스스로 깨닫고 익힌 진리 또는 행동의 규범에 맞게 했는가를 검토하는 계기가 된다.

편지는 다시 말하여 여러 사람의 눈 속에서 자신을 보다 바르게 돌보아진 존재가 되게 하는 것을 의미한다. 편지를 쓴다는 것은 자기를 보여준다는 것이다. 그것은 있는 대로 보여주는 것이면서 보다 좋게 보이게 하려는 것이다. 그러는 사이에 참으로 보여도 좋은 사람이 될 수 있다. 세네카가 바람직한 삶을 말하면서 즐겨 인용한 격언—"모든 사람이 모여 있는 데에서 살고 있는 것처럼 살아야 한다"는 격언은 보임과 실상의 기이한 연금술을 압축하는 말이다.[33] 이것은 유교에서 혼자 있을 때에 늘 조심하여야 한다는 말, '공구신독'恐懼愼獨을 생각하게 한다. '자신을 돌본다'는 것은 '스스로 조심한다'는 말이 될 수도 있다. 일기를 적고 편지를 쓰고 하는 일은 "단편적으로 그러나 선택적으로 말하여진 것을 소유하고, 통일하고 주체화함으로써 자기를 합리적 행동의 주체로서 구성하는 일이다." 여기에 다른 사람의 눈이 중요한 역할을 한다. "편지에 자신의 일을 적는 것은, 자신의 삶의 일상적인 일을 삶의 기술의 바른 법칙에 비추어 재어 봄으로써, 타자의 눈과 스스로에게 주는 자기의 눈이 맞아 들어갈 수 있게 하는 것이다."[34] 그러면서 글쓰기의 변증법은 두 사람 사이를 넘어 필자와 언어의 보편적 구조와의 사이에 펼쳐지는 변증법이되고 그것은, 글쓰기의 침묵 속에서, 언어의 저쪽에 있는 보편적 문법, 이성의 원리 그리고 '신성한 요소'에 대면하는 것이 된다.

(2) 금욕적 수행

금욕적 수행　이러한 과정들을 포함하는 자아의 기술은, 푸코에 의하면, 금욕주의에서 핵심적으로 나타난다고 할 수 있다. 위에서 말한 기술은 말할 것도 없이 기율과 절제를 요구한다. 그것은 보다 심각한 금욕적 훈련, 아스케시스askesis에 접근하는 계기가 된다. 아스케시스는 전통적으로 "성적인 금욕, 물질적 결핍, 기타 정화淨化의 의례"[35]를 의미할 수 있다. 자아의 기술도 이러한 전통으로부터 늘 멀리 있는 것은 아니다. 다만 푸코의 생각으로는, 이 경우에 금욕은 세상이나 자아를 버리는 것을 의미하지 아니한다. 그것은 "현실 세상을 버림으로써가 아니라 진실을 얻고 포섭함으로써, 자아에 대한 배려의 진전, 자신에 대한 통어력의 증가"를 꾀하는 것이다. "그것은 최종적 목표로서 다른 세상의 현실이 아니라 이 세상의 현실을 겨냥

한다."[36]

명상과 단련　아스케시스는 두 가지의 훈련을 포함한다. 대화나 편지에도 그러한 계기가 있지만, 이것은 더 적극적으로 이러한 것들을 요구한다. 그 하나는 명상melete(meditatio)이다. 이것은 일어날 수 있는 일과 그에 대한 자신이 해야 할 반응을 생각하는 것이다. 이러한 상상의 훈련에서 중요한 부분은 최악의 경우, 고통과 죽음과 같은 것을 생각하는 일이다. 이것은 스토아 학파의 사람들에게 중요한 것이었지만, 푸코에게도 의미가 있는 것으로 생각된다. 아스케시스의 다른 한 부분은 신체적 단련, 김나시아gymnasia이다. 앞에 말한 전통적인 금욕적 수행 ─ 성적·물질적 금제禁制와 그 밖의 의례 등도 이에 속한다. 명상이 마음속에서의 기율을 위한 것이라면, 이것은 현실에 대한 거리와 통제력을 기르기 위한 것이다. 즉 "개인이 외부 세계에 대하여 가질 수 있는 독립성"을 확립하고 시험하려는 것이다. 푸코가 들고 있는 재미있는 예를 보면, 심한 운동을 한 다음 성찬을 차린 밥상에 앉아 있다가, 그것을 먹지 않고 노예에게 주어 버리고 자기는 노예의 음식을 먹는 것과 같은, 플루타르코스에 나오는 금욕 단련과 같은 것이 있다. 자기 단련을 위하여 에픽테토스가 권장하는 일의 하나는 산보이다. 이것은 김나시아의 운동이면서도, 마음을 자유자재로 통어하는 일에 관계되어 있다. 산보 시에 심리적 반응을 관찰하면서 그에 관계된 마음의 표상을 일정한 기율로 통제하는 것이다. (세부의 기술이 어떤 것인지는 분명치 않다.) 하여튼 멜레테와 김나시아의 결합은 신체적 훈련과 함께 마음을 훈련하는 방법이다. 마음의 통어에서는 쓸모없는 환상과 잡념을 없애는 것이 중요하다.[37] 이러한 극기 훈련은 기독교의 확립과 더불어 자기를 죽이고 세상을 버리고 신에게 자신을 맡기는 행위로 끝난다. 그러나 스토아 학파 그리고 기타 헬레니즘에서, 그리고 정녕코 푸코의 관점에서는, 아스케시스는 보다 독자적인 자아를 활발하게 만들기 위한 것이다. 그것은 자기를 버리는 것이 아니라 보다 적극적으로 새로운 자기를 구성하는 것을 목표로 한다.

(3) 자기 기술의 사회적 차원

윤리적 인간　그렇다고 이렇게 구성되는 자아가 완전히 자기중심적인 인간 또는 이기적인 인간의 자아라고 할 수는 없다. 그러한 자아를 발전시킨 사람은 양심과 이성을 내면화한 사람이고 무엇보다도 바른 행동 규범—아마 사회 관습으로, 이성의 기준으로 그리고 스승과 같은 신뢰할 만한 사람들의 동의하는 바에 따라, 바른 것이라고 생각되는 행동 규범의 달인이 된 사람으로 스스로를 재형성한 사람이다. 푸코의 생각으로는 자아의 기술을 터득한 사람은 무엇보다도 윤리적 인간이다. 이때 윤리란 인간관계의 규칙을 말한다. 그리고 그것은 사회의 관습에 일치한다. 그러니까 윤리Sittlickeit는 헤겔이 생각한 것처럼, 푸코에 있어서도 관습ethos(Sitte)의 소산이고 그것이 활발한 상태에 있을 때에, 개인과 사회는 다 같이 행복한 상태에 있다고 할 수 있다. 그러나 이것이 개인이 사회 윤리에 부산물이 된다는 것은 아니다. 이 윤리의 문제는 푸코가 죽기 몇 달 전에 있었던 인터 뷰에서 가장 중요한 화두가 되었다. 출판된 그 인터뷰의 제목은 '자 유의 실행으로서의 자아 돌보기의 윤리'(영문판 제목, "The Ethics of the Concern for the Self as a Practice of Freedom")이다. 여기에서 푸코는 윤리를 "자유가 반성을 수용했을 때에 취하게 되는 형식"이라고 정의하고 있다. 그것은 "자아가 스스로를 알고, 행동 규범을 알고 진리와 처신의 규칙을 알"[38] 때 저절로 내면화되는 행동 방식이다. 다시 말하여 그것은 이미 이성과 진리를 자기 것으로 한 사람의 자연스러운 사회적 표현인 것이다. 이렇게 훈련된 사람 또는 스스로를 훈련한 사람의 예로 푸코는 플루타르코스가 말하는 이성적 인간을 들고 있다. "행동의 원칙을 일관되게 익히면, 당신의 욕망과 충동과 두려움 이 개들처럼 깨어나서 짖어 댈 때, 이성은 개들의 주인처럼 일갈로 써 이것들을 조용하게 할 것이다."—플루타르코스는 이렇게 말한다. 이 경우 이성은 사람의 일부가 되고 사람은 이성의 일부가 된 것이다.

그러나 이것이 반드시 이성의 도덕화를 말하지는 않는다. 중요한 것은 이성이 사회적 행동 방식에 들어 있는 절제를 분명히 해 준다는 사실이다. 이것은 사물의 이치와 사회 공동체의 존재 방식을 예견하는 절제이다. 이미 시사한 바와 같이, 희랍어로 에토스ethos가 되는 윤리는 일반적 사회 풍습으로서 "존재하는 방식이고 행동하는 방식"이다. 그러면서 그것에 달인이 된 사람은 다른 사람의 눈에 띄게 된다. "사람의 에토스는, 옷에 외모에, 걷는 모습에, 일을 처리하는 침착한 태도 등에 드러난다." 그러면서 그런 사람은 다른 사람의 눈에 매어달린 것이 아닌, 자유로운 인간이다. "자기를 두고 철저하게 다듬는 일을 하면, 개인의 자유권의 행사는 선하고, 명예롭고, 존경스럽고, 기억할 만하고 모범이 될 에토스 안에서 펼쳐지게 된다." 그리하여 자유의 실천과 윤리는 하나가 된다. "자기를 돌보는 것은 그것 자체로 윤리적인 것이지만, 자유의 윤리화가 다른 사람을 돌보는 것을 뜻하는 것인 만큼, 그것은 다른 사람과의 복합적인 관계를 내포한다." 이렇게 하여, 자기를 돌본 사람은 자연스럽게 "도시와, 공동체에서 그리고 일반적으로 인간관계에서 일정한 자리—목민관으로서 또는 친구로서의 일정한 지위를 얻게 된다."[39]

자기를 돌본 사람과 권위주의 정치　　이렇게 하여 자기를 돌보는 것은 저절로 공동체나 사회에 화합해 들어가는 사람이 되는 길이 되는 것이다. 그러나 이 화합은 결코 둘이 완전히 일체가 된 것을 말하지는 아니한다. 말하자면, 화이부동 和而不同의 상태 속에서 사회에 조화되는 것인데, 유교에서 생각하는 것보다는, 더 분명하게 인정되는 긴장이 여기에 개입되어 있다. 위에 언급한 윤리의 주제는 주로 푸코 최후의 인터뷰에서 거론되는 것인데, 이 인터뷰에서 질문자들이 관심을 집중하고 있는 것은 자기를 돌보는 기술이 가지고 있는 정치적 의미이다. 그들의 중요한 질문의 하나는 이성과 윤리의 관점에서 자기를 완성한 사람이 사회의 존경을 받고 중요한 자리에 오르고 정치를 담당한다는 것은 권위주의적 질서 또는 위계질서의 정치 체제를 상정하는 것이 아니겠느냐 하는 것이다. 결국 자기를 돌본다는 것은 자기를 바르게 다스린다는 것을 말하고, 그것은 다른 사람을 다스리는 일로 쉽게 번질 수 있는 일이다. (이것은 수양을 한 군자君子의 경우에도 마찬가지이다.) 이에 대한 일응의 답은, 자기를 돌보는 기술에 숙달한 사람은 다른 사람을 다스리는 일, 다른 사람을 지배하는 일이 옳지 않은 일이라는 것을 잘 알기 때문에 그러한 결과가 되지 않을 것이라는 것이다. 이것은 반드시 다른 사람에 대한 배려 때문만은 아니고 세상과 사람에 대한 바른 인식이 그러한 일을 하지 않게 한다는 뜻에서이다.

"자기를 바르게 돌보는 것을 바르게 알게 되면, 즉 존재론적으로, 자기가 누구인가를 알게 되면, 자기의 능력이 어떤 것인가, 한 도시의 시민이 무엇인가, 집안의 주인이 무엇인가를 알게 되면, 무엇을 두려워하고 무엇을 두려워하지 말아야 할 것인가를 알게 되면, 이성적으로 생각하여 어느 정도의 희망과 기대가 현실적인가를 알게 되면, 그리고 다른 한편으로 어떤 것이 나에게 중요한 것인가, 그리고 마지막으로 죽음을 두려워할 것이 아니라는 것을 알게 되면―이렇게 되면, 사람은 자신의 힘을 남용하여, 다른 사람을 부리려 들지 않을 것이다."[40]

즉 인생의 참의미를 아는 사람은 지배욕을 갖지 않는다는 것이다. 그러나 이러한 달관에 이른 경우가 얼마나 되겠는가? 기독교에서는 자기를 죽이는 것이 자기를 살리는 것이라고 한다. 믿음의 인간은 모든 세속적인 것에 대한 체념을 단련한 사람이다. 그리하여 헛된 세상을 지배한다는 것은 무의미한 일이 된다. 푸코는, 희랍·로마 시대의 생각은 그러한 초월적인 것에 대한 믿음이 없이도 그것이 가능했다고 말한다. 그러나 기독교의 예는 이미 현실적 달관만을 통하여 타자와의 관계에서 권력을 버리는 것이 얼마나 어려운 일인가를 예시해 준다고 할 수 있다.

아我와 타他의 변증법적 일치　　사실 푸코의 보다 근본적인 생각은 사람의 타자와의 관계는 언제나 긴장을 내포하는 권력의 관계라는 것이다. 사실 바로 타자와의 관계에서 '통어력'governmentality을 확보하려는 의도를 포함한다는 것이 그의 자아의 기술에 대한 정의의 하나였다.[41] 이것은 정치의 세계에서 그러하고, 사제 관계에서 그러하고, 남녀 관계를 비롯하여 가족 관계에서 그러하다. 필요한 것은 이것을 정면으로 바라보고 그것을 인간 현실의 근본으로 인정하는 것이다. 그리고 그다음에야, 그것을 벗어나고 그것을 시정할 수 있는 방법이 존재할 수 있다. 저항, 도망, 속임수 등, 상황을 역전시킬 수 있는 전략들이 여기에 부수하는 시정의 방법이다. 이것들보다 조금 더 온건한 방법은 '진리의 놀이'이다. 사람의 생존은 물질세계와 사회에 대한 일정한 진리 인식에 연결되지 않을 수 없다. 그러나 어떤 진리가 중요하고 진리를 어떻게 해석하고 하는 문제는 사회의 지배 체제에 밀접한 연계 관계를 가지고 있다. 그렇다고 진리가 완전히 지배 권

력의 전유물이 되는 것은 아니다. 그것은 다른 진리와의 길항 속에
또 권력에 대한 저항 속에 존재할 수 있다. 가령, 생태 환경 운동은
그 나름의 진리에 의하여 뒷받침되어 있는 과학과 기술에 대항하여
자연이라는 생명의 복잡하고 지속적인 과정에 대한 다른 진리를 내
놓는 운동이다. 사회에 있어서 진리나 권력의 관계는 언제나 다양하
게 인정되는 진리의 놀이 속에 있는 것이다. 놀이는 극렬한 것이 될
수도 있지만, 그것을 순조로운 상태에서 진행할 수 있게 하는 수단들
이 없는 것은 아니다. 사회와 인간관계에 반드시 끼어들게 마련인
권력의 관계를 완전히 해소할 생각을 하는 것보다, "권력 놀이를 최
소의 지배와 억압을 가지고 놀 수 있게 하는, 법의 규칙, 경영의 기
술, 도덕률, 윤리적 관습ethos, 적절한 자아 수행을 일반화하는 것이
현실적인 대책"[42]이라고 푸코는 생각한다.

　이러한 현실적인 방안의 하나가, 시사되어 있는 바와 같이, 자기를
돌보는 기술이다. 그것은 위에서 본 바와 같이 궁극적으로 사회적
에토스에 귀착한다. 그런데 이러한 현실적이면서도—또 그 나름의
방책들과는 달리, 어떤 사람들은 사람 사이의 갈등의 문제가 완전히
해결될 수 있다고 생각한다. 그 하나가, 푸코가 이름을 들어 말하는
것으로는, 하버마스의 소통의 이론과 같은 것이다. 완전한 소통의 달
성으로 완전히 조화된 사회 질서가 성립할 수 있다는 것은 유토피아
적인 환상에 불과하다. 이 하버마스에 대한 비판은 다른 유토피아의
꿈에도 해당될 것이다.

현실과 유토피아　　푸코는 그가 그리는 사회가 어떠한 것인가에 대하여 분명한 답을 내놓지는 않는다. 그러나 한 가지 말할 수 있는 것은 유토피아가 가능하다고 하더라도, 그것은 현실의 복합적인 요인들을 면밀하게 인지하는 데에서부터 출발하여야 한다는 것이다. 그런 다음에 이것을 초월할 수 있는 길이 있다면―푸코의 생각에 어긋나는 것이겠지만, 그것은 이 판별된 모순의 요인들을 지양할 수 있는 다른 차원에서의 통합을 기하는 노력이 될 것이다. 어쨌든 모순과 갈등의 극복이 단순한 도덕주의적 구호로 해결될 수 있다고 하는 것은 단순히 유토피아가 아니라 역유토피아dystopia를 가져오는 일이 되기가 쉬울 것이다. 그렇다는 것은 현실의 복합적 구조를 무시한 도덕주의는, 앞에서 말한 바와 같이, 인간관계의 적대화를 심화하는 것이 될 수 있기 때문이다. 이 적대화는 보이지 않는 것이면서도 인간의 편안한 행복을 빼앗아 가는 것이 된다. 그러나 물론 푸코의 긴장의 변증법이 참으로 편안한 삶을 보장하는가 하는 것은 또 하나의 문제로 남을 수밖에 없다.

주

1 김형찬 역, 『論語』(홍익출판사, 2007), 162쪽.

2 朱熹, 徐相甲 譯, 『四書集注 1: 論語/中庸』(삼성출판사, 1982), 268쪽.

3 黎靖德 편, 허탁·이요성·이승준 역, 『朱子語類』 3(청계, 2001), 99쪽.

4 같은 책, 101쪽.

5 같은 책, 100~101쪽.

6 같은 책, 106쪽.

7 같은 책, 89쪽

8 『朱子語類』 3, 43쪽.

9 같은 책, 118쪽.

10 김형찬 역, 『論語』, 82쪽.

11 같은 책, 130쪽.

12 같은 책, 116쪽.

13 김형찬 역, 『論語』, 90쪽.

14 같은 책, 30쪽.

15 같은 책, 43쪽.

16 같은 책, 181~182쪽.

17 같은 책, 32~33쪽. 역문을 수정하였다.

18 같은 책, 33쪽. 역문 수정.

19 같은 책, 31~32쪽. 역문 수정.

20 Herbert Fingarette, *Confucius: The Secular as Sacred* (Prospect Heights: Waveland Press, 1998), p. 7.

21 Ibid., p. 38.

22 Ibid., p. 47.

23 김형찬 역, 『論語』, 34쪽.

24 같은 책, 33쪽.

25 같은 책, 171쪽.

26 같은 책, 94쪽.

27 Michel Foucault, *Ethics*, ed. by Paul Rabinow (New York: The New Press, 1994), p. 225.

28 「자아의 기술, 전통의 의미, 되돌아오는 진리」, 《지식의 지평》 5호(아카넷, 2008).

29 Michel Foucault, *Ethics*, pp. 225~226.

30 Ibid., pp. 229~231.

31 Ibid., p. 230.

32 Ibid., p. 232.

33 "Self-Writing", *Ethics*, p. 216.

34 Ibid., p. 221.

35 "Technologies of the Self", *Ethics*, p. 241.

36 Ibid., p. 238.

37 Ibid., pp. 240~241.

38 "The Ethics of the Conern for the Self as a Practice of Freedom", *Ethics*, pp. 284~285.

39 Ibid., pp. 286~287.

40 Ibid., p. 288.

41 "Technologies of the Self", *Ethics*, p. 225.

42 "The Ethics of the Concern for the Self as a Practice of Freedom", *Ethics*, p. 298.

3장

—

행복의 추구에 대하여

1. 금욕과 행복

자기를 돌보는 일/수신/금욕   푸코는 밖으로부터 주어지는 정언적 도덕률을 전적으로 거부하는 철학자이다. 그의 윤리 사상에서 출발점이, 다른 무엇보다도, 자기 자신을 돌보는 일이 되는 것은 자연스럽다. 놀라운 것은 자기를 돌보는 일의 종착역이 윤리적 인간이라는 사실이다. 자기를 돌보는 사람은 에토스ethos의 인간, 곧 이 희랍어를 영어로 변형한 데에서 나온 에씩스ethics의 인간, 윤리적 인간이 되는 것이다. 실제 이렇게 자기를 돌보는 사람은―그 방법과 기술을 체득하여 자기를 돌보는 사람은 복장을 비롯하여 몸가짐이 볼만해서 외형적으로 존경을 받는 사람일 뿐만 아니라 다른 사람을 돌보고 사회에 필요한 의무를 다하고 그에 대하여 책임을 지는 사람이기도 하다. 그리고 또 놀라운 것은, 그의 여러 저서를 보면 금방 드러나듯이, 쾌락plaisir에 적극적인 가치를 부여하는 사람이 푸코인데, 자기돌봄의 기술의 핵심에 금욕의 단련을 둔다는 점이다. 물론 금욕의단련이 즐기면서 사는 것을 포기하라는 것은 아니다. 그것은 바로즐거운 삶을 위해서 필요하다. 자기 일관성을 유지하고 자기의 모습을 일정하게 갖추는 데 금욕이 필요한 것이다. 우리의 관심사인 형성이라는 말 자체가 이미 금욕 또는 자기 한정을 함축하는 개념이다. 모양을 갖춘다든지 모양을 만든다는 것은, 백지에 모양을 그려내는 경우에도, 금을 그어, 안으로 끌어들이는 부분과 밖으로 밀어내는 부분을 갈라놓는 행위이다. 사람의 자기 형성에도 이러한 원칙이 작용하지 않을 수 없다. 얼핏 보기에도 상당히 불확정된 공간에 흩어져 있는 가능성들을 될 수 있는 대로 널리 포용하면서 이것을 하나의 원리―창조적 원리로써 통합하고 또 공간을 넘어 시간적 지속 속에 일정한 형식을 만들어 내려는 것, 이것이 자기 형성의 핵심이라고 할 수 있다. 그러나 다른 한편으로, 방금 말한 자기 형성의 정의에 이미 그것이 함축되어 있지만, 자기 형성에 있어서의 금욕적 단련은 인간의 삶의 한계에 대한 대처라는 의미를 가지고 있다. 중세 서양에서 생각을 하면서 사는 사람들의 한 관행은 책상에다 해골을 놓아두고 삶과 죽음에 대하여 명상하는 것이었다.(이것을 '죽음을 잊지 않는 것'memento mori이라고 불렀다.) 푸코의 자기 돌봄의 기술에서 금욕적 실천을 위한 명상도 그 대상으로서 죽음을 포함한다. 이것은 죽음을 마주 볼 수 있는 힘을 기르는 것을 목적으로 한다. "무엇을 두려워하고 무엇을 두려워하지 말아야 할 것인가……. 어느 정도의 희망과 기대가 현실적인 것인가" 등을 알고, "죽음을 두려워할 것이 아니라는 것"을 아는 것이― 물론 이것은 죽음을 인간의 운명으로 태연하게 받아들인다는 것을 말한다― 자기를 돌본 사람의 성취라고 푸코가 말할 때, 그것은 삶의 한계에 대한 인식을 보여주는 것이다. 자기를 돌보는 것은 이러한 한계 가운데에 적절한 삶을 사는 방법이다. 그러니까, 다시 말하여, 푸코에 있어서 자기를 돌보는 데에 대한 관심은 비관주의적 인생관에 이어져 있다고 할 수 있다.

삶에 대한 우수憂愁는 일관된 정조情調로서 공자의 언행에서도 느껴지는 것이다. (사실 한시의 주조를 이루는 것도 우수이다. 그리고 가을은 시적 소재로서 가장 중요한 계절이다. 수愁가 가을의 마음이라고 한다면, 수심이야말로 인생을 넓은 관조 속에 되돌아보게 하는 심리 상태이다. 시는 많은 경우 수를 통한 인생 관조의 시도이다.) 그러나 공자에서 삶의 부정적인 요인에 대한 의식은 푸코에서만큼 또는 헬레니즘 시대의 철학자들의 경우에서 보는 만큼은 적극적으로 표출되지 않는다. 인생에 대한 바른 태도로서, 검약한 조건하에서도 기쁨을 찾아야 한다는 것이 그의 근본적 자세였다는 것은 위에서 말한 바이다. 그러면서도 인仁의 실현을 위해서는 죽음을 각오할 필요가 있다는 것은 인생에 일어날 수 있는 극단적인 경우의 표현이지만, 이러한 극한 상황을 그가 무시한 것이라고 할 수는 없다.

공자의 가르침의 핵심의 하나가 예禮인 것은, 위에서 말한 바와 같지만, 이것을 두고 아서 웨일리Arthur Waley는 지켜야 할 예의 규칙이 3000개에 이르는 것으로 계산한 바 있다. 『예기』禮記 등에 나오는 행동 규범은 복잡하기 짝이 없다. 이것을 지키면서 살기는 간단한 일이 아니었을 것이고, 또 사람의 삶에 그러한 규율들이 존재하여야 한다고 하는 것은 인생을 상당한 두려움으로 보기 때문이라고 해석할 수 있다. 훨씬 후의 일이지만, 성리학에서 이理를 강조하는 것 자체가 역설적으로 세계의 혼돈을 가리키는 것이라고 할 수 있다. 주일

무적主一無適─하나에 머물러 옮겨 가지 않는다는 원리도 현실의 이러한 두 가지 면을 가리킨다고 할 수 있다. 풍랑에 흔들리는 배를 타고 물을 건너던 정이程頤가 수양이 있는 인간으로서 흔들리지 않고 중심을 지켜야 한다는 각오를 하고 자세를 바로잡고 있다가 풍랑 가운데도 깊은 잠에 빠져 있는 사공을 보고 자신의 태도를 새로이 심화하여야 할 필요를 절감했다는 일화와 같은 것도 이러한 현실과 사람의 관계에 대한 양면적 이해를 드러내는 것이라고 할 수 있다. 풍랑 속에 흔들리지 않는 사람의 비유는 그 외에도 수시로 나오는 수신인의 이미지이다.

억압 없는 행복의 추구　　이러한 말은 자기를 돌보는 일이나 수신하는 일이 다 같이 경계심의 인생론이 된다는 말이다. 계근戒謹, 공구恐懼, 지경持敬, 신독愼獨─이러한 성리학의 수신 지침들은 다 같이 두려움과 조심을 나타내는 말이다. 퇴계가 경敬을 설명하면서 주자로부터 빌려 온 글에서, 경을 지키는 사람은 "개미집의 두덩〔蟻封〕까지도 (밟지 않고) 돌아서 가"는 사람이라고 한 것은 수신이 기르고자 하는 전전긍긍하는 마음에 대한 대표적인 비유가 될 것이다.[1] 이러한 것들은 사람이 사는 데에 필요한 요주의要注意 사항임에 틀림이 없겠지만, 이러한 엄숙주의의 표현은 삶의 가능성을 지나치게 제한하는 것이 될 수도 있다. 그리고 그것은 보이지 않는 억압의 원인이 되고 또 처음에 말하였던 바와 같은 도덕주의의 여러 폐단에 문을 열어 놓는 일이 될 수 있다. 그렇다면, 이러한 부정적 요소를 완전히 제거한 삶은 불가능한 것인가? 여기에서 생각해 보려는 것은 그러한 가능성이다. 물론 이것이 반드시 퇴폐적인 향락주의에로 나아가는 것은 아니다. 퇴폐적 향락은 삶의 질서 전체가 감추어져 있는 억압으로 인하여 커지는 것인지 모른다. 위에서 우리는 자기 자신에 대한 관심과 돌봄으로부터 시작하여 윤리적 인간이 될 수 있다는 그리고 그에 기초한 조화된 사회가 성립할 수 있다는 생각들을 살펴보았다. 그러나 거기에도 사회적 의무에 대한 걱정이 들어가 있다고 하지 않을 수 없다. 그러한 걱정을 떠나서 개인의 삶이 성립하고 또 사회 질서가 성립할 수는 없는 것일까?

행복과 사회의 관계　　이 질문을 생각하는 데에 주가 되는 것은 인간의 행복에 대한 추구이다. 그렇다고 사회를 완전히 이탈한 행복을 생각해 보자는 것은 아니다. 결국 행복도 어떠한 경우에나 상호적 인정의 테두리 안에서 존재할 수 있기 때문이다. 가장 쉽게 생각할 수 있는 것은 사회 안에 행복을 위한 별도의 공간을 배정하는 것이다. 이 경우에도, 이것을 존중하거나 보호하는 사회적 틀이 있어야 한다. 다른 한편으로 행복은 바로 사회 구성의 원리 자체일 수도 있다. 그러나 이때 그것이 존재하는 방식은 간단히 해명할 수 없다. 이와 관련하여 맨 처음에 생각해 보고자 하는 것은 행복에 대한 요구가 바로 사회 구성의 요인이 된다는, 조금은 신빙성이 약할 수밖에 없는, 행복 개념이다. 개인의 행복의 추구가 사회를 요구하는 것이다. 그다음에는 사회에 대한 강박을 벗어 버린 듯한 행복의 이념을 생각

해 본다. 그것도 그 나름으로 일정한 질서—사회 질서의 구성에도
기초가 될 수 있는 질서의 개념으로 귀착한다.

2. 행복의 공적 공간

행운과 복　행복이라는 말의 어원도 그렇지만, 뜻을 정의하기도 쉽지 않다. 복이라는 말은 옛날부터 있어 왔던 말이지만, 행복은 현대에 와서, 중국이나 일본에서, 이에 해당하는 서양 말을 번역한 것이 그 시작이 아닌가 하는 생각이 든다. 복은, 흔히 정초에 쓰는, "복 많이 받으세요"라는 말에 시사되듯이, 밖으로부터 주어지는 수혜受惠 사항을 말하는 것으로 생각되는데, 행복은 이것을 누리고 있는 상황, 외적인 조건에 뒷받침되면서 심리적으로 만족하고 있는 상태를 지칭한다고 할 수 있다. 서양어에서의 행복이라는 말도, 언어에 따라서 다른 것은 당연하지만, 영어 해피니스happiness나 독일어의 글뤽젤리히카이트Glueckseligkeit의 경우, 거기에는 우리가 사용하는 한자어에 비슷하게 우연이라는 뜻이 들어 있다. 위의 독일어는 "글뤽"행운과 "젤리히카이트"만족, 즉 외적인 행운과 내적인 만족을 결합한 단어라고 할 수 있다. 어쨌든 행복은, 일반적으로, 우연히 주어지는 복 때문에 만족스러운 상태에 이른다는 것을 말하는 것으로 생각해 볼 수 있다.

　그러니까 행복하다는 것은 수동적인 것으로, 그것을 향수하기만

하면 되는 심리적 상태 그리고 물론 그것을 뒷받침하는 외적 조건의 균형을 말한다. 이것이 간단한 수동적인 상태의 심리를 말한다면, 그 것은, 기본적인 생존의 요건만 충족되면, 아무에게나 비교적 일상적 인 상태에서 도달할 수 있는 상태로 생각할 수 있다.

행복의 창조　　그러나 사람은 이 수동적인 조건에 대하여 여러 가지 로 복잡한 관계를 가지고 있다. 그 관계가 사실은 자동적인 것이 아 니고 불확실한 것으로서, 행복의 향수자는 스스로의 움직임에 의하 여 그 조건에 접근하고 그것을 조율해야 한다. 수동적인 것이라는 것 자체가 해체와 구성의 작업에 의하여 확인되어야 하는 조건이다. 그리고 이 수동적인 것도 자신의 노력으로 바꾸기를 원한다. 사람은 스스로를 만들고 스스로의 환경을 만들어 가는 존재이다. 사실 오늘 날 수동적인 조건은 이미 사람들에 의하여 변형된 것, 변형된 것의 역사적 퇴적이다. 이러한 특성은 행복을 누리는 사람과 그것을 누리 는 심리에도 그대로 해당된다. 수동적인 조건과 그에 반응하는 심리 는 조금 더 역동적인 관점에서 이해되어야 한다. 양자는 모두 새로 확인되고 조율되어야 할 조건이다.

　현대에 와서 행복은 지속적인 환경과 인간성을 상정할 수 있었던 근대 이전의 시대에 비하여 더 동적이고, 더 적극적인 의미를 가진 것이 되었다 할 수 있다. 설사 최후의 행복한 상태는 수동적인, 그리 고 조용한 평정의 상태를 가리킨다고 해도, 거기에 이르는 도정은 한 결 역동적인 또는 힘을 들여 얻어 내야 하는 것으로 생각되는 것이

요즘의 사정이 아닌가 한다. 그리하여 행복이, 행과 복의 결합이라고 할 때, 이 양극은 더욱더 적극적으로 발견되고 새로 설정되어야 할 조건이다. 그러나 그것을 적극적으로 또는 지나치게 적극적으로 추구하는 것이 좋은 일인가? 그것은 인생의 참목적을 손상하고 사회적 존재로서의 인간을 부정하는 결과를 가져오는 것이 아닌가?

행복과 사람의 삶/사회적 테두리   행복은 모든 사람이 원하는 것이다—이것은 현대 사회, 특히 자본주의 사회가 받아들이고 있는 인간에 대한 기본 명제이다. 그런데, 다시 말하여, 그것은 참으로 보람 있는 추구의 대상이 될 만한 일인가, 그것은 인간 존재의 전체적인 이해에서 어떠한 위치에 있는가? 이것을 물어보게 되면 문제는 복잡하게 될 수밖에 없다. (여기의 문제 제기는 공연한 것이 아니다. 그것은 성性이나 먹는 일이 사람에게 자연스러운 욕망의 대상이 된다고 하더라도, 삶의 전체적인 이해에서 그것이 어떤 위치에 있어야 하는가를 문제 삼는 것과 같다.) 행복이 인간에 대하여 갖는 의의를 생각하는 것은 철학적 이해를 요구하는 일이 되지만, 더 쉽게 공적인 성격을 가지게 되는 것, 또 가져야 되는 것은, 행복의 사회적·정치적 의의에 대한 질문이다.

우리 헌법 10조에는 "모든 국민은 인간으로서의 존엄과 가치를 가지며, 행복을 추구할 권리를 가진다"라는 규정이 있다. 이것은 일단 위에서 말한 심리 상태를 말한다고 할 수 있다. 그러나, 구체적인 규정은 없지만, 이것은 그것을 뒷받침할 수 있는 조건의 확보가 사회적 책임이 될 수 있다는 것을 말하는 것이라 할 수 있다. 행복하여야 한다는 것은 당연한 것이면서, 그것을 공적 권리로 규정하는 것은 단순하게 행복한 것이 좋은 것이라고 하는 것과는 차원이 다른 일이다.

삶 전체에서 행복이 차지하여야 하는 비중은 여러 가지로 정의될 수 있고, 위에 말한 것처럼, 궁극적으로는 인간 존재의 철학적 정위定位를 요구하지만, 전통적으로 그리고 지금에도 그것은 대체로 공적인 세계의 무게에 대비하여 생각될 수 있다. 여러 번 지적한 바와 같이, 한국에서 사람의 도리는 오랫동안 윤리적·정치적 의무의 수행에 있다고 생각되어 왔다. 개인적인 행복이 없지는 않았다고 하더라도 그것이 국가적 차원에서 과제가 될 만하다고는 생각하지 않은 것이 전통 사상이다. 민생이 중요했지만, 사적인 행복은 낮은 백성의 차원에서의 문제이고 보다 높은 삶의 목표는 수신제가치국평천하修身齊家治國平天下와 같은 것이었던 것이다. 이러한 생각은 얼른 보아 당연한 것 같으면서도, 이것도 앞에서 말한 바와 같이, 정치와 사회에서 여러 가지 왜곡을 가져올 수 있는 인생 지표이다. 그것은 인간의 소망과 필요의 중요한 부분을 억압하는 일이 되기 쉽다. 그리고 억압된 것의 비공식적 재귀再歸는 불가피하다. 국가 목적을 위한 개인 희생에 대한 무제한 한 요구는 이러한 부분적 인생 이해의 자연스러운 결과의 하나이지만, 공적인 이름으로 일어나는 가렴주구苛斂誅求는 모든 것을 공공의 것이 되게 하는 체제의 부산물이라고 할 수 있다. 조선조에서 많은 국가 공무원의 봉급은 원칙적으로는 존재하지 않았다. 사람을 전적으로 공적인 차원에서 보는 유습은 지금에도 큰 영향으로 남아 있다. 되풀이하여, 그것은 고상한 인간관이면서, 온갖 술책의 동인이 된다. 그런데 이제야 사적인 존재로서의 인간이 공적으로 인정된 것은 근대화를 시작한 이래 경제 성장이 어느 정도 그 과실을 느끼게 할 정도가 되었다는 것을 의미한 것일 것이다. 그러나 이것은 인간 존재의 사회적 의미에 대한 전환을 나타내는 일이기도 하다. 현대적인 의미에서의 경제는 단순히 부국강병富國强兵이 아니라 국민 하나하나의 행복에 의하여 정당화된다. 행복권이 공적으로 정치적 권리로 규정되었다는 것은 이렇게 사상사적 전환의 의미를 갖는다.

물론 행복권이 최초로 헌법에 규정된 것이 1980년이라는 사실에는 이러한 뜻 이외에도 하나의 아이러니가 들어 있다. 행복권을 최초로 규정한 1980년의 헌법은 쿠데타로 성립한 전두환 대통령 정권의 합법화를 목표로 하는 헌법이었다. 여기에서 사적인 행복 추구의 권리를 규정한 것은 국민으로부터 정치적 권리를 박탈하는 대신 국민을 사적인 행복에 만족하여야 하는 사적인 존재로 규정하려 한 것이라고 할 수 있다. 이것은 하나의 해석에 불과하지만, 그 함축되어 있는 의미는 그 나름으로 행복의 본질적 성격에 들어 있는 양의성을 드러내 준다.

행복의 공공 의무   행복은 사적인 것인가? 그리하여 그것은 엄숙한 공적 의무에 대립되는 것인가? 그렇다고 하더라도 이 대립이 전적으로 극복될 수 없는 것이라고 한다면, 공적 질서로서의 민주주의의 근본은 어디에서 찾아야 하는가? 그것을 찾는 것이 불가능하다면, 민주주의는 허구이거나 속임수에 불과하다. 삶의 근본이 전적으로 사적인 행복에 있다고 하는 것은 공적 공간을 전적으로 사적인 행복을 위한 수렵 채취의 공간이 되게 하거나 방치된 폐기물의 집적장이 되게 하는 일이 되기 때문이다. 이 결과의 하나는 결국 사적인 행복 자체를 공허하게 하는 것이다. 사적인 행복도 그 실현의 외적 조건으로서 정치 질서를 필요로 하기 때문이다. 대책의 하나는 다시 공적 공간을 절대화하는 것이다. 그러나 그것은 동시에 공적 공간이, 그 공적인 명분에도 불구하고, 사적인 행복의 은밀한 수렵장이 되게 하는 것이다. 이때 난무하는 것이 공적, 도덕적 명분이다. 이것은, 위에 비친 바와 같이, 조선조의 도덕 정치에서 볼 수 있는 것이고, 오늘에도 관찰할 수 있는 현상이다. 필요한 것은 행복과 공적 사회 공간의 바른 관계—그리고 그것들과 존재론적인 인간성의 실현, 이 셋 사이의 균형의 기술이다. 그러나 지금의 상태에서 이것은 실현은 물론이고 생각하기도 조금 어려운 것이라고 아니할 수 없다.

3. 공적 행복

행복권　우리 헌법에서의 행복의 추구라는 말은 다른 나라 헌법에서 규정하고 있는 것을 옮겨 온 것이 아닌가 하는 생각이 든다. 그리고 여러 나라의 헌법에서 이 조항이 들어가게 된 것은 미국의 독립선언서에서 연유한 것으로 생각된다. 그런데 미국의 독립선언서에 이것이 들어가게 된 것도 모호한 상황에서라고 이야기된다. 인간 행복의 의미의 모호성을 생각하는 데에 그 사정은 그 나름으로 하나의 실마리를 제공해 준다.

　미국의 독립선언서에 이 말이 나오는 부분은 다음과 같다.

우리는 이 진리를 자명한 것으로 취한다, 즉 모든 사람은 동등하게 창조되었고, 창조주에 의하여 양도할 수 없는 일정한 권리를 부여받고 태어났으며, 그 가운데는 생명, 자유 그리고 행복의 추구가 있다는 것을 당연한 것으로 취하는 것이다.

We hold these truths to be self-evident, that all men are created equal, that they are endowed by their Creator with certain unalienable rights, that among these are Life, Liberty and the pursuit of Happiness.

독립선언서에서 행복의 추구라는 말은 원래 18세기의 정치 철학자들에 의하여 인간의 천부의 권리로 말하여지던, 생명life, 자유liberty, 재산property의 권리라는 문구에서 재산property이라는 말을 대신한 것이다. 이러한 통념에 따라, 원래는 재산이라는 말의 삽입이 고려되었던 것이나, 이 선언서를 보다 보편적 인권에 관한 것이 되게 하기 위하여, 선언서의 기초위원이었던 토머스 제퍼슨이 이것을 행복의 추구라는 말로 대체한 것이라고 한다. 그렇다면, 비록 대체되기는 하였으나, 이 구절에서 행복의 추구는 재산 소유 또는 소유를 위한 노력에 가까운 것을 뜻하였다고 할 수 있다.

공적 행복　그런데, 한나 아렌트는, 미국 혁명 그리고 프랑스 혁명 등을 다룬 『혁명론』On Revolution에서, 여기에서의 행복은 18세기 정치 철학에서 많이 등장했던 다른 말, '공적 행복'public happiness이라는 말에서 나온 것이기도 하다고 주장한다. 그리고 그것을 재산이라는 말에 연결하여 생각하는 것 그리고 '사적인 행복'private happiness을 말하는 것으로 해석하는 것은 이 말의 한쪽의 의미만을 이해하는 것이라고 한다. '행복의 추구'라는 문구에서 행복이 사적 행복이라고 한다면, 정치 질서는 이것의 통합 방법이고, 이와 달리, 그것을 공적 행복이라고 한다면, 그것은 정치 질서가, 사적인 행복에 이어져 있는 것이면서도, 그것 나름으로 별개의 차원을 이룬다는 것을 말한다. 제퍼슨의 이해는 모호하다. 아렌트에 의하면, 그의 다른 글들로 미루어 보아, 제퍼슨은 이 '공적 행복'이라는 말을 이해하고 그에 대하여 깊은 공감을 가지고 있었다. 그렇기는 하나, 그 자신 행복의 두 가지 의미에 대하여 모호한 태도를 가지고 있었고, 여기에 분명한 판별력을 행사하고 있지 않았기 때문에 이 말에서 '공적'이라는 형용사를 뺀 것이라고 아렌트는 말한다. 또는 제퍼슨은 전적으로 사적인 행복의 영역이 있고 사적인 행복이 공적인 행복에 일치하는 부분이 있다고 생각하였다고 할 수도 있다. 하여튼 독립선언서에 나오는 행복의 참다운 의미는, 아렌트의 해석으로는, 공적 행복을 가리킨다.

이 행복은 사적인 것과 공적인 것을 하나로 융합한다. 그것은, 엄숙한 의무에 사적인 것을 대립시키는 것이 아니라, 행복의 개념 속에 공적 공간을 편입한다. 행복은, 어떤 경우에나, 개인의 심리를 경유하지 않고는 별 의미를 갖지 않는다. 그리고 그것이 침해되지 않는 한 공적 의무는 정신적·현실적 의무 그리고 강제력을 뜻하지 않는다. 더 나아가 이것은 행복의 일부가 될 수 있다. 공적인 것에서 행복이 이루어진다면, 그것에서 양자 사이의 모순과 긴장은 해결되는 것이다.

아렌트에 의하면 공적 행복은 공적인 정치 공간에서 얻어지는 행복이다. 그것을 가장 잘 이해한 것은 미국 독립혁명기에 정치 지도자이고 사상적 지도자였고 제2대 대통령이었던 존 애덤스였다. 애덤스는 도시의 대중 집회, 그리고 혁명 운동의 여러 모임에서 참여자들이 느끼게 되는 '토의, 숙고, 결정' 등 공적 공간에서의 행위가 주는 만족감, 행복감을 누구보다도 분명하게 의식하였다. 이들의 행복은, 우리가 생각하듯이, 반드시 모두가 모여 하나가 된다는 연대감의 확인이나 공동체를 위하여 도덕적 의무를 완수한다는 데에서 오는 만족감이 아니다. 그것은 본질적으로 사회적 상호 작용이 주는 그 나름의 고유한 가치를 가진 행복이다. 그리고 이것을 원하는 것은 어떤 사람에게만 한정되는 것이 아닌, 모든 사람에게 있는 인간적 본능이다. 아렌트가 인용하는 존 애덤스는 아래와 같이 기록하였다.

> 남자나 여자나 아이들이나, 노인이나 젊은이나, 부자이거나 가난하거나, 높거나 낮거나, 똑똑하거나 어리석거나, 무식하거나 박학하거나, 누구라 할 것 없이, 사람들은 주변 사람들, 자신의 알고 있는 범위 안의 사람들이 자기를 보고, 말을 들어 주고, 말을 걸어 주고 인정하고, 존경할 것을 바라는 강한 욕망으로 움직이는 것을 본다.[2]

이러한 다른 사람과의 관계에 대한 열망을 특히 두드러지게 표현하는 것이 정치 행동이다. 애덤스가 정치 행동을 촉구하면서 하는 말—아렌트에게 매우 중요한 말은 "우리가 행동하는 것을 보여주자"Let us be seen in action, spectamur agendo이다.[3] 이러한 사람의 본래적인 사회성에서 탄생하는 것이 정치의 공간이고, 이 공간을 제도적으로 조직화하는 것이 헌법 또는 영어나 독일어로 표현할 때의, 구성이면서 헌법을 의미하는 컨스티투션Constitution, 페어파숭Verfassung이다.

공적 행복과 현실의 문제　그러니까 이러한 정치적 공간은 만인 공유의 행복 추구의 욕구에 의하여 뒷받침되어 그것 자체의 의의를 갖는 것이다. 그것은 사람의 공적 행복에 대한 갈구를 충족시켜 주는 역할을 한다. 그렇다고 할 때, 우리는 몇 가지 질문을 내놓을 수 있다. 그것이 인간 행복의 전부인가? 그렇지 않다면, 그것은 다른 형태의 행복에 대한 관계는 어떤 것인가? 그것이 그 자체로서 이미 값있는 것이라면, 그것은 아무런 실용적인 기능을 갖지 않는 것인가? 오늘날의 일반적인 관점이 정치를 거의 전적으로 실용적 관점에서 파악하는 것이라고 한다면, 이 마지막 질문은, 공적 행복의 공간으로서의 정치는 실용적 의미를 갖지 않은 것으로 보이기 때문에 나오는 질문이다. 이러한 물음들에 대하여 아렌트는 분명한 답을 내놓지 않는다고 할 수밖에 없다.

그가 인용하는 바에 의하면, 제퍼슨은, 행복은 "나의 가족의 품에, 그 사랑에, 나의 이웃과 나의 책의 교류에, 나의 농장과 용무의 건강한 일들에" 있다고 생각했다.[4] 중요한 것은 이것들이 공적인 행복과는 별개의 행복이었다는 점이다. 공적인 행복과는 별도로 사적인 행복도 존재하는 것이다. 아렌트는 『혁명론』에서도 그러하지만, 다른 여러 글에서도 인간사에서의 공적인 영역과 사적인 영역의 엄격한 분리를 중요시하고 공적 공간은 그 나름의 인간성의 요구에 대응하여 성립하는 것이라고 주장한다. 그의 많은 노력은 정치 공간의 독립적 의미—그것이 갖는 독립적 의미를 통하여 정치 공간을 별개의 영역으로 분명히 하는 데에 경주된다.

공적 행복, 이성, 정치　공적 행복과 다른 행복과의 관계, 공적 행복의 궁극적인 의미를 묻는 것은 철학적 영역에 속하는 것이지만, 공적 공간은 공적 행복—사람들 사이에서 행동하며 자신의 모습을 보여주는 일의 행복 이외에 어떤 현실적 기능을 수행하는가? 이 질문은 조금 더 절실한 현실적 질문이다. 아렌트는 이에 대하여서는 분명한 답을 내놓지 않는다. 그런데 여기에는 의도적인 것이 있는 것으로 보인다. 그러나 실용적 관점에서도, 공적인 행복의 공적 공간이 만들어 내는 것은 사회의 여러 문제를 다룰 수 있는 이성의 공간을 구성하고 유지하는 일이라 할 수 있지 않을까 한다. 어떤 문제를 해결하고자 할 때 중요한 것은 이성이다. 그런데 인간사의 중요한 가치가 그러하듯이 바른 의미에서의 이성은 많은 층위를 포괄하는 것으로 이해되어야 한다. 아렌트처럼 생각할 때, 일단 실용적 목적과는 관계가 없는 것이 공적 공간이다. 그러나 공적 행복의 공간은 반드시 이성의 공간이 아니면서 이성을 탄생하게 하는 공간이다. 이 공간이 이성의 출처가 되는 것은 그 자율적 형식성으로 인한 것이다. 사람들이 함께 행동하는 것을 보여주는 공간은 보기에 좋은 공간이다. 그것은 말하자면 역동적인 공간이면서 저절로 생겨나는 코리오그라피choreography에 의하여 심미적 형식성을 갖추게 되는 공간이다. 이것은 그 나름의 이성적 구조를 갖는다. 그러나 여기에 움직이는 이성은 도구적 성격이 강한 이성이 아니라 형식적 균형을 강하게 의식하는 이성이다. 그것은 심미적이다. 동시에 그것은 규범적 사고의 바탕이 된다. 그리하여 토의의 공정성을 위한 근본이 된다.

다시 생각할 것은 이 공적 공간의 이성이 체계적·이론적 또는 이 데올로기적 이성에 일치하는 것이 아니라는 점이다. 그것은 열려 있는 이성이다. 아렌트의 가장 유명한 저서의 하나는 『전체주의의 근원』The Origins of Totalitarianism이라는 것이지만, 이것은 전체주의가 내세우는 일목요연한 체계에 들어 있는 합리성의 정치적 폐해를 밝히는 저작이라고 할 수 있다. 그에게 정치적 이성은 어디까지나 사람들의 집회에서 진행되는 '토의, 숙고, 결정' 가운데에 움직이는 원리로서의 이성이다. 이 이성은 틀림없는 진리 그리고 그 확신을 뒷받침하는 것이 아니라 사람이 모여서 엮어 내는 '의견'들을 추출해 내는 데에서 생겨나고 그것을 가능하게 하는 정치 공간의 원리이다. 정치에 이성이 작용한다면, 그것은 공적 공간, 민주적 공간에, 그리고 인간의 공적 행복을 향한 욕구에 대응하여 생겨나는 원리이어야 한다.[5] 어떤 경우에 인간의 현실 문제—살고 죽는 문제를 처리하는 데에는 철저하게 합리적 이성이 또는 독재 체제나 절대 군주 체제가 더 효율적일 수도 있다. 그러나 다른 한편으로 그것은 궁극적으로는 인간의 행복과 자유를 부정하는 것이고, 현실의 유동성 가운데에 적절하게 대응할 능력을 잃어버리는 일이기 때문에 현실에 대하여서도 좌초할 수밖에 없는 이성이고 힘의 논리가 된다. 이것과 다르게 존재할 수 있는 것이 그것대로의 독자성 속에 있는 공적 공간—인간의 공적 행복을 충족시켜 주는 공적 공간이다. 정치에 이성이 작용한다면, 그것은 숙의熟議의 이성이다. 그렇다고 이것이 대중적 집회의 자의성에 일치하는 것은 아니다. 여기에서 작용하는 이성은 사회 전체의 개체의 인간적 상황을 충분히 고려하는 공정성의 원리이다. 그것은 숙의 가운데에 스스로 규범을 따라서 움직이는 이성이 있기 때문이다. 이렇게 생각할 때, 공적 행복이 구성하는 공적 공간은, 그 자체의 동기를 제외한 다른 숨은 동기를 갖지 않기 때문에, 행복의 요구에 합당하면서, 동시에 실용의 문제를 다룸에 있어서 균형과 공정성과 규범성을 유지할 수 있는 가능성을 갖는다고 할 수 있다.

4. 공적 행복의 공간, 사회 문제, 권력의 추구

겨룸, 야망, 권력　그러나 공적 공간의 공적 행복이 참으로 사회적, 정치적, 인간적 여러 가지로 착종되어 있는 연계를 떠나서 순수한 행복의 공간―그리고 이성적 숙의의 공간으로 존재할 수 있는 것일까? 공적 공간은 위에서 비친 바와 같이 일사불란한 단합의 공간은 아니다. 그러면서도 그것이 하나의 통일된 공간으로 유지되어야 하는 것은 틀림이 없다. 여기에 기준이 되는 것은 인간 행동의 규범성에 대한 의식이다. 그러나 이것은 현실의 복잡한 역학 속에서의 균형으로 표현될 수 있어야 한다. 공적 행복에서 공적 토의에로 나아가게 하는 심리의 현실적 동기 또는 '덕성'virtue은 '상호 겨룸'emulation이고 '다른 사람을 앞서려는 욕구'a desire to excel another이다. 그런데 이것은, 아렌트 자신이 지적하는 바와 같이, 쉽게 '악덕'으로 바뀔 수 있다. 즉 '야망'ambition, 그리고 '진정한 뛰어남distinction에 관계없이' 추구될 수 있는 '권력'power에 대한 욕심으로 쉽게 연결된다.[6] 그리고 이 악덕의 힘은 정치적 공간의 파괴를 가져온다.

전체주의의 계획/사회 문제　그렇다면 이 악덕들로부터 정치를 어떻게 지키는 것이 가능한가? 아렌트는 전정한 의미에서의 민주주의—공통의 공간에서의 여러 사람의 경쟁적이면서도 수월성의 성취 열망으로 성립하게 되는, 민주주의의 질서가 이 악덕의 침해로부터 스스로를 지킬 수 있을 것으로 생각한다. 그러나 그것은, 위에서 말한 것처럼, 일관된 전체주의적 이데올로기를 비롯하여 사실과 진실을 정치 전략에 의하여 조종 호도하려는 많은 시도들에 의하여 손상되기 쉽다. 그러면서 그것은 체제 순종적 인간들에 의하여 '진부한' 일상성의 일부가 될 수도 있다. (아렌트가 나치즘의 유대인 학살과 관련하여 사용한 유명한 말, "악의 진부성"banality of evil은 이것을 지칭한다.)

그런데, 이 모든 것이 미묘하게 연결되어 있으면서 정치적 자유와 공적인 행복을 전복할 수 있는 것은 사람의 생활에 있어서의 경제적 요인이다. 아렌트는 정치가 빈곤이 가져오는 '사회 문제'를 중심 의제로 하면서 정치적 자유와 공적 행복 그리고 정치 공간이 소멸의 위험에 노출되게 되었다고 말한다. 그의 견해로는 미국 혁명이 민주주의의 지속적인 헌법 체제를 만드는 데에 성공한 데 대하여, 프랑스 혁명이 헌법 질서 전복의 되풀이로서의 정치 운동만을 가져온 것은 사회 문제가 그 중심 의제가 되어 버린 때문이다. 물론 그가 말하는 헌법 체제의 안정이 정치 질서의 경직화를 뜻하는 것은 아니다. 정치의 공적 공간은 끊임없이 움직이고 있는 공공 행동과 언어의 자유를 뒷받침하는 공간이다. 이 공간의 유지 자체가 정치 행동의 '영구 혁명'을 요구한다. 그러나 그것이 근본적인 의미에서의 불안정과 무

질서를 의미하는 것은 아니다. 이미 말한 바와 같이, 사회 문제의 해결에는 반드시 민주적 정치 체제가 필요하지 않다. 그것을 해결하는 데에는 정치권력은 어떻게 구성되든지 간에 민생을 위한 선정善政이면 그것으로 충분하다. 이 경우에 공적 공간은 이 민생 정치를 위한 방도일 뿐이다. 즉 그것은 공적 행복과 이성적 토의가 연출되는 공간이 아니라, 경제적 이익 관계를 조정하는 공간으로의 기능을 갖는 것이다. 그리고 그것은 착취 관계의 해소와 함께 불필요한 낭비가 되고 만다. 사회 문제를 정치의 핵심에 놓은 대표적인 정치 체제는 마르크스주의이다. 그 '인민민주주의'가 정치의 공공 공간을 파기하고 독재를 지향하게 되는 것은 자연스러운 일이다.[7]

부의 파괴적 효과　그런데 공적 행복의 정치 공간은, 전체주의 체제가 아니라도, 경제 문제에 의하여 파괴될 수 있다. 빈곤의 문제가 기술적 해결을 요하는 문제라는 것은 위에서 말한 것이다. 사회 공간은, 빈곤의 경제 문제에 비슷하면서 다른, 부에 대한 과도한 욕심에 의하여 침해될 수도 있다. (이것은 빈곤에서 유래하는 원한이 확대된 것이라고 아렌트는 해석한다.) 아렌트가 인용하여 말하는 대로, 18세기에 이미 버지니아의 판사 에드먼드 펜들턴Edmund Pendleton은, '급작스러운 부에 대한 갈망'이 공화국의 기초를 무너뜨리는 것을 걱정했다. 그것은 모든 정치적·도덕적 의무감을 파괴하고 공적 행복의 공간을 파괴할 수 있다. 그럼에도 유럽의 경우에 대조하여, 아렌트는 미국이 이 부의 파괴적인 힘을 일정 기간 이겨 내고 공적 공간을 구성해 내는 데에 성공했고 그것을 지탱할 수 있는 사회적 요인들을 상당 정도 유지하였다고 생각한다. 그러나 그에 대한 우려가 더없이 팽창하게 된 것이 20세기임은 말할 필요도 없다. 아렌트 자신은, 인간의 공적 행복에 대한 갈망과 정치 공간의 자율성에 대한 믿음을 완전히 버리지는 아니하면서도, 부의 동기로 인하여 현대의 미국 사회의 공적 공간이 소멸의 위험에 처하게 되었음을 다음과 같이 말하고 있다.

"미국 사회로부터 공적 행복과 정치적 자유의 이상이 사라지지는 아니하였다. 그것은 정치 구조와 사회 구조의 일부가 되었다. 〔그러나〕이 구조가 풍요와 소비에 깊이 빠져 있는 사회의 부질없는 장난질을 버티어낼 수 있을 만큼 반석 같은 토대를 가지고 있는지, 비참과 불행의 무게로 인하여 유럽 사회가 그랬듯이, 부의 무게 아래 주저앉게 될지 어떨지는 앞으로 두고 볼 도리밖에 없다. 두려움을 안게 하는 증후나 희망을 가지게 하는 증후들이 반반쯤 되어 있는 것이 지금의 형편으로 보인다."[8]

정치, 과도의 부, 권력   아렌트 정치 철학의 의도는, 이러한 위협으로부터, 그리고 권력을 향한 야망과 부를 향한 탐욕으로부터 정치 공간을—행복한 토의의 공간으로서의 정치 공간을 옹호하려는 것이었다고 할 수 있다. 그것이 가능한 일일까? 아렌트는, 이를 위하여, 사라져 가는 것으로 느낀 정치 공간의 독자적인 의미—공적 공간으로서의 의미를 다시 일깨우는 일이 필요한 한 작업이라고 생각한 것인지도 모른다. 그러나 그것은 거의 불가능한 것처럼 보인다. 자본주의의 동기는, 흔히 말하여지듯이, 이윤의 극대화이다. 이윤의 극대화의 결과는 어디에 사용되는가? 그것은 다시 투자되고 경제 성장을 가져오는 것이 될 수도 있지만, 개인적인 차원에서는 과대 소비와 사치를 향한다. 현대 자본주의 경제에서 소비는 필요의 충족보다는 그 자체로 의미 있는 것이 된다. 과대 소비와 사치는 자본주의의 필연적 결과로 보인다. 펜들턴이 말한 부의 위험은 그대로 지속되고 확산된다. 소스타인 베블런Thorstein Veblen이, 유한계급의 큰 특징이 '과시 소비'라는 말을 한 것은 1899년의 일이다. 그러나 오늘날 이것은 더 이상 문제시되지도 않는 사회의 풍습이 되었다. 공적 공간이 있다면, 그것은 야망과 권력과 지위와 과시 소비의 무대로만 살아남아 있는 것으로 보인다. 이것은 미국의 이야기이지만, 한국의 경우, 그러한 부귀의 병이 조금이라도 덜 심하다고 말할 수는 없다. 물론 공적 도덕에 대한 엄숙한 교훈들이 없는 것은 아니지만, 그것은 많은 경우 권력 의지의 수단이고 표현으로 존재한다. 아렌트가 말하는 공적 행복의 공간의 덕성은 처음부터 악덕으로 전락하게 되어 있다고 아니할 수 없다.

공적 행복의 하부 구조　모든 정신적 가치에 대한 하부 구조를 생각하지 않을 수 없는 오늘의 입장에서는 공적 공간의 공적 행복에 대하여 그 현실적 토대가 무엇인가를 물을 수밖에 없다. 아렌트는 미국 혁명이 공적 정치 공간을 구성하는 데에 성공할 수 있었던 원인을 혁명의 주체가 되었던 사람들이 상당한 자산가였다는 데에서 찾는다. 그들에게 정치의 공간은 사회나 경제 문제의 해결을 위한 공간이 아니다. 그것은, 위에서 말한 바와 같이, 공적 공연의 공간이고 토의와 숙고와 공적 결정을 위한 공간이다. 그것의 심리적 동기는 공적 행복의 필요이다. 사회 문제나 경제 문제는, 미국 혁명의 행동가들의 경우, 이미 그들의 사적인 노력, 사회적 활동을 통하여 해결된 것이었다. 사적 영역에서 또 사회적 영역에서 그것을 해결하지 못하고 있는 사람들을 위하여 이 정치적 공공 공간에서 희망할 수 있는 것이 있다면, 그것은, 위에서 비친 바와 같이, 그것에 관련된 여러 공정한 규칙들을 의결할 것을 기대할 수 있다는 것일 것이다. 그러나 사회적·경제적 문제가 압도적이라면, 어떻게 하는 것이 옳은 것인가? 아마 유럽에 비하여 볼 때, 혁명기의 미국 정치에 대한 아렌트의 해석은 미국 역사가들이 말하는 미국 예외주의American exceptionalism를 받아들여 미국에서는 그것이 공적 영역에 침해할 정도로 큰 것이 아니었다고 생각한 것이라고 할 수도 있다. 그렇지 않은 경우, 정치 공간의 자유가 반드시 유지되어야 하는 것이라면, 그것을 위하여 투표권 그리고 일반적 정치 참여권을 일정한 재산의 보유에 연결하였던 전근대적인 민주 사상을 지지하여야 할 것이다. 아렌트의 생각에 이러한 요소도 들어 있는지 모른다. 그렇다면, 그의 정치 공간에 대한 해석은 보편성을 결여하고 있다고 할 수밖에 없다. 자본주의가 세계화된 21세기의 관점에서 볼 때, 그의 모델은 미국을 포함하여 세계적으로 정치 현상의 근본 동력을 설명하는 것이라고 하기는 어렵다고 할 수밖에 없다.

사회에 있어서의 공적 공간의 토대　그렇다고 그의 이론이 무의미한 것은 아니다. 정치의 본질이 여러 사람이 함께하는 토의와 숙고와 행동의 공간이라는 것 그리고 그것이 인간성 본유本有의 욕구인 '공적 행복'의 추구에 대응하는 것이라는 것은 중요한 지적이다. 또 그 존재가 잊히지 않도록 하는 것은 좋은 사회를 위하여 절실하게 요구되는 일이다. 그것은 이미 말한 대로 형식과 규범 그리고 공정한 토의의 모태이기 때문이다. 다만 이 공적 행복의 공적 공간을 어떻게 그 순수성 속에 유지하느냐 하는 것은 간단히 처리될 수 없는 과제로 남는다.

공적 공간의 규범과 정치　생각하게 되는 문제의 하나는, 위에서 시사된 바와 같이, 어떻게 하여 사회적 문제—빈곤과 처참함의 문제를 해결하여 정치를 공적 행복의 공간으로서 해방할 것인가 하는 것이다. 물론 이것을 재산에 의한 참정권의 제한이라는 각도에서 해결하는 것은 시대착오의 해결 방식이 될 것이다. 그리고 그것은 대부분의 사람들에게 현실적으로 받아들일 수 없는 것이다. 전제가 되어야 하는 것은 사회·경제 문제의 선행 해결이다. 그렇다고 이것으로 정치 공간의 문제가 끝나는 것은 아니다. 그것은 현실 문제의 공간이 아니라 규범적 사고의 공간으로 구성되어야 한다. (동기는 공정한 규범성이 가능하게 하는 공적 행복이다.) 그리고 그것은 현실 문제를 다루면서도 보다 높은 이상으로, 다음 단계의 이상으로 남아 있어야 한다. 그리고 사실상 어느 시점에서나 이 이상이 공공 공간의 원리가 됨으로써만, 현실 문제의 바른 해결도 가능해진다. 그러나 이러한 이상에의 지향은 이미 빈곤의 격차가 있는 상황에서, 빈곤의 격차를 주어진 상황의 전제로 하는 정치 공간의 구성에서 이루어져야 하는 사회적·정치적 성취이다.

공적 공간의 규범적 수련/대결과 투쟁 현실 문제를 해결하는 데에도, 적어도 그것을 초연하게 볼 수 있는 규범적 사고가 필요하다고 하다면, 그것은 아렌트의 의미에서의 순수한 정치의 공간에서 사회·경제 문제를 긴급 의제로―계속되는 긴급 의제로 다루는 것이 되어야 한다. 정치의 공간이 그것 나름으로 스스로를 유지하면서 사회 문제를 해결하는 공간이 되어야 하는 것이다. 그런데 정치 공간이 이미 경제적 압력으로부터 해방된, 공적 행복의 동기에 의하여 행동하는 사람들로 구성되었다고 한다면, 그 공간에서의 모든 결정은 '아랫사람'의 입장에 놓인 사람들에게는 수혜의 굴욕을 받아들이는 것이 될 것이다. 이것은 굴욕적인 것으로 생각될 수 있다. 정치 공간에 무산자가 포용되어 있어서, 공평한 토의와 결정에 참여하는 경우는 어떠한가? 그 경우, 무산자는 비참 속에서 비참을 초월할 수 있는 정신적 수련을 가지고 있어야 할 것이다. 그런데 자산가는 참으로 이 공간에서 자신의 이익을 초월하여 공정한 토의를 벌이고 공적인 결정을 내릴 수가 있을 것인가? 아렌트가 시사하는 바대로 부에 대한 무한한 탐욕이 빈곤과 비참의 심리의 확대라고 한다면, 대부분의 자산가도 이미 수월성 경쟁의 공간으로서의 정치 공간에 참여할 자격—공적 덕성을 갖추어야 한다는 자격을 상실하고 있는 것이라고 할 것이다. 그에게도 탐욕을—비참에서 발원했을 수 있는 탐욕을 초월할 수 있는 정신적 수련이 필요한 것이다. 그런데 자본주의적 질서의 어디에서 이러한 수련이 가능할 것인가? 공적 행복에의 충동이 인간 본유의 심성의 한 부분이라고 하여도, 그 수련은 간단하게 얻어질 수 없는 것이라고 할 수밖에 없다. 사적 영역, 공적 영역, 그리고 행복의 이상의 적절한 관계의 유지에는 아무래도 이성적 문화의 영역이 별도로 살아 있어야 한다고 생각하는 것이 옳을 것이다. 이것은 경제·사회 문제가 하부 구조의 문제만으로는 해결될 수 없는 문화의 문제—규범과 공정성의 존재를 전제할 수 있게 하는 문화의 문제이기 때문이다. 그러나 이러한 이성의 영역—숙의를 본질로 하는 사회적 이성의 가능성이 현실로부터 전적으로 분리되어 있는 것이 오늘의 자본주의 문화라고 할 수 있다. 모든 문제의 해결 방식은 이익의 대결과 길항에 또 불가피한 협상과 타협에 있다고 생각되는 것이다. 물론 그것은 그것에 저항하는 세력의 경우에도 마찬가지이다. 마르크스주의적인 사고에서도 이러한 대결의 투쟁에로의 고양은 모든 문제에 있어서의 유일한 해결 수단으로 간주된다.

5. 자연과 원시의 행복

인정을 위한 정치　물론 이러한 사정은 공적 행복의 의미 자체가, 다시 한 번 말하여, 매우 복합적인 성격을 가지고 있다는 사실에 관계된다. 위에서 아렌트로부터 인용한 애덤스의 말은 사람의 사회적 본능의 움직임을 일상적 경험 속에서 관찰한 것이다. 그것은 다른 사람과 어울리면서 다른 사람이 알아 주기를 원하는 심정이다. 이것은 많은 사람들이 주목한 현상이고 그것이 가지고 있는 의미에 대한 해석도 여러 가지이다. 근년에 와서 호네트Axel Honneth나 찰스 테일러 Charles Taylor의 이름과 관련하여 문제 되는 정치 철학의 용어로 옮겨서 말하면, 여러 사람과 어울려 행동하면서 그것을 보이고자 하는 공적 행동의 추구는 인정recognition(Anerkennung)을 향한 인간의 욕구에 일치한다. 이것은 인간의 사회성에서 출발하여 사회생활에 적극적인 자산이 될 덕성의 기초가 된다. 정의, 인권, 상호 존중, 접객에서의 선의hospitality 등이 여기에서 나올 수 있고, 칸트가 말하는바 모든 사람을 수단이 아니라 목적으로 간주하며, 자신의 행동을 모든 사람에게서 요구되는, 보편적 규칙에 의하여 규제하여야 한다는, 실천 이성의 원리가 도출될 수도 있다.

두 주체의 투쟁/과시 소비의 경쟁　그러나, 위에서 언급한바, 아렌트의 '수월성'excellence을 두고 벌이는 '겨룸'emulation은 헤겔의 주인과 노예의 변증법에서는 생사를 건 두 주체의 투쟁으로 격화되는 현상으로 생각된다. 과시 소비에 대한 베블런의 관찰이나 미국 독립전쟁 당시의 벼락부자의 욕망에 대한 펜들턴의 경고는 소비주의 문화가 일반화되기 이전의 이야기이다. 그런데 이것은 오늘날에 와서 인간 행동의 가장 핵심적인 동기가 되어 있다. 사실은 사치가 아니라 검소가 경제생활―특히 지도층의 생활 철학이 되어야 한다는 것은 로마에서나 중국 또는 전근대의 조선에서 고대로부터 되풀이되던 윤리적 경고이다. 그러나 역설적으로 이러한 경고 자체가 필요했던 것은 욕망이 일정한 테두리에 한정되지 않는다는 사실을 배경으로 한 것이었다고 할 수 있다. 사회성이 가질 수 있는 부정적 효과는 어쩌면 근원적인 것이라고 할 수 있다. 공적 행복은 부정할 수 없는 인간성의 요구이면서, 그것의 현실적인 움직임은 호네트나 칸트보다는 헤겔의 투쟁의 변증법으로 설명된다고 하지 않을 수 없다.

루소에 있어서의 사회적 교류　사람의 사회적 교류가, 그 원시적 출발에서 벗어나기 시작할 때부터, 권력 투쟁과 부의 과시적 경쟁, 그리고 일반적으로 인간관계의 악화를 가져온다는 것을 가장 분명하게 경고한 것은 루소이다. 그의 자연 속의 인간이란 바로 사회관계의 타락으로부터 자유로운 인간의 행복한 모습을 이상화한 것이다. 위에서 우리는 존 애덤스의 서로 경쟁하고 함께 행동하면서 서로를 보이고 자랑하는 인간에 대한 묘사를 인용하였다. 『인간 불평등 기원론』Discours sur l'origine de l'inegalite에 나오는 인간의 회동會同의 효과에 대한 기술은 애덤스의 묘사 그리고 그에 대한 아렌트의 논평에 비교될 수 있다.

인간 회동의 즐거움과 그 타락　자연 속의 고독한 존재는 그야말로 순진무구한 존재이다. 그러나 자연 속의 인간이 함께 어울린다고 하여 당장에 도덕적 타락이 일어나는 것은 아니다. 그것은 삶의 보람을 높이는 일이면서 동시에 타락의 시작이 된다. 고독했던 원시인들은 차차 자신들의 초가에서 나와 함께 노래하고 춤추는 것을 즐기게 된다. 이렇게 함께하는 가창과 무도는 진정으로 '사랑과 여가의 산물'이다. 그러면서 그들은 서로를 지켜보게 된다. 이 '봄'으로부터 여러 착잡한 심리적 특성들이 생겨나게 된다. 만나서 가무를 함께함에 있어서 사람들은,

> "사람마다 다른 사람을 생각하게 된다. 그리고 다른 사람이 자기를 생각해 주기를 바라게 된다. 〔루소는 쓰고 있다.〕 그리하여 여기에서 공적인 존경이 가치를 얻는다. 누구보다도 노래를 잘하고 춤을 잘 추는 사람, 가장 잘생긴 사람, 힘이 센 사람, 재주 좋은 사람, 달변인 사람, 이런 사람들이 가장 많은 생각의 대상이 된다. 이렇게 하여 불평등 그리고 악덕이 시작된다. 이러한 평가의 차등으로부터 한편으로는 허세와 경멸이 생기고 또 다른 한편으로는 수치감과 질시가 생긴다. 그리고 이러한 새로 이루

어진 반죽에서 발효된 결과가 인간의 순결과 행복에 결정적 타격을 가한
다."9

자연 속의 인간/자애amour de soi/**애기**amour propre   그러니까 루소에
게는 공적 공간은 쉽게 행복의 공간이 아니라 불행의 공간이 된다.
그리하여 대체로 인간의 사회적 만남에서 태어나는 사회 체제는 부
패하고 타락한 체제이게 마련이다. 이 타락은 중요한 사회적 함축을
갖는 것이지만, 그것에 못지않게 중요한 것은 그것이 개인의 행복을
크게 왜곡한다는 점이다. 어느 쪽을 위해서나 루소에게 바람직한 인
간상은 사회 속에 존재하는 사람이 아니라 자연의 주어진 대로의 삶
속에 있는 인간에서 발견된다. 순결과 행복의 인간은, 사회를 전부로
아는 사람들의 관점에서 보면, 오히려 자기에 몰입되어 있는 이기적
인 인간이라는 느낌을 준다. 자연인의 삶의 근본적 동력은 자기에
대한 사랑, '자애'自愛(amour de soi)이다. 그것은 동물의 생명 보존의
본능에 비슷한 것이다. 거기에는 타자에 대한 의식이 없다. 그러나
이것은 자기 폐쇄적이면서도 그것을 넘어갈 수 있는 도덕적 가능성
을 갖는다. 그것은 자애가 자신의 온전함, 진정성, 일관성의 의지의
기초가 된다는 데에서부터 시작된다. 나아가 그것은 연민과 이성으
로 열리고 이것을 통하여 다른 생명체에 이어질 수 있는 가능성을 갖
는다. 이러한 기초를 가지지 않는 사회성은 '애기'愛己(amour propre)
가 된다. 이것은 자신을 타인의 눈에 비치는 외면적 효과와 평가로
값 매김하려는 이기적 자기 사랑이다. 애기amour propre의 자아는 늘

타자를 필요로 하는 까닭에 한없이 다른 사람을 향하여 나아간다. 그러면서 물론 그것은 깊은 동기에 있어서는 자기 팽창의 방편이다. 여기에서의 자기 팽창은 진정한 자기를 왜곡하고 잃어버림으로써 생겨나고 커지는 자아로 이어진다. 다른 한편으로 애기는 다른 사람과의 관계에서 순정성을 없앨 뿐만 아니라, 다른 사람이 그 사람 자신보다도 나를 사랑할 것을 요구하는 폭력성을 띤다. 어떤 경우에나 그것은, 위에서 본 바와 같이, 허세와 경멸, 수치심과 질시의 모태이다. 루소에게 자기만의 삶이 행복의 조건이 되는 것은 당연하다. 그에게 행복한 인간의 이미지는 공적 공간에서 공적 행복을 추구하는 사람이 아니라 숲 속을 거니는 고독한 산보자이다.

6. 단독자의 우주적 행복

감각적 체험/지속적인 생존의 느낌   자연 속의 인간은 타고난 대로의 인간이다. 그는 자연대로의 가능성, 자연의 충동, 성품을 받아들이고 표현한다.[10] 이 자연스러운 인간의 "영혼은, 아무것에 의하여서도 혼란되지 않으면서, 현재의 존재의 느낌에 스스로를 내맡긴다."[11] 이것은 자연의 감각적 쾌락을 향유하는 것을 말하는 것이기는 하지만, 특정한 쾌락을 탐닉하고 그것을 열광적으로 추구하는 것을 의미하지 않는다. 이것이 준비해 주는 것은 행복의 근본이다. "황홀함과 정열의 순간은, 아무리 생생한 것이라 하더라도, 바로 그 생생함으로 인하여, 삶의 진로에서, 흩어지는 순간들에 불과하다." 진정한 행복은 "지나가는 감각의 순간의 다음에도 살아남는 단순하고, 영원한 상태"이다.[12] 그것은 삶의 기쁨과 아픔을 넘어가는 '생존의 느낌'[13] 이다. 그러면서도 그것은 생생한 체험으로 존재한다. 이것의 향수는 개인적인 것이지만, 개인적인 범위 안에서의 인간적 사귐을 배제하지 않는다. 루소의 가장 강한 행복의 추억은 그의 보호자이면서 애인이었던 마담 드 배랭과의 삶이었다. 행복의 상태란, 브리스톨대학의 로널드 그림슬리의 목록을 따르면, "생의 충일감充溢感, 절대적인 내적 일체성, 함께하는 친밀함, 근접한 주위 환경과의 조화되고 막힘 없는 연결감, 생생하고 직접적인 체험으로서의 모든 가능한 욕망의 자연스러운 실현"을 포함한다.[14]

행복과 교육과 사회　물론 이러한 행복의 실현은 간단한 의미에서의 자연의 상태를 상당히 넘어간 것이다. 그러나 이 모든 조건이 스스로를 사랑하고 스스로에 의지하는, 그리고 태어난 대로의 자연인의 연장 선상에서 이루어지는 것임은 틀림이 없다. 이러한 행복에 있어서 사회는 어떤 위치에 있는가? 루소는 자기 충족적인 자연인과 사회인의 사이에 큰 간격이 있음을 잘 알고 있었다. 그의 교육론 『에밀』의 주제의 하나는 이 대립이다. 에밀에게도 교육의 종착점은 사회이다. 에밀은 결국 자연으로부터 벗어나 사회로 나아가야 한다. 그러면서도, 루소의 생각하는 바로는, 적어도 열두 살까지의 교육의 주안점은 소년 에밀을 사회의 침해로부터 지켜 내는 일에 있다. 그러나 사적 행복과 시민적 덕성의 대립은 루소의 사상에서 극복될 수 없는 대립으로 생각되었다는 해석도 있지만, 그림슬리가 말하는 것처럼, 자연의 자질 위에서 도덕적·정치적 덕성을 첨가하여 성장하는 것이 루소가 생각한 이상적인 교육의 방향이었다는 것이 맞는 것일 것이다.

자연/의지 교육/성숙한 행복의 공동체　자연의 삶을 떠나지 않을 수 없게 된 다음, 인간은 자신 안에 잠자고 있던 새로운 가능성을 일깨워야 한다. 그것은 한편으로는 '거짓된 사회적 가치'를 벗어 버리는 것으로부터 출발한다. 그러나 다른 한편으로 그것은 사회적 관련 속에서 새로 드러나는 잠재력을 살려 내어 자기를 완성하는 것을 뜻한다. 그것은 "새로운 '자연의 본성'을 선택하고, 특정하게 선정된 이상을 추구할 뿐만 아니라 이 이상을, 신의 의지에 못지않게 강한 의지를 가진, 다른 사람들과의 관계 그리고 어쩌면 갈등이 개입될, 그러한 상황에서 추구하여야 한다는 것을 의미한다."[15] 이것을 정면으로 대결하는 교육을 통하여 사람은 도덕적 존재가 되고 책임 있는 시민이 된다. 그러나 이것은 구체적인 인간적 교환으로 다시 되돌아온다. 보다 성숙한 인간성을 위하여 개발되는 보다 도덕적이고 보다 정치적인 인간 품성에 대응하는 것은 '진정으로 기쁨과 행복에 찬 공동체'이다. 이것은 큰 도시나 국가가 아니라 작은 마을, 마을의 모임이다. 이것은 포도 수확기에 자연 속에 벌어지는 마을 사람들의 축제와 같은 데에서 구체화된다.

보편적 질서로서의 자연　흥미로운 것은 감각적 체험과 구체적인 인간적 유대가 가능한 공동체를 강조하면서도 다시 이 모든 것의 바탕으로 보편적 질서—궁극적으로 신이 창조한 보편적 질서가 상정된다는 것이다. 이것은 루소가, 당대의 제도 종교의 신앙에 일치하는 것은 아니면서, 종교적인 믿음을 가지고 있었기 때문이라 할 수 있지만, 그보다도 인간의 주체적 삶에서의 필연적인 요청으로 인한 것이라고 할 수도 있다. 루이 알튀세르는, 큰 주체의 부름을 받아서 사람은 주체가 된다고 말한 바 있다.[16] 루소의 경우에도 그가 독립적 개인의 주체로 서기 위해서는 그 주체성을 호명呼名하는 큰 주체가 필요했다고 할 수 있다. 알튀세르에 의하면, 오늘날 이 큰 주체로부터의 부름을 담당하고 있는 것은 국가의 이데올로기 기구이다. 또 이 큰 주체는 주어진 대로의 사회일 수 있고 주어진 국가나 사회를 대체하려는 엄숙한 도덕의 교사일 수도 있다. 아렌트가 생각한 공적 행복의 공간은 스스로 안에서 그것을 초월하는 규범을 탄생하게 하는 공간이다. 어떤 것이든지 간에, 많은 경우 이러한 것들은 무반성적인 의식에 침투해 오는 사회 암시와 그 상징들이다. 소비 사회에서, 소비와 사치는 사회의 초월적 전체성으로서의 소비의 덕성을 그리고 그것이 만들어 내는 사회의 힘을 가리키는 작은 손짓들이다. 어디에서 발원하는 것이든지 간에 '거짓된 사회적 가치'를 극복하고자 하는 루소에게 필요한 것은 사회를 넘어가는 초월적 질서의 부름이었다. 그림슬리에 의하면, 루소는, 행복을 완성해 주는 적절한 사회에 더하여, "완전한 행복을 획득하는 데에는, 개체는 정치적 질서를 넘어 광활한 존재의 영역, 보편적 질서"[17]를 볼 수 있어야 한다고 생각하였다. 자연은 이 질서를 나타낸다. (오늘날 생태주의자들의 주장에서도 국가, 민족 사회를 대체하는 큰 주체로서의 자연의 역할을 볼 수 있다.) 그러면서 이 주체는 물론 단순히 물질이 아니라 정신을 가지고 있다. 그럼으로써 그것은 주체가 된다. 루소가 명상을 강조한 것은 여기에 관계된다. 명상은 자연의 저쪽에 있는 어떤 신성함이다. 그러면서 그것은 인간으로 하여금 영적인 존재로서의 자기를 깨닫게 한다. 우주의 전 질서를 바라볼 수 있는 행복—지복至福은 죽음 후에 얻을 수 있는 것이지만, 그것을 명상하는 것은 지복에 가까이 가는 인간 행복의 하나이다.

보편적 질서의 직접성과 정신성　　다만 이것은 지적인 작업만을 의미하는 것은 아니다. 그것은 충만한 현재적 현실의 체험이다. "내가 우주의 질서를 명상하는 것은 그것을 헛된 체계화로 설명하기 위해서가 아니라, 그것을 쉼 없이 찬탄하고, 거기에 자신을 계시하는 창조주를 찬양하기 위해서이다"—루소는 이렇게 썼다.[18] 완전한 행복은 루소에게 구체적인 생존의 느낌과 공동체와 이것을 뒷받침하는 보편적인 질서를 구성 요소로 하였다고 할 수 있다. 그리고 그것은 그에게 직접적으로 현존한다. 찬양이 의미하는 것이 그것이다. 그것은 직접 느껴지는 것이다.

감각적 체험과 반성적 구성으로서의 자연　　그러나 이 세 요소의 관계는 삶의 성숙 또는 진행을 나타내면서, 처음부터 서로 맞물려 있는 요소들이라고 할 수 있다. 사회와 인간에 대한 루소의 명상의 출발점은 주어진 대로의 삶을 사는 자연 속의 인간이다. 이 삶을 움직이고 있는 것은 자기에 대한 사랑이다. 그러나 루소에게 이 사랑은 그의 반성 속에서 발견되고 주제화된 것이다. 그것은 인류 진화의 최초의 단계를 나타내는 것으로 말하여지면서, 사실은 지적인 반성을 통하여 구성된 이미지이다. 루소는 이것을 발견함으로써 사회가 무반성적으로 부과하는 거짓된 사회적 가치를 거짓된 것으로 인식할 수 있게 된 것이다. 이러한 이미지의 인지는 그가 이미 삶의 전체를 조감하고 그것을 전체적으로 평가하고 있다는 것을 말한다.

자애/자연에 대한 사랑　이 평가에서 자애amour de soi는 무엇이 진정하고 거짓된 것인가를 헤아리는 잣대가 된다. 이 자애의 개념에는 이미 보편성의 지평을 바탕으로 하여 사물을 보는 사유가 움직이고 있는 것이다. 그러면서도 여기의 사유는 추상적인 것만은 아니다. 루소가 사랑한 것은 자연이고 자연의 구체적인 사물이며, 그것이 주는 감각적 기쁨이었다. 그에게 무엇보다도 큰 위안의 원천이 된 것은 자연의 풍경이고, 또 꽃과 나무들의 식물원이었다. 그의 최후의 소원은 문필의 세계를 버리고 자연으로 돌아가는 것이었다. 그렇다고 그의 소망이 감각적 탐닉이나 막연한 자연에의 향수였다고 할 수는 없다. 그것은 어디까지나 식물학적 이해, 즉 지적인 성찰을 수반하는 감각적 향수였다. 거꾸로 말하여, 그가 원한 감각과 지성의 일체성에 대한 체험은 보편적 우주적 질서에 대한 명상의 접합점이었다. 이 접합점을 통한 우주적 질서에의 지향이 그의 삶의 궤적을 이룬다. 그는, 위에서 비친 바와 같이, 이 질서의 일부이기를 원했다. 그러면서 그것이 그의 주어진 대로의 삶에서 일어나는 한 사건이기를—구체적 체험이기를 원했다. 우주적 질서는 단순히 이론이 아니라 그를 감복感服하게 하는 질서이어야 했다.

7. 우주적 질서와 실존의 변증법

실존과 이성의 교차　여기에 관련되어 있는 삶의 변증법 — 자애amour de soi의 변증법은 깊이 있는 실존적 각성에 대한 어떤 종류의 실존주의적 통찰을 생각하게 한다. 가령 루소의 자아와 우주적 질서에 대한 직관은 실존과 이성의 관계에 대한 야스퍼스의 설명으로 이해될 수 있는 것이 아닌가 한다. 야스퍼스에게 모든 것을 포괄하는 질서는 이성의 질서이다. 그에게 이성은 우주적 질서의 원리이다. 그러면서 이것은 정신을 매개로 하여 역동적인 열림이 되고 개체적 실존을 매개로 하여 생생한 현실이 된다. 루소의 자연적 질서가 이성의 질서인가 하는 것은 분명치 않다. 그러나 그것이 포괄적인 질서인 것은 틀림이 없다. 그리고 그것은 무엇보다도 야스퍼스의 이성과 마찬가지로 실존적 체험이라고 할 감각과 생존의 느낌을 통하여 스스로를 드러낸다. 이 우주 질서와 실존 그리고 이성과 실존의 교차를 말하는 글을, 조금 길기는 하지만, 야스퍼스의 『이성과 실존』으로부터 인용해 본다.

"…… 우리 존재의 거대한 극極은 이성과 실존이다. 이성과 실존은 분리할 수 없다. 하나가 상실되면 다른 것도 상실되고 만다. 이성은 절망적으로 개방성에 저항하는 폐쇄적인 반항을 위해 실존에 굴복해서는 안 된다. 실존은 그 자체가 실체적 현실로 혼동되는 명석성을 위해 이성에 굴복해서는 안 된다.

〔그러면서도〕 실존은 오직 이성에 의해서만 명료해진다. 이성은 오직 실존에 의해서만 내용을 얻는다.

이성에는 정당한 것의 부동성不動性과 임의의 무한성으로부터 정신의 이념의 전체성에 의한 생생한 결합으로, 또 이러한 결합으로부터 정신에 처음으로 본래적인 존재를 부여하는 담당자로서의 실존으로 나아가려는 갈망이 있다.

이성은 타자, 곧 이성에 있어서 명료해지고 또한 이성에 결정적인 충동을 주며, 이성을 지탱하고 있는 실존의 내용에 의존하고 있다. 내용이 없는 이성은 단순한 오성일 것이며, 이성으로서는 지반을 상실할 것이다. 직관이 없는 오성의 개념이 공허한 것처럼, 실존이 없는 이성은 공동空洞이다. 이성은 단순한 이성으로서가 아니라, 가능적 실존의 행위로서 존재한다.

그러나 실존도 타자, 곧 자기 자신을 창조하지 않은, 실존으로 하여금 처음으로 이 세계의 독립된 근원이 되게 하는 초월자에게 의존하고 있다. 초월자가 없으면 실존은 결실이 없고 사랑이 없는 악마의 반항이 된다. 실존은 이성에 의존하면서 이성의 밝음에 의해 비로소 불안정과 초월자의 요구를 경험하고 이성의 물음의 자극에 의해서 비로소 본래적인 운동을 일으키게 된다. 이성이 없으면 실존은 활동하지 못하고 잠을 자며, 마

치 없는 것과 같다.[19]

이성과 실존의 길항과 포섭/그 변증법　　"이성이 없으면 실존은 잠을 자며 마치 없는 것과 같다." 자연인은 스스로 안에 갇혀 있는 존재이다. 그것은 보다 큰 질서의 원리를 통하여, 정신으로 일깨워지고, 세계로와 창조적 삶으로 나아간다. 그러나 이것은 반드시 스스로의 동기에 의하여서만 그렇게 되는 것은 아니다. 큰 질서 자체가 그것을 촉구하는 것이다. 또는 달리 말하면, 세계와의 관계 맺음은 인간 존재의 근본 충동이 되게끔 되어 있다. 그리하여 사람은, 이성의 부름에 의하여, 정신의 세계로, 이성의 세계로, 보편적 질서로 나아간다. 그러나 그것은 완전히 큰 것에 흡수되는 것을 의미하는 것은 아니다. 인간 실존의 관점에서나 이성적 질서의 관점에서, 현실적 절실성을 유지하는 것은 실존적 행위를 통하여서이다. 또 달리 말하면, 사람이 잠자는 상태를 벗어난다는 것은 상황 속에서 그리고 보다 큰 전체성과의 관계 속에서 자신을 되돌아본다는 것이고 그것은 반성적 사고가 삶의 영원한 원리로 도입된다는 것을 말한다. 그러니만큼 큰 질서로 나아가면서도 그것에 완전히 흡수될 수가 없는 것이다. 사람이 이 질서의 일부가 된다면, 그것은 반성적이고 비판적 관계 속에서만 일어나는 일이다. 그리고 다른 한편으로 이러한 합일이 단순한 포섭과 동일하지 않은 것은 그것이 창조적 과정이기 때문이다. 그리하여 실존의 움직임은 이성적 질서 자체의 수정과 변형 그리고 창조를 뜻한다. 사람은 이와 같은 실존의 현실과 큰 질서 양극의 긴장된 변증법 속에서 자아를 실현할 수 있다. 또는, 이것을 행복의 관점으로 옮겨 말한다면, 완전한 행복에 이를 수 있다.

이성과 실존의 변증법/그 사회적 의미　이것은 중요한 사회적 의미를 갖는다. 그렇다는 것은 큰 이성적 질서와의 반성적 관계에 있는 실존은 사회 질서에 대하여서도 비판적 검증의 기능을 가지게 될 것이기 때문이다. 실존적 검토가 없는 사회 질서는, 이성적 동기를 가졌든 갖지 않았든, 비인간적인 질서가 되기 쉽다. 모든 것을 하나로 포괄하려는 이데올로기적 이성에 의하여 지배되는 사회가 그 대표적인 경우이다. 인간적 질서는 구체적 삶―그것도 인간 실존의 전체적 진리에 가까이 가려고 하는 삶에 의하여 검증되고 수정되어야 한다. 그러면서 그 실존은 사회와 진리의 부름을 통하여 진정한 개체적인 의미를 얻게 된다. 진정한 인간적 사회는 살아 움직이는 삶의 논리―개체적이면서 집단적인 논리에 의하여 움직이는 사회이다. 어떤 경우에나 그것은 이성과 실존의 창조적 상호 작용 속에서 새로운 질서를 탄생하게 하는 것을 허용하는 사회이다. 반드시 전체주의 사회가 아니라도 인간이 권력 의지를 숨겨 가진 사회 도덕적 가치의 압력, 그리고 소비주의 가치의 세뇌로부터 해방되는 데에는 자신의 실존적 기반으로 되돌아가는 것이 필요하다. 물론 이것이 반성적인 깨달음의 필요를 말하는 것이라면, 또 경계하여야 할 것은 그것이, 오늘날 우리 사회에서 너무 많이 볼 수 있듯이, '사랑이 없는 악마의 저항'에 그칠 수도 있고, 더 나아가 그것을 전체화한 이념이 될 수도 있다는 것이다. 다시 한 번 필요한 것은 쉼 없는 자기반성, 자기비판의 움직임이다.

추가하여 기억하여야 할 것은, 심각한 의미에서의 실존과 이성의 탐구가 반드시 일반화될 수 있는 것은 아니라는 것이다. 그것은 적극적인 의미에서나 한정된 의미에서나 그러하다. 위에서 우리는 인간 행복의 중요한 형태로 그리고 큰 사회적 함축을 가진 것으로 공적 행복과 공적 공간을 말하였다. 공적 행복이 참으로 추구되고 공적 공간이 참으로 밝은 공간으로 유지될 때, 그것은 개체적으로나 집단적으로 인간 존재의 차원을 넓히고 높이는 것이 된다. 아렌트가 생각하는 이러한 차원은 평상적인 것들의 명랑함 속에 있는 것으로 보인다. 그것은 자연인의 자연스러운 자애amour de soi의 연장 선상에서의 사회적 발전을 나타낸다고 할 수 있다. 그럼에도 불구하고 그것은 사회의 다른 곳에서 또는 역사의 위기의 시기에 보다 어두운 실존과 이성의 고뇌에 의하여 회복되어야 하고, 복합적인 사회에서는 그러한 고뇌를 수반하는 반성과 비판의 지속으로 뒷받침되어야 한다. 야스퍼스가 말하듯이, 실존과 이성의 합일을 향한 탐구는 결국 '예외자', '단독자'에 의하여 행해진다. 실존의 과정은 공적 공간, 우주적 질서의 과정의 일부이면서 어디까지나 개체적 존재의 책임이라고 하지 않을 수 없다. 그것은 개인의 각성된 자아를 통하여 일어나는 사건이다. 거기에서 개인은 스스로의 삶을 하나의 형성적 여정으로 파악할 필요가 있다. 그러면서도, 개인의 각성은, 희망적으로 생각하건대, 그로부터 사회 일반으로 펴져 나간다. 그러는 한에 있어서 공적 공간은 부패와 타락을 피하여 독자적인 영역으로 존재한다. 그리고 개인은 그 안에서 행복한 삶을 누릴 수 있다.

주

1 윤사순 역주, 『退溪選集』(현암사, 1983), 369쪽.

2 Hannah Arendt, *On Revolution* (New York: The Viking Press, 1965), pp. 112~113.

3 Ibid., p. 133 et passim.

4 Ibid., p. 125.

5 물론 정치에 있어서 이성과 진리의 기능은 더 복잡하다. cf. "Truth and Politics" in Hannah Arendt, *Between Past and Future* (New York: The Viking Press, 1961).

6 Ibid., p. 116.

7 cf. "The Social Question", *On Revolution*.

8 Ibid., p. 135.

9 Jean-Jacques Rousseau, ed. by C. E. Vaughn, *Political Writings* (Oxford, 1962) Volume, p. 174.

10 cf. Ronald Grimsley, "Rousseau and the Problem of Happiness", Maurice Cranston and Richard S. Peters eds., *Hobbes and Rousseau: A Collection of Critical Essays* (New York: Anchor Books, 1972). 행복에 대한 루소의 생각은 이 글에 따라 요약하였다. 이 부분에서의 루소 인용은 출전 없이 이 글의 페이지만 밝혔다.

11 Ibid., p. 439.

12 Ibid., p. 446.

13 Ibid., p. 447.

14 Ibid., p. 452.

15 Ibid., p. 440.

16 cf. Louis Althusser, "The State and Ideology", *Lenin and Philosophy and Other Essays* (New York: Monthly Review Press, 1971).

17 Ibid., p. 443.

18 Ibid., p. 444.

19 칼 야스퍼스, 「理性과 實存」, 하이데거·야스퍼스, 『哲學이란 무엇인가/形而上學이란 무엇인가 外/哲學的 信仰·理性과 實存』(삼성출판사, 1982), 413~414쪽.

4장

—

곤학困學의 역정歷程

1. 진정성의 결심

(1) 감각과 그 너머

감각과 자아의 전체성   되풀이하여 말하건대, 앞에서 루소의 자연을 구성된 것이라고 말하였지만, 그 바탕은 자연에 대한 감각적 경험이다. 루소에게 감각은 자연 체험의 통로이다. 거기에서 그는 그를 지탱해 줄 수 있는 행복을 찾는다. 감각적 체험의 직접성은 그에게 인간관계에서도 중요한 기준이다. 그것은 마담 드 배랭과의 관계에서도 그러하고 그가 긍정적으로 말하는 작은 공동체의 경우에서도 그러하다. 그러나 그가 추구하는 것은 일시적인 감각적 쾌락이나 황홀이 아니다. 그에게 중요한 것은 이것이 지속하는 생존의 느낌으로 변조되는 것이다. 이것은 그의 실존의 자연스러운 리듬 속에서 일어나는 것이면서, 동시에 이성적인 일반화나 확대에 의하여 가능하여진다. 그럼으로 하여 그것은 자연의 질서 전체에 대한 직관적 이해에 이어진다. 그러면서도, 이것도 앞에서 말한 것이지만, 그의 우주에 대한 이해는 단순히 이성적인 것만은 아니다. 그것은 감각과 마음에 직접적으로 현존한다. 이때 이 혼성의 감각 그리고 마음을 가장 잘 표현하는 것은 찬탄 또는 찬미의 느낌이다. 그것은 직접적이면서 그것으로부터 거리가 있는 기묘한 마음―이성이 혼합된 마음의 상태이다. 루소의 자연과 자연 상태의 인간에 대한 생각이 구성적이라는 것은 이러한 감각과 이성의 동시적 혼합을 지적하려는 것이다. 이 혼합은 자기 형성의 노력에서 얻어진 정신의 한 효과일 가능성이 크다.

감각의 시험　이렇게 복합적인 성격을 가질 수 있는 것이 감각적 체험인데, 그것이 함축하고 있는 특별한 의미를 다시 한 번 주목해 보기로 한다. 거기에서 오는 느낌은 어긋나지 않는 삶의 길을 가는 데에 중요한 계기를 이룬다. 위에서 우리는 사람의 삶을 에워싸고 있는 커다란 테두리―주로 사회적 테두리를 말하였다. 이것은 많은 경우에 추상적인 이데올로기나 반드시 이데올로기로서 체계화되지 아니하면서도 무반성적으로 일반화된 세계관에서 파생되어 나온 상투적 이념이 대신한다. 그러면서 이것이 사람의 행동을 규제하는 것이다. 이러한 것들의 규제 작용에 대하여 하나의 시험제가 되는 것이 감각이다. 가령, 음식이 어떤 맛인가는 먹어 보는 것 이외에는 달리 그것을 알 수 있는 방법이 없다. 그것은 추상적 설명으로는 알 수가 없는 것이다. 또 맛을 보는 경우 그것은 어떤 것으로 느끼라고 강요될 수가 없다. 이러한 점에서 맛은 그 자체로 진리성을 가지고 있다고 하겠다. 맛이라는 감각의 이러한 성격은 인간 체험의 원초적인 사실이지만, 감각은 보다 큰 의미에서 중요한 시험제가 될 수 있다.

그러나 이 맛의 시험이 반드시 원초적인 것만은 아니라는 점에도 주의할 필요가 있다. 그것은 여러 가지 요인이—간접적인 요인들이 합치면서 다시 즉각적인 것으로 변화한 맛이다. 한 사람에게 아무리 맛이 있는 음식이라고 하더라도 또 그렇게 느끼는 것이 당연하다는 말을 듣더라도 그것이 곧 모든 사람에게 같은 맛으로 느껴질 수는 없다. 맛의 차이는 본래적인 생물학적인 차이로 인한 것일 수도 있고, 습관의 차이 또 문화적 차이로 인한 것일 수 있다. 이것은, 가치 평가를 떠나서, 기호嗜好가 개인적이면서도 문화적이고 그러니만큼 인격적 조직과 문화적 훈련의 전체성에 관계되어 있다는 것을 말한다. 그러니까 한 사람이 맛이 있다고 다른 사람에게 반드시 그렇게 되지 않는다는 것은 직접적으로 작용하는 생물학적 반응 안에 인격과 문화 전체가 개재된다는 것을 말한다. 감각이 우리의 판단에서 지극히 강력한 증거로서 작용하고 어떤 사항의 진정성을 시험하는 시험제가 되는 것은 이러한 사정으로 인한 것이다. 루소가 자연에서 갖는 기쁨도 이러한 성격의 시험제로서의 의미를 갖는다고 할 수 있다.

카탈렙시스의 확신   이러한 감각적 시험은 조금 더 확대하여 구체적인 실존적 계기에서도 적용된다고 할 수 있다. 결혼과 관계하여 사랑에 빠진 당사자들과 집안의 어른들의 견해의 차이는 사안 자체에 대한 정보와 판단의 차이의 문제이면서 사안의 여러 맥락이 감각적으로 집합되는 경험적 계기에 관련된, 서로 다르게 형성된 확신으로 인한 것이라고 할 수 있다. 부모의 판단은 정보 일반에 기초하는 것인 데 대하여 자식의 판단은 체험의 구체적인 증거로부터 일반적 판단에로 나아가는 것이라고 할 수 있다. 또는, 최선의 경우에, 전자에 의하여 후자가 시험된 결과라고 할 수 있다. 추상적이고 일반적인 판단이 가지고 있지 않은 것은 판단의 기초로서의 감각의 시금석이다. 마사 C. 너스바움Martha C. Nussbaum은 문학과 철학의 양편에 걸쳐 있는 여러 에세이에서 젊은 당사자들의 사랑은 간단한 합리주의적 관점에서 이해할 수 없는 진실을 가지고 있다는 것을 설명한 일이 있다. (이것은 그의 사회 철학에 중요한 기초의 하나가 된다.) 그가 드는 예로서 가장 그럴싸한 것은 헨리 제임스Henry James의 한 소설에서 딸의 약혼자를 탐탁하게 여기지 않는 아버지가 딸과의 긴 대화를 통해서 딸의 삶의 실존적이고 경험적인 독자성을 깨닫게 되는 예이다. 또 이 깨달음은 일반적 이해의 과정이 아니라 딸과의 구체적인 만남―구체적이면서 넓은 이해의 틀 안에서 일어나는 만남을 통해서 아버지에게 주어진다.[1] 인간 이해에서의 이러한 구체적인 진실의 중요성은 사람이 자기 자신에 관한 진실을 알게 되는 과정에도 작용한다. 너스바움의 또 하나의 예는 마르셀 프루스트Marcel Proust의 『잃어버린 시간을 찾아서』에서 마르셀이 사랑의 괴로움을 합리성과 건전한 습관에 의지하여 극복하려다가 무엇이 문제인가를 깨닫게 되는 과정을 분석한 것이다. 너스바움은 이것을 위하여 스토아 철학의 '카탈렙시스'katalepsis의 개념을 끌어들인다. 제논Zenon은 사람의 외적 세계에 대한 지식은 궁극적으로 세계에 대하여 사람이 갖는 특정한 지각적 인상에 근거한다고 했다. 이 인상들은 그 특별한 성질로 하여 자체의 진실을 증거하는 것으로 생각된다. 이러한 감각에서 오는 것이 카탈렙시스의—경직증硬直症에 비슷한 현상이다. 여기에서 감각의 증거는 다른 어떤 것으로도 쉽게 반박할 수 없는 확신이 된다. "이 〔감각에 근거한〕 강직한 인상은, 오로지 그 느낌의 질로 하여, 우리로부터 동의를 끌어내고, 틀림이 없다는 확신을 가지게 하는 힘을 가지고 있다." 그렇다고 이것이 광신과 같은 것은 아니다. "그것은 제논의 말대로, 실재가 실재의 모습 그대로 우리에게 각인하는 인상, 실재하는 것이 아닌 것으로부터 나올 수가 없는, 그러한 표지이고 인상이다." 과학 자체도 이러한 카탈렙시스를 체계화한 것이다.[2] 마르셀은, 그의 이루지 못한 사랑에서 느끼는 고통의 느낌이 모든 이성적인 판단에 비하여서 그의 보다 깊은 생존의 궤적에 관계되는 진리를 담고 있었다는 것을 깨닫게 된다. 카탈렙시스의 증거에 굴복하는 것이다.

이렇게 볼 때, 느낌이나 확신은 여러 층으로 이루어졌다고 할 수 있다. 그것은 어떤 종류의 지각에서 나오는 것일 수 있다. 우리가 어떤 이야기를 하면서, "내 눈으로 보았는데 그것을 부인하려 하느냐" 하는 말, 또는 반어적으로 하는, "서울을 이야기할 때, 서울 안 가 본 사람이 서울 가 본 사람을 이긴다"는 것과 같은 말은 눈으로 본 증거의 카탈렙시스적 효과를 말하는 것이다. 또는 맹자가 윤리의 기초로서 말하는, 불인지심不忍之心, 차마 못하는 마음은 거의 본능적으로 확실한 것으로 느껴지는, 측은한 마음이다. 보다 높은 차원에서는, 루터가, 자신의 소신을 취소하라는 요청에 대하여, "나는 달리할 수 없다"고 하였을 때, 여기에도, 조금 더 복잡한 실존적 진리의 변증법이 작용하는 것이기는 하지만, 비슷한 확신—거의 감각적인 확신이 작용한다고 할 수 있다.

감각의 에피파니　강한 감각적 또는 지각적 인상은 다시 말하여 삶의 진실에 대한 중요한 증거이다. 그리고 이것은, 개인과 사회의 관계에 대한 우리의 논의에 관련시켜 볼 때, 삶의 진리에 대한 기본으로서 개인의 중요성을 다시 확인하는 일이 된다. 인간적인 현실은 모두 체험적인 내용을 가지고 있다. 그리고 체험은 개인을 떠나서 생각할 수 없다. 인간 현실의 진상이나 경험에 대한 일반적 서술은 이것을 귀납적으로 집계한 것이다. 사회를 이야기할 때에도 그 구조나 구성이 좋은 것인가 나쁜 것인가는 그 이론적 정합성만으로는 말할 수 없다. 그것은 체험적으로 시험될 수밖에 없다. 이것은 사회관계의 경우에도 그러하다. 원만한 사회관계가 있는 사회인가 아닌가는 결국 그 사회에 사는 사람들의 느낌으로 시험된다고 할 수밖에 없다는 말이다.

　그러나 모든 감각이 삶의 진실에 대한 신뢰할 수 있는 증거가 되는 것은 아니다. 그것은 감각이면서도 감각을 초월하는 어떤 신성한 성격을 가진 것일 때 그러한 의미를 갖는다. 그 구조는 제임스 조이스 James Joyce가 말한 에피파니epiphany의 구조에 비슷하다. 그는 "저속한 말이나 몸짓 또는 마음의 어떤 국면에 갑자기 드러나는 미묘한 정신성의 현현顯現"을 에피파니라고 정의하였다.(『스티븐 히어로』Stephen

Hero) 조이스의 작품은 단순히 이러한 경우만이 아니라 어떤 특정한 계기가, 사건이나 상황의 전모를 드러내 보여주게 되는 것을 그리는 경우가 많다. 에피파니는 원래 신이 그 모습을 드러낸다는 뜻을 가지고 있다. 조이스에게도 에피파니는 이러한 성격을 가지고 있다. 다만 그것은 초월적인 평면보다는 경험적인 평면에서 일어난다고 할 수 있다. 어쨌든 그것은 어떤 구체적 계기가 상황의 큰 의미를 한 번에 환하게 알게 하는 경우를 말한다. 이때 구체적인 계기는 신성, 정신성 그리고 의미를 느끼게 한다. 사실 조이스만이 아니라 문학의 많은 부분은 이러한 에피파니의 현상을 포착한 것이다.

정치의 감각적 테스트 그런데 이것은 정치적인 의미도 가질 수 있다. 위에 말한 불인지심과 같은 것―즉 현장에서 갑자기 느끼게 되는 구체적인 진실에 대한 느낌과 판단이 인간 진실의 중요한 부분으로 인정되었더라면, 어쩌면 정치적 정의의 이름으로 일어나는 많은 정치적 잔학 행위는 일어나지 않았을지도 모른다. 이렇게 생각해 보면, 개인의 감각적 체험은 개인의 삶의 고락苦樂에만 관계되는 것이 아니다. 자주 지적되는 것은 루소의 민주정치론이 함축하고 있는 전체주의 편향이다. 그러나 그는 다른 정치 철학자들에 비하여 인간의 감수성이 드러내 주는 인간 현실에 민감하였다. 이 민감성은 감각적 체험에 대한 그의 존중에도 관계되는 것이라고 할 수 있다. 그러나 그것은, 위에서 살핀 바와 같이, 보다 큰 것을 비추어 내는 것이었다. 그 감각은 단순히 타고난 대로의 감각이 아니라 더 큰 것을 감추어

가지고 있는 것이었다. 그의 감각은 에피파니적인 구조를 가지고 있었다고 할 수 있다.

(2) 감각의 진정성

감각 체험의 담지자로서의 개체적 인간   그러니까 그의 감각은 모든 사람이 함께 가지고 있는 감각이면서 동시에 특수한 이성적 작용을 통하여 다듬어진 감각인 것이다. 이것은 그가 글에서 말하는 감각적 경험의 경우에도 해당된다. 그것은 감각을 그대로 이야기한 것이 아니라 이성적 담론의 테두리 안에서 재구성한 것이다. 그가 개인과 사회, 개인과 자연 또는 개인과 사회와 자연의 관계를 말하면서, 개인의 사회화를 일단 보류하고 개인으로부터의 출발을 시도한다고 할 때도, 그 개인은 있는 대로의 현실의 개인이 아니라 본질로 환원하여 생각된, 진정한 의미에서의 개인이다. 이것은 자연에도 해당되는 이야기이다. 그러니까 루소가 말하는 자연이 참으로 있는 대로의 자연이라고 할 수 없다는 말이다. 구태여 말한다면, 그의 자연의 개인은 진정한 자연에 있는 진정한 개인이라고 하여야 할 것이다. 위에서 우리는 진실성의 테스트로서의 감각에 대하여 말하였다. 그러나 감각이 단순하게 그 순수성 속에서 존재하는 것이 아니라면, 그 테스트는 감각의 복잡한 변용을 전제하지 않고는 수긍할 수 없는 것이 된다. 그리하여 그 전제로서, 문제 삼아야 할 것은 그것이 어떤 감각인가 하는 것이다. 그리고 감각의 진리성이 그것의 이성적 변용에 관계된다고 한다면, 다시 문제 되는 것은 어떤 이성적 변용이 있었는가, 그 이성의 보유자가 어떤 사람인가 하는 것이다.

　다시 자연 속의 인간의 문제로 돌아가서, 자연은 동양에서도 은사隱士들의 피난처였다. 자연과 인간의 만남이 일정한 직접성을 가지면서 우리의 삶에서 치유 효과를 갖는다는 것은 보편적인 인간의 진실로 보인다. 그러나 여기에 문제 되는 자연이, 가령, 부동산 투자가의 입장에서 보는 자연은 아닐 것이다. 그렇지 않은 사람의 경우라도 어떻게 하는 것이 자연을 제대로, 있는 그대로 접하는 것인지 그것을 바르게 정의하기는 쉽지 않은 일이다. 루소에게 자연은 직접적인 감각적 호소력을 가진 것이었으나, 그는 이것을 보다 섬세하게 하는 방법의 하나가 식물학을 공부하는 것이라고 생각하였다. 시인이나 화가의 작품들의 많은 부분은 인간과 자연과의 만남을 이야기한 것이지만, 그 전체적인 의의와 뉘앙스에 대한 변조는 거의 무한하다고 할 수 있다. 이 이외에도 자연의 감식은 다른 많은 섬세한 방법적 연구나 감성의 세련에 의하여 심화가 있을 수 있을 것이다. 하여튼 자연을 대하는 데에도 사람이 개입되고 그 사람은 일정한 태도를 가지고 또 훈련을 가진 사람이어야 한다.

(3) 진정한 인간 존재의 가능성

진정한 인간　이러한 점에서 바른 정향을 가진 사람 또는 자연의 모든 것에 열려 있는 사람은 어떤 사람인가? 위에서 잠깐 비친 바와 같이, 우리가 자연 풍경을 보는 경우에도 그 체험을 대하는 우리의 태도는 여러 가지일 수 있다. 그렇다면, 우리가 자연에서 느끼는 것이 우리의 사고에서 어떤 기준이 될 수 있겠든가? 또는 우리의 느낌이 그런대로 확신의 기초가 되고 진리의 기본이 된다고 하는 입론에서, 그 느낌의 자의성에 비추어 어떻게 그것이 기준이 될 수 있겠는가? 여기에서 문제가 되는 것은 단순히 편견을 가지고 자연에 열려 있는 것이 아니라 진정으로 자연에 열려 있는 사람이다. 루소도 그러하지만, 우리가 자연 속의 인간을 생각하는 것은 거기에서 인간적 경험의 진정한 출발의 극極을 찾고자 하는 것이다. 그러한 관점에서 진정한 인간은, 그러한 감성을 가지고 있으면서, 동시에 더 넓게 인간적 가능성으로 스스로를 열고 그 가능성을 자신의 것으로 한 사람이어야 할 것이다. 그러나 어떤 사람이 그러한 사람인가? 진정한 인간은, 우리 자신이 바로 그것인바, 좁고 무지할 뿐만 아니라 반성되지 않은 통념과 편견에 찬 인간이 아니라는 말이기는 하지만, 그것을 적극적인 의미에서 정의하기는 어려운 일이다. 그러면서도 이것은 자연을 문제 삼고, 우리의 감각적 증거를 문제 삼으면서 피할 수 없는 질문이다.

진정한 자아   진정한 인간이라는 개념을 인간 이해의 중요한 열쇠로 생각한 철학의 하나는 실존주의의 철학이다. (사실 이것을 생각하지 않은 철학 또는 철학적 인간학은 없다고 하겠지만.) 우리가 원하는 것에 반드시 맞는 것은 아니지만, 이 진정성Eigentlichkeit(authenticity)이

하이데거의 철학에서 어떻게 생각되는가를, 이에 관계된 몇 가지 사항을 추출하여 다음에 간단히 살펴보기로 한다.

가장 넓은 의미에서 그가 인간의 있음을 정의하는 말은 '현존재' Dasein이다. 그가 말하는 현존재의 첫 번째 특징은 그것이 언제나 '나의 것으로서의 성격'Jemeinigkeit을 가지고 있다는 것이다. 그러면서 그것은 사물이나 도구처럼 정의될 수는 없고 스스로를 어떤 것으로 선택하여야 할 존재이고 그리고 이 선택에 있어서 열려 있는 존재이다. 진정성은 완전히 보장될 수는 없는 것이면서, 이러한 선택에서 하나의 기준으로 작용할 수 있는 자아의 속성이다. (그러나 이것도 당위로서 주어진 것이라기보다는 스스로 선택하여야 하는 기준이다.) 다시 이에 관련된 하이데거의 원문—물론 번역하여 인용하는 원문은 다음과 같다.

"현존재, 다자인은 이런저런 방식으로 나의 것이다. 다자인은 그때마다 나의 것으로서 그때마다 존재하는 방식에 대하여 일정한 결정을 내린다. 존재함에 있어서 이 존재 자체를 문제화하는 존재자는 자기의 존재에 대하여 가장 강한 스스로의 가능성으로써 행동한다. 그러할 때마다, 다자인은 그 가능성이고, 그 가능성을 '갖는다'. 그러나 이것을 대상적 존재의 경우에서처럼 속성으로 갖는 것은 아니다. 그리고 다자인은 경우마다 그 자신의 가능성이기 때문에, 그 존재함에서 스스로를 선택하고 그것을 얻을 수 있다. 또한 다자인은 스스로를 잃을 수도 있거나 스스로를 얻은 것처럼 또는 잃은 것처럼 보일 뿐일 수도 있다. 그러나 그것이 본질상

'진정한' 어떤 것, 즉 자신의 것일 수 있다는 전제하에서만, 그것을 스스로 잃고 스스로 얻지 못했다고 할 수 있다. 존재의 양식으로서의 진정성과 비진정성은—이 용어들은 엄격한 의미로 쓰고 있는 것인데—다 같이 다자인이 나의 것이라는 사실에 근거한다. 그러나 다자인의 비진정성은 보다 작은 존재 또는 낮은 존재를 의미하지 않는다. 다자인이 그 열중과 흥분과 흥미와 즐김에 있어서 가장 완전하게 구체화된 경우에도 그것은 비진정성을 특징으로 할 수 있다."[3]

얼른 읽기에 위의 인용문은 매우 난삽하다. 그러나 하이데거의 문장은, 많은 경우, 지극히 난삽하면서도 우리가 다 알고 있는 우리의 경험을 미세하게 분석한 것이어서 반드시 추상적인 개념적 해석을 통하여서만 설명되는 것은 아니다. 그것은 삶에 대한 우리의 직관적 이해를 분석하는 데에 철저할 뿐이다. 위의 인용문을 간단히 재해석하면, 첫째 주장은, 사람은 자기의 삶을 선택하여 산다는 것이다. 선택한다는 것은 어떤 특성을 몸에 지닌다는 결정이 아니라 자신의 존재 방식 전체를 스스로 결정한다는 것이다. 이것은 그렇게 존재할수 있는 여러 가능성 가운데 하나를 선택하는 것이다. 그런데 어떤 것은 진정한 자기의 존재 방식에 맞는 것이고 다른 어떤 것은 그것에 맞지 않는다. 그러나 이 차이는 절대적인 것이 아니다. 진정하지 못한 존재의 방식, 삶의 방식도 삶과 존재의 가능성 안에 있는 것이기 때문이다. 둘 다 존재의 양상Seinsmodi이다. 헤겔은 모든 존재하는 것은 이성적이라고 말한 일이 있지만, 하이데거는 모든 사는 방식은 삶의 가능성의 범위 안에 있다고 한다. 모든 것이 존재의 가능성 안에 있다고 한다면, 진정한 삶―그 진정성이라는 것은 무엇을 의미하는가? 간단하게, 진부하게 말한다면, 진정한 삶을 사는 것은 사람답게 사는 것이라고 할 수 있을지 모른다. 통속적으로는, 어깨를 펴고 활기 있게 사는 것이 잘사는 것, 진정으로 사는 것이랄 수도 있을 것이다. 요즘의 우리 신문에 보면, '사로잡혔다', '푹 빠졌다' 등의 말이 많이 쓰이는 것을 본다. 이러한 기사를 쓰는 사람들이 원하는 것은 열광하는 삶일 것이다. 다만 하이데거는, 위의 인용으로 보건대, 진정성의 증거가 열중과 흥분과 흥미와 즐김에 있는 것은 아니라고 말한다. 그러나 진정하다는 것도 그렇게 전제될 수 있을 뿐이고, 선택의 가능성일 뿐이다. 그러면서도 삶은 보다 본질적인 것일 수 있고, 보다 자신 고유의 것일 수 있다. 그렇다면, 모호한 대로, 그것이 완전히 자의적인 선택인 것은 아니다. 그것은 원래 있는 것이 아니라 찾아져야 할 어떤 것이다. 그러면서 자의적인 것이 아니라 사람의 존재 방식의 어떤 핵심에 연결되는 것이다. 이렇게 말하는 것은, 순환 논법에 빠지는 것이기는 하지만, 어떤 진정한 삶의 방식―참다운 삶의 방식이 있다는 생각을 전제하는 것이다.

평균적 삶과 그 지평   그렇다고 하더라도 인간 존재의 참모습은 대체로 평균화된 삶 속에 감추어져 버린다. 그러면서도 찾아져야 할 진정성은 이러한 삶, 그 일상성 속에 있다. 그리하여 진정한 삶은 찾기 어려운 것이면서도 바로 가까이 있는 것이다. 결국 모든 가능성은 연속적인 평면에 존재하기 때문이다. 이론적으로도 일상적 삶의 분석은 이미 그 막연한 불분명함 속에 있는 일상성을 넘어 그 구조를 드러내는 일을 한다. "현존재적ontisch으로 일상성 속에 있는 것은 존재론적ontologisch으로는 의미심장한 구조 속에서 파악될 수 있다. 이것은 구조적으로 다자인의 진정한 존재의 존재론적 특징으로부터 구분되지 아니한다."[4] 하이데거는 이렇게 말한다. 그가 시도하는 것은 인간 존재 해석의 기본을 밝히는, 이론적인 작업, 현존재 분석 Daseinsanalyse이지만, 이것은 개체적으로도 자신의 진정한 모습을 찾으려는 일에 일치하는 일이다. 그가 인용하고 있는 아우구스티누스의 말은 이론적 다자인 분석에 들어 있는 이러한 개인적인 차원에서의 노력을 실감하게 한다. "나에게 나보다 가까운 것이 무엇이겠는가? 나의 애씀은 여기 이곳에서이고 나 자신에서이다. 나는 가파르고 너무 많은 땀을 흘리는 땅이 되었다."[5] 이 표현에 나와 있는 것은, 참다운 삶을 위한 아우구스티누스의 노력은 바로 이 순간 이 장소에 집중되어 있고, 또 자신의 내면의 탐색에 있다는 것이다. 바깥의 땅을 일구면서 동시에 그것에 근거하여 심전心田을 경작하는 것이다. 그리고 그러는 사이에 마음의 단순성을 잃어버리는 삶의 아이러니를 아우구스티누스는 한탄한다. 다시 말하여, 하이데거의 존재 분석은 결코 과학적 의미에서 경험 세계의 개념을 분명히 하는 것이 아니라 반성적 노력을 통하여 모든 것의 기본으로서의 인간 존재의 구조를 들추어내는 노력이다.

그리고 그것은 우리가 사는 일상적 삶 속에 있다. 그러나 분석적 작업에는 논리가 필요하다. 하이데거의 존재 분석도 논리를 요구한다. 희랍 철학에서 알 수 있는 것은 사람이 사물들을 만나는 것은 '노에인'noein 또는 '로고스'Logos를 통해서라는 사실이다. 그러나 존재를 밝히는 데 개입하는 로고스는 특별한 로고스이다. 즉 사물들의 존재됨은 특별한 종류의 로고스, " '레게인'legein을 통하여—사물을 있는 그대로 보이게 하는 특별한 '로고스'를 통하여 밝혀진다. 그러면서 이 존재됨은 미리, 〔즉 사물이 있다고 인지되기 전에〕 있는 것으로서, 또 모든 사물에 들어 있는 것으로서 이해된다."[6] 이 까다로운 문장들에서 하이데거가 말하려는 것은 단순하게 다시 말하여질 수 있다. 즉 사람이 사물을 지각하거나 인지하는 것은 존재의 사실을 전제로 한다는 것이다. 즉 우리가 사물을 인지하는 데에는, 사물들이 존재할 수 있다는 일반적 존재의 가능성을 알고 또 어떤 특정한 사물이 이 존재의 지평에서 일정한 존재성을 갖는다는 것을 안다는 것이 예비 조건으로 전제되어 있는 것이다. 이러한 지평의 존재는 분석을 통해서 밝혀지는 것이지만, 모든 지각에는 이미 이것이 작용하고 있다. 이것은, 또 다시 옮겨 보면, 게슈탈트 심리학이 특정한 사물figure의 지각에는 반드시 그 배경background이 수반된다고 하는 것에 비슷하다. 이러한 지각과 인지의 구조는 사람의 실존의 구조에 그대로 해당된다. 일상적 삶이 진정한 존재론적 구조를 알 수 있게 한다는 것도 사물과 존재에 들어 있는 비슷한 예비 구조로 인하여 가능한 것이다. 일상적 삶이란 그때그때의 일에 사로잡혀 있는 삶이지만, 그것도 보다 넓고 깊은 삶의 전체 구조 속에 있는 것으로 인식될 수 있는 것이다. 이것이 사람으로 하여금 일상적 삶에 즉해 있으면서 그것으로부터 깨어나는 것을 가능하게 한다. 물론 이것은 그렇게 하겠다는 각성을 전제로 한다. 이 각성에 도움이 되는 것이 이성이다.

공중 속의 삶　하이데거에서 일상성은 삶의 일반적 형태이지만, 그것이 강화되는 것은 우리가 여러 사람 사이에 살기 때문이다. 사람의 존재 방식은 다른 사람과 함께 있고 더불어 있음이다. 그리하여 다른 사람으로부터 멀리 떨어지는 거리는 늘 걱정거리가 된다. 다른 사람에게서 떨어져 혼자 있으면 불안한 것이다. 그래서 사람들이 있는 곳으로 다가가는 일은 하나의 강박이 된다. 그러다 보면 자신의 삶은 다른 사람들에 의하여 완전히 휘둘리는 것이 된다. 반드시 그것이 인위적으로 일어나는 것이 아니라도 여러 사람 사이에서 사는 방식, 공중 속에서 사는 방식은 이러한 평준화를 불가피하게 한다.

　　"공중 교통을 이용하고, 신문과 같은 공중 매체의 정보를 이용하고 하는 사이 모든 타자는 비슷해진다. 이러한 더불어 있음은 내 자신의 다자인을 해체하여 버리고 그것을 '타자들'의 존재와 하나가 되게 한다. 그리고 점차로 타자들과 구별되고 분명한 존재이기를 그치게 된다. 이 미구분과 미확인성 속에서 '그들'das Man의 독재가 시작된다. 우리는 그들이 즐기는 바를 그들처럼 즐기고, 문학과 예술에서도 그들이 읽고, 보고, 판단하는 바와 같이 보고 판단한다. 그리고 그들이 다수 군중을 기피하면 자신도 기피하고 그들이 분격하는 것에 대해서는 자신도 분격한다. 확실하게 정의되는 것이 아닌 그들, 숫자상으로 그러한 것은 아니면서 전체가 되는 그들은 일상성의 존재 양식을 처방한다."

이 공중성Die Oeffentlichkeit이 인간 존재의 진정성을 흐리게 하는 효과를 하이데거는 계속하여 다음과 같이 말한다.

"거리감, 평균성, 평준화가 그들의 존재 방식으로서 공중이라고 부르는 것을 구성한다. 공중은 모든 세계와 다자인 해석을 직접적으로 통제한다. 그것은 언제나 옳다. 옳다고 하는 것은 '사물'에 관계하는, 특별하게 원초적인 존재의 관계 방식이 있기 때문에 그렇게 말하는 것이 아니고, 그것이 특히 다자인의 투명성을 빌려 오고 이용하기 때문도 아니다. 그것은 공중으로의 삶이 모든 차원의 차이와 순수성을 감지하지 못하고 사물의 핵심에 결코 나아가지 못하기 때문이다. 공중성은 모든 것을 어둡게 한다. 〔그것 안에서〕 감추어진 것은 익숙히 아는 것이 되고 누구나 접근 가능한 것으로 통하게 된다."[7]

결단의 삶　이와 같이, '그들'은 개별적 다자인의 개체성을 말살한다. 그것은 사실 개체적인 책임을 빼앗아 가는 것이지만, 그 삶의 부담을 덜어 주고 편안함을 확보해 준다. 그런 가운데 다자인은 그 뒷받침을 받아 그 테두리 안에서 그 나름으로 자기가 된다. 그러나 여기에서 나의 다자인은 또 타자의 다자인도 참된 자신을 발견하지 못한다. 공중으로서의 '그들'의 일부로서 존재하는 것은 "비진정성의 존재 방식이고 자기로서 바로서기에 실패하는 것이다."[8]

그렇다면 이러한 일반적인 것에 함몰되어 있는 상태를 벗어나는 것은 어떻게 가능한가? 하이데거는 다자인이 '결단'Entscheidung을 향하여 나아갈 때, '그들'은 사라져 버린다고 말한다. 이것은 어떠한 결단이어야 하는가? 위에서 말한바, 다자인의 분석에서 드러나는 바와 같은 로고스를 통한 전체적인 자기 인식을 결심하는 것—이것은 그러한 결단의 하나라고 할 수 있다. 그러나 이것이 하이데거의 『존재와 시간』을 읽고 그에 따라 자기의 삶을 되돌아보는 것을 의미하는 것은 아닐 것이다. 그러한 학문적 결심이 중요하다고 하더라도 필요한 것은 자기가 얻게 되는 분석적 이해를 자신의 존재의 근본이 되게 하는 것일 것이다. 그것은 이 결단을 실존에 연결하고 또 그것을 지속적인 것이 되게 하는 것이다. 이것을 가능하게 하는 것은 단호한 결심Entschluss(Entschlossenheit)이다. '결심'은 "다자인의 존재 가능성〔또는 잠재력〕을 실존적으로 증빙하는 것"[9]이다.

존재의 전체적 가능성　다시 말하여 결심은 다자인이 가지고 있는 여러 특징을 미리 바르게 이해하고 그것을 자신의 삶에 그대로 수용하면서 삶을 기획하는 것을 말한다. 그 특징들은 불안이라든지 죽음, 죄책감, 양심, 걱정, 돌봄 등을 포함한다. 하이데거가 인간 존재를 "죽음에 이르는 존재"라고 정의한 것은 유명한 말이지만, 위에 든 다자인의 실존적 조건의 항목들 가운데, 특히 중요한 것은 죽음이다. 죽음의 문제는, 위에서 말한 것처럼, 서양의 기독교적 수련에서나 푸코에서나 다 같이 중요한 것이었다. 죽음에 대한 명상은 어느 경우에나 인간의 한계 속에 있다는 것을 기억하는 것을 의미하지만, 기독교에서 그것은 체념과 기세棄世에 관계되어 있고 푸코에서 그것은 삶의 현실을 한껏 장악하는 데에 관계되어 있다. 하이데거의 경우에도 죽음은 반드시 체념이나 병적 집착을 의미하는 것이라기보다 삶의 절실한 완성에 관계되어 있다고 할 수 있다. 죽음을 생각하는 것은 사람이 시간의 한계 안에 있다는 사실을 상기하고 그 안에서 할 수 있는 일을 한껏 하도록 기획하는 데에 도움을 준다. 하이데거는 '결심'은 '예견'Vorlaufen과 불가분의 관계에 있다고 말한다. 결심은 "전체로서의 존재하는 가능성을 예비적 결심으로 풀어내는 것"[10]이다. 실존의 다른 문제들, 가령 죄책감─할 일을 다하지 못한 데에서 오는 죄책감이라든지 해야 될 일을 어긋남이 없이 성실하게 해야 한다는 양심이라든지, 이러한 것들은 모두 인간의 삶이 죽음으로 끝나게 될, 제한된 시간 속의 일이라는 것─말하자면 급하게 할 일을 하여야 하는 삶이라는 사실에 관계되어 발생하는 문제들이다. 그리하여, 가령, "양심의 부름을 이해하면, 〔자기가〕 '그들'의 세계에서 헤매고 있었다는 것이 드러난다. 〔그리고〕 단호한 결심은 다자인을 그의 절실한 자아로서의 존재의 가능성으로 돌아오게 한다." 이와 같이 "결심한다는 것은 삶의 전부를 미리 생각하며 그에 따라서 행동하는 것이다. 결심은 자신으로서의 존재를 위한 그의 가장 자기다운 가능성으로 다자인을 되돌아오게 한다. 사람이 죽음을 향한 존재를 이해하면─죽음을 자신의 가장 밀접한 가능성으로 이해하면, 사람의 존재를 향한 가능성은 진정한 것이 되고 완전히 투명한 것이 된다."[11]

진리와 확신　　그러나 다시 말하여, 진정한 자기로 산다는 것이 제 마음대로 산다는 것을 뜻하는 것이 아님은 물론이다. 그것은 진리에 따라 살고 또 진리에 대한 확신에 따라 행동한다는 것을 말한다. 그러나 하이데거가 절대적인 진리가 있고 사람이 이 절대적인 진리에 따라 살아야 한다고 하는 것은 아니다. 이것은 어디까지나 개체의 존재론적이고 실존적 자각에 달려 있다. "결심이라는 현상은 우리를 인간 실존의 진리에로 이끌어 간다." 그러나 하이데거는 다시 말한다. "진리는, 진리를 진리로서 견지하는 일에 대응한다." 진리는 진리를 진리로 견지하려는 결심의 소산인 것이다. 이러한 주관성에도 불구하고, 또는 바로 그 때문에, 진리에는 확신이 따른다. "드러난 것, 찾아진 것을 분명하게 자기 것이 되게 하는 것이 그것에 대하여 확신하는 것이다. 실존의 근원적 진리는, 결심이 드러낸 것 가운데 스스로를 지탱하는 것임으로 하여, 똑같이 근원적인 확신을 요청한다."[12] 다시 말하면, 진리를 진리로 지탱하려면, 거기에는 실존적인 결심이 수반되어야 하는 것이다. 또는 진리를 만드는 것은 실존적 결심이기 때문에, 진리에 확신이 따르는 것은 필연적인 것이다.

상황 속에서의 실존　　이 모든 것은 주어진 상황에 철저하게 즉하여 살려는 결심에 밀착되어 있다. 결심은 자신이 처해 있는 상황 속에 살려는 의지를 나타낸다. 그러면서 물론 상황 자체는 따로 있는 것이라기보다는 이러한 결심으로 분명해지는 어떤 것이다. 결심이 상황을 드러나게 하고 또 결심한 자로 하여금 스스로 일정한 상황 속에 있음을 보여주는 것이다. 이것을 구체적으로 규정하는 것이 발견되는 진리이고 그것을 인지하고 자기의 것으로 받아들이는 것이 확신이다. 그러나 이 진리나 확신이 광신적인 성격을 띠지는 아니한다. "확신은 그 드러남에서의 정의되는 대로 현재적인 사실적 가능성에 대하여 열려 있는 것으로 자유로운 상태에 있는 것으로 생각되어야 한다." 그러면서, "결심의 확실성은 그것을 취소할 자유를 가지고 있다는 것—그 사실적 필연성을 취소할 수 있다는 것을 의미한다."[13]

공존의 문제　　결심은 다시 말하여 사람으로 하여금 그때그때의 사실적 상황에 충실하게 하는 기제이다. 그것은 사람이 여러 가능성 속에 살고 있기 때문이다. 목전의 현실을 떠나 버리는 것이 하나의 가능성이라면, 그것을 택하는 것은 인간의 자유에 속하는 일이다. 그러나 반대로 주어진 사실적 상황에 충실하게 하는 것은 결심이다. 그리고 그것은 지속적인 것이 되어야 하기 때문에, "스스로 되풀이하는 진정한 결심"[14]이다. 이 결심은 순간의 충동을 실현하려는 것이 아니라 다자인의 존재 가능성의 전부를 현실화하려는 것이다. 그것은 삶의 전체성을 현재에 구현하려는 노력이다. 여기에서 존재 가능성의 전부란 개체적인 실존에 잠재해 있는 것을 말하고 그것을 위하여 결심하는 것은 자신의 가능성에 집중한다는 것을 말한다.

　그렇다면 다른 사람과의 관계는 완전히 등한히 하여도 괜찮은 것인가? 위에서 본 바와 같이, 하이데거가 강조하는 것은 '그들'의 독재를 벗어나는 것이다. 그러나 하이데거의 현존재 분석에서 실존적 현실로부터 다른 사람의 존재가 완전히 사라지는 것은 아니다. 그것은 오히려 다자인의 결정적 조건으로 확인된다. 다자인의 한 양상은 함께 존재Mitsein한다는 것이기 때문이다. 이 함께 있음이 철저하게 다자인을 한정하기 때문에, "다자인의 혼자 있음도 세계 안에서의 함께 있음이다. 타자가 없는 것도 함께 있음 안에서 또 그것을 위하여 가능하다. 혼자 있음은 함께 있음의 결여 양식이다."[15] 그리하여 사실적으로 혼자 있는 때에도 현존재로서의 사람은 다른 사람과 함께 있다. 하이데거는 이렇게 말한다.

그러면 이 다른 존재 또는 다른 사람들과의 관계는 어떤 것이어야 하는가? 하이데거는 자기 자신이 진정한 자아가 되었을 때 사람은 다른 사람의 진정한 자아를 생각하게 되고 그것을 자기의 관심사로 만들고 그렇게 함으로써 진정한 의미에서 함께 존재할 수 있게 된다고 말한다. "결심으로서의 진정한 자아의 존재가 될 때, 다자인은 세상으로부터 벗어나 자유롭게 부유하는 '나'라는 자아가 되는 것이 아니다." 결심은 진정으로 세계 안에 존재하겠다는 것이고 그것은 이미 자신의 존재 안에 준비되어 있는 것이기 때문에, 그것은 바로 사물과 다른 인간과의 관계를 결심 속에 포함한다는 것을 의미한다. 뿐만 아니라 자신이 자신의 진정한 존재 가능성을 향하여 나아간다는 것은 세계를 위해서 스스로를 풀어놓는다는 것이고, 그 자유 속에서 타자를 타자로서 존재할 수 있게 하고 또 진정한 의미에서 함께 있게 된다는 것이다. 이 진정한 공존을 향한 해방이 없이는 사람들은 '그들'의 몽매한 상태에서 벗어나지 못한다.

"스스로가 선택한 가능성이라는 목적의 관점에서, 다자인은 세계를 위하여 자기를 자유롭게 한다. 다자인의 스스로를 위한 단호한 결심은 함께 있는 타자들로 하여금 그들의 가장 절실한 가능성 속에 있게 하고 힘차고 해방적인 상호 배려 속에서 이 가능성을 함께 드러낼 수 있게 한다. 다자인의 단호한 결심은 타자의 '양심'이 된다. 결심한 진정한 자아적 존재에서만 진정한 상호성이 생겨난다. 그것은 양의성과 시새움의 합의, '그들'과 그들이 벌이는 일들을 통한 부질없는 잡담의 교류에서 생겨나는 것이 아니다."[16]

(4) 긴장된 결심의 삶과 편안한 삶

긴장된 삶과 진리의 존재 방식   인간 공존의 방식에 대한 하이데거의 관찰은 사뭇 삼엄하다. 그것은 비록 자기 고유의, 따라서 다른 용어로 옮기기 어려운, 추상적인 용어로 표현되어 있지만, 어떤 파시즘 또는, 실제 하이데거가 가담한 일이 있었던, 나치즘과 같은 동원의 정치를 연상하게 한다. 물론 전제되어 있는 것은 개인적 결심과 각성이다. 그러나 하이데거가 말하는 것은 개인적 결심이 진정한 집단적 공존을 만들어 낸다는 것이지만, 집단적 열광은 흔히 개인적 존재감의 고양에 중요한 역할을 하고, 둘 사이의 교환은 그 선후를 가려

내기 어렵게 한다. 이러한 것을 연결하여 생각하면, 그것은 진정한 인간 존재의 가능성을 위한 그의 추구 자체를 의심쩍은 것이 되게 한다. 그러나 사회적이든, 정치적이든, 인간 공존이, 개인적 진정성의 추구와 피상적 협정을 넘어, 보다 근원적인 차원에 있다고 하는 분석은 어떤 이상적 가능성─인간의 존재론적 진실에 근거한 이상적 가능성을 말하고 있다고 할 수 있다. 그러면서도 그것은 지나치게 삼엄한 인간학을 말하는 것으로서, 인간의 존재 방식 전부를 설명해 주는 것이 아니라고 하는 것도 틀린 말은 아니다.

인간 존재의 다층적 구조　이 두 가지 견해를 하나가 되게 하는 방식은 인간의 존재 방식이─사회적으로나 개인적으로나 다층적 구조를 가지고 있다고 말하는 것이다. 통상적 사회 현상이나 정치 현상이 있고 그 아래에 그러한 존재론적 층이 있다고 생각하는 것이다. 우리가 개인으로 존재한다는 것은 이와는 또 다른 층을 이룬다. 인간이 보편적 인간이면서 국가의 성원인 것과 같은 경우에도 층위가 다른 것이 존재하는 것은 마찬가지이다. 이러한 다층적 인간 존재의 층들이 어떻게 서로 관계되는가 하는 문제는 또 다른 분석의 대상이 될 것이다. 그러나 여기에서 중요한 것은 이러한 다층성의 존재를 생각하는 것이 사태를 분명히 하는 데에 도움을 준다는 점이다.

결심의 순간과 층위　하이데거의 함께 있음Mitsein의 개념을, 이미 시사한 바와 같이, 정치로 옮겨 볼 때, 그것은 결단과 결심과 동원을 말하는 것으로 들린다. 정치에서, 이것은, 위에 말한 바와 같이, 영웅주의적 정치에 이어진다고 하겠지만, 어떤 정치 행동의 근본에도, 또는 더 나아가, 사회적인 행동—가령 자기희생적인, 높은 자아실현을 의미할 수 있는 자기희생의 행위, 정의, 사랑, 자비 등의 이상을 위한 자기희생의 경우에도 상정될 수 있는 것이다. 그러면서, 이렇게 말할 때 이러한 정치, 그리고 사회 행위에 결여되어 있는 것은 일상적 차원이다. 그리고 일상의 정치이다. 아렌트의 정치관에서도 정치는 사회 문제로부터 일정한 거리를 유지하여야 한다는 생각이 있다. 그러면서도 아렌트의 경우 정치적 욕구는 여러 사람의, 함께 행동하고 서로의 모습을 자랑스럽게 보여주고 싶어 하는, 보통 사람의 욕구로부터 단절되어 있는 것은 아니었다. 하이데거의 현존재 분석에서 일상성은 가장 미천한 삶의 양식을 이루고 정치는 물론 이것으로부터 멀리 있어야 하는 것이다. 그러나 우리가 아는 정치는 일상성의 정치이다. 인간 역사에 공통된 근대가 있다고 한다면, 그 근대의 한 특징은 정치가 영웅적 차원으로부터 일상으로 돌아오게 된 사실에 있다고 할 수 있다. (그러나 지금에도 정치를 영웅의 관점에서 파악하는 유습이 없어졌다고 할 수는 없다. 그리고 정치는 일상성 속에서도 영웅적 차원을 지니고 있는 인간 활동이라고 하는 것이 맞는 말일 것이다.) 민주주의나 공산주의, 의회제도나 인민회의, 선거의 방법, 그 외의 여러 정책 결정의 목표와 절차도 일상적 삶의 질서를 어떻게 하느냐 하는 문제에 이어져 있다. 그러면서도 정치가 그러한 차원에만 머무를 수 없다는 것은, 흔히 인정되는 것은 아니면서도, 부정될 수

만은 없는 정치의 한 층위일 것이다. 위에서 아렌트를 말하면서, 우리는 정치의 규범적인 차원—인간 행동의 공연적 성격에 연결되어 나오는 규범적 차원을 말하였다. 하이데거의 '진정한 공존'das eigentliche Mitsein(das eigentliche Miteinander)은 인간 존재와 정치의 존재론적 바탕으로서 그보다도 더 깊은 차원을 말하는 것이라고 할 수 있다. 그것은 인간의 공존 방식에 대한 근본적 진리를 밝혀 준다고 할 수 있다. 그러나 그것은 다른 층위 아래 존재하는 근본적 층위를 이룰 뿐이다. 어떤 때 정치는 이런 층위 위에서 이루어지는 행동이다. 그리고 개인적으로도 그러한 층위에 서서 행동하여야 하는 때가 있다. 그리고 이때의 단호한 행동은 그것이 아래로 가라앉아 존재하는 경우에도 계속 보다 평이한 행동의 틀에 영향을 미치게 된다. 그러나 삶의 모든 면이 이 평면의 분출에 직접적으로 이어지는 것은 아니다. 물론 그것을 원하는 사람들이 없지는 않다고 하겠지만.

개체적 삶의 진정성과 일상성/그 다층적 구조와 시간적 전개　　이러한 것들은 개체의 관점에서 인간 존재의 심층을 말하는 경우에도 해당된다. 하이데거의 인간 존재의 심층에 대한 관심은 개체적 생존에 있어서도 일상성을 철저하게 경멸의 대상이 되게 하는 것으로 보인다. 앞에서 논한 것들을 다시 상기하여 보면, 즐거움, 조화 속의 인간관계, 교류, 담소의 즐거움, 행복, 유머, 감각의 기쁨, 자연의 기쁨과 감격—이러한 것들은 하이데거의 실존 분석에서 전적으로 부재하는 것들이다. 물론 그의 철학적 관심에서 자연이 절대적으로 중요하고,

결단과 결심이 아니라 있는 것을 있는 그대로 두는 평온의 마음〔Gelassenheit〕이 주요 관심사가 되는 것도 고려해야 한다. 그러나 적어도, 여기에서 논하려 한 것처럼, 진정성을 주제로 삼을 때, 그것이 매우 엄숙하고 긴장된 정신의 자세를 요구하는 것임은 분명하다. 그리하여 일상적 삶이 들어설 자리가 없는 것이다. 그러나 이것을 바르게 이해하기 위해서는, 이미 시사한 바와 같이, 인간의 심성도 다층적인 구조를 가지고 있다는 것을 상기하는 것이다. 많은 정신적 수양의 가르침은 마음의 평정에 관한 것이다. 그러나 이것은 극히 엄격한 금욕적 수행을 통하여 이르게 되는 종착점이다. 방황과 금욕과 고통의 여로를 거쳐서 사람은 하나의 마음의 상태에 이르게 되고 이 마음의 상태, 이 마음을 일상적 행동과 마음의 바탕이 되게 함으로써 어떤 세속적인 상황에서나 평정을 유지할 수 있게 되는 것일 것이다. 인간의 심성을 공간과 시간의 이미지로 생각해 본다면, 일정한 수련은 시간적으로 하나의 단계를 이루고 공간적으로 심리 작용의 바닥을 구성하여 항존하는 층위가 된다고 할 수 있다. 그러면서 그 수련을 간직한 층이 늘 표면에 있는 것은 아니다. 그러면서 그것은 다른 층위에서의 사람의 삶—일상적인 삶의 먼 지표로서 작용한다. 사람이 겪는 모든 경험이 우리의 일상적 삶에 영향을 끼치는 것도 이와 같은 형태를 취한다. 보다 쉬운 예를 들어 보아도, 우리는 일단 겪은 경험이 늘 삶의 표면에 남아 있는 것이 아니라는 것을 안다. 고통과 비극을 겪은 사람도 그 안에 항구적으로 남아 있는 것이 아니고, 보통의 삶으로 돌아온다. 그러면서 깊은 체험은 보이지 않게 이 표면의 삶을 다른 것이 되게 한다. 진정한 자아에 이르는 길에 대한 하이데거의 분석도 이러한 자아 발견과 정신적 역정과 그리고 그것의 지속적 영향에 대한 것이며, 그중에도 가장 근원적인 부분에 관한 이론이라고 해석되어야 하지 않는가 한다. 그것은 인간의 심성의 가장 근원적인 층위의 형성에 대한 통찰을 담은 것이다. 우리는 다른 자기 수련의 이론과 경험에서 이에 비슷한 역설의 과정을 본다. 이하에서 이러한 정신의 모험에 대하여 조금 살펴보고, 간단하게나마, 그것이 사람의 일상적 삶에 어떠한 역할을 하는가를 생각해 보기로 한다.

첫 번째 생각하는 것은, 말하자면, 하이데거의 진정한 자아의 형성에 비견되는, 심층적 경험에 대한 것이다. 이것은 불가피하게 실존적 위기를 문제로 삼는다. 그러나 그것은 다시 보통의 삶의 정위定位를 위한 심층적 바탕이 된다. 위기를 포함하는 정신의 역정을 살펴본 다음에 잠깐 생각하려는 과제는 그것이 일상성에 복귀하는 경위이다.

2. 곤학 困學의 역정

(1) 정신적 추구의 길의 형태

일상적 습관과 결심　위에 말한 결심의 삶은, 다시 말하건대, 삶의 전부라기보다 한 부분이라고 할 수 있다. 보통의 삶은, 좋든 싫든, 하이데거식으로 말하여, 대체로 흐릿한 내용의 합의, 부질없는 잡담의 교류 속에 영위된다. 시간은 일상성 속에서 그리고 습관과 관습 속에서 지나간다. 이것 없이는 사람의 삶은 살 수 없는 것이 되고 만다. 삶에 있어서 정해진 일상적 습관의 중요성을 인정한 윌리엄 제임스는 다음과 같이 말한 일이 있다. "담배 한 대 피우고, 물 한 잔 마시고, 시간 맞추어 자고 일어나고 하는 것이 모두 미결정의 상태에 있는 것", 다시 말하여 이러한 모든 것이 결단과 결심을 요구하는 사항이 된 것만큼 사람을 "비참하게 하는 것은 없다." 그리고 이러한 자동적인 습관이 없이는 사람은 한없이 작은 일에 사로잡혀 큰일은 해낼 엄두도 내지 못하게 된다.(『심리학 원리』 1권) 결단이나 결심이 없이도 저절로 되어 가는 것 없이는, 사람의 삶은 살 수 없는 것이 되는 것이다.

겔라센하이트Gelassenheit　위에서 비친 바와 같이, 하이데거도 말년의 발언에서는, 사람이 지향하여야 하는 것은 평온한 마음Gelassenheit—있는 대로의 사물들을 있는 대로 두고 그 있음을 존중하는 태도라고 하였다. 이것은 불도佛道에서 일상적인 일에 편한 마음으로 임하는 평상심平常心의 세계를 연상하게 한다. 그러나 하이데거에 있어서, 결심으로부터 평온한 마음으로 나아가는 것은 한 큰 전환Kehre을 나타낸 것으로 말할 수도 있지만, 그것은 이러한 결심을 바탕으로 한 것이라고 할 수도 있다. 이것은 많은 크고 작은 정신적 경험에 공통된 것이다. 불교에서 득도한 사람은 지극히 평상적인 인간이 된 것으로 보이지만, 그것은 매우 어려운 수행을 거친 다음에 가능해진 것이다. 커다란 정신적 경험이 있는 다음에 일상으로의 삶에 평온한 귀환이 가능해지는 것은 인간 정신의 한 역설이다.

풍랑 속의 고요함　앞에서 풍랑 속에서 조용한 마음을 지닌 수양인의 이야기를 하였다. 바로 수양이 있기에 풍랑 안에서도 조용할 수 있는 것이다. 그런데 수양이 있어서 조용하게 앉아 있는 것이 아니라 풍랑을 많이 겪으면 조용하게 앉아 있을 수 있게 된다고 할 수는 있다. 수양한 군자 곁에서 풍랑 속에 자고 있는 뱃사공은 풍랑을 많이 겪은 사람이다. 다만 그는 그것을 경험으로 체득하면서도 완전히 삶의 일반적인 태도로 지양한 사람은 아니라고 할 수 있다. 어쨌든 삶의 고난과 수행 사이에는 밀접한 관계가 있고, 그것을 적극적으로 받아들이려는 의식적인 기획은 많은 정신적 수련의 한 부분을 이룰 수 있다. 위에서 푸코의 금욕적 수련도 그러하고 하이데거의 진정한 삶을 향한 결단과 결심도 그러한 것이다. 그리고 그 종착역은 자기를 바르게 돌봄으로써 안정되는 평상적인 삶으로 돌아가는 것이라고 할 수 있다.

불안과 비전과 확신/정신의 길　정신적 역정의 과정은 풍랑에 비슷한 심한 정신적 혼미와 고통의 경험으로부터 시작한다. 아우구스티누스 이후 서구에 있어서의 정신적 추구를 개관하면서 찰스 테일러는 "커다란 내적 불안정"이 그 단초가 된다고 한다.[17] 그런 다음에 그것은 어떤 거부할 수 없는 경험—정신적이면서 또 감각적인 경험에 이르게 된다. 말하자면, 그것은 위에 말한 카탈렙시스의 경험에 비슷한 것에 이르는 것이다. 그 대표적인 것이 플라톤이 말하는, 동굴의 허상으로부터 밝은 세상의 빛을 보게 되는 것과 같은 경험이다. 테일러는, 일단 그러한 빛을 본 사람은 달리 어찌할 수 없는 신념을 가지게 된다고 말한다. 플라톤에서 빛을 본 사람은 다시 동굴로 돌아와 동굴의 사람들과 함께 살지만, 진리를 보게 되었던 경험으로 하여 큰 수난을 겪는 경우가 많다. 진리의 확신에 이르는 궤적의 현대적인 변형에서는 정신적 체험은 보다 방법론적인 성찰의 결과가 된다. 그러나 거기에도 기이한 심리적 경험이 있는 경우가 없지 않다고 할 수 있다. 가령, 데카르트의 방법론은 순전히 엄격한 논리적 기율로부터 나온 것 같지만, 그가 독일에 원정한 군대를 따라갔다가 울름에서 투숙한 어느 방의 더운 난로 옆에서 본 일련의 비전은 논리적 결론 또는 결단도 비논리적 환상의 작용에 밀접하게 이어질 수 있다는 것을 말하여 준다. 데카르트는 오랫동안 과학의 통합에 대하여 생각하고 있었다. 그날도 그는 그 문제에 사로잡혀 생각을 집중하다가 눈부시게 밝은 빛을 보고 기진하여 잠을 자게 되고, 세 가지 꿈을 꾼다. 그 것은 한없는 추락, 멜론을 선물받는 것, 천둥 번개 그리고 고요한 명상, 인생의 길에 대한 어떤 방문자와의 토의 등을 내용으로 한다. 이 꿈들이 무엇을 의미하든지 간에, 그는 이때의 경험으로부터 시작하여 자신의 학문적 진로가 어떤 것인가를 깨닫고, 상당한 세월이 지난 다음이지만, 『방법론 서설』을 쓰게 된다. 이러한 확신의 경험 후의 세 번째 단계는 평상적인 삶으로 돌아가는 것이다. 동굴 밖에서 빛나는 세계를 본 사람이나 아우구스티누스나, 다 같이 보통의 세상으로 돌아간다. 그러면서도 그들은 세상에서의 그들의 삶을 보다 자신을 가지고 살게 된다. 물론 그것은 새로운 고난의 삶일 수도 있지만, 새로 맞이하게 되는 고난은 정신적인 방황으로 인한 고난은 아니다.

정신적 추구의 동서양　말할 것도 없이 이것은 정신적 추구의 삶을 지나치게 단순화하는 것이다. 삶의 모든 의미는, 정신적 삶을 포함하여, 작은 세부적인 사실들에 있다고 할 수 있다. 그러나 어떤 정신의 역정의 대체적인 윤곽을, 거친 대로, 짐작해 보면, 위에 말한 바와 같은 단계들을 추출할 수 있지 않은가 한다. 위의 단순화는 부분적으로, 앞에서 비친 바와 같이, 테일러의 서술을 참조한 것인데, 테일러는 내적인 자아의 추구는 서구의 전통에 한정된 것이라고 말한다.

그러나 이것은 전적으로 다른 전통을 잘 알지 못한 탓이라고 할 것이다. 내적인 의미를 갖는 자아의 추구는 불교나 도교 또는 유교와 같은 동아시아의 전통에서도 핵심적인 주제이다. 그리고 이 전통에서도 여기에서 말한 바와 같이 진정한 자아의 추구에는 일정한 단계가 있는 것으로 보인다. 이것은 사실 반드시 거창한 정신적 추구가 아니라도 모든 지적 탐구에 들어 있는 심리적 계기들이기 때문에, 자연스러운 일이라고 할 수도 있다.

(2) 비집착과 비비집착

마음에 두는 것도 아니고 아니 두는 것도 아닌   다시 말하여, 정신의 단계는 일상적인 물음에서도 고행에서도 찾을 수 있다. 위에서 성리학에서의 주일무적主一無適의 마음을 말하였지만, 이것은 만 가지 변하는 일과 더불어 움직이면서, 움직이지 않고 자신의 중심을 지키는 것을 말한다. 그것은 만 가지 일에— 어려운 일을 포함한 만 가지 일에 열려 있으면서, 자기를 흔들리지 않게 단련하는 것을 말하는 것이다. 그러나 자기 단련은 자기를 이기는 일로부터 시작하여야 한다. 그것은 자기를 단단히 하는 것이라기보다는 자기를 없애는 일, 그러니까 실질적으로는 자기를 약화시키는 일이 된다. 그런 다음에 마음이 하나로 집중되어야 한다. 첫째로 필요한 것은 마음에 가득한 자기를 떠받치는 많은 것을 지우는 일이다. 유교적 수신에 있어서 마음을 허령虛靈하게 하는 것, 즉 비우고 정신만의 상태에 있게 하는 것 (아니면 정신적인 상태에 있다는 것은 비움의 상태에 있다는 것이다)—
이것은 모든 것의 기본이다. 퇴계는 정신 수양의 구체적인 요령을
많이 말하고 있는, 김돈서金惇叙에게 주는 편지에서 이러한 마음의 수
양을 다음과 같이 설명하고 있다. "일이란 좋은 일, 나쁜 일, 큰일 작
은 일을 막론하고 그것을 마음속에 두어서는 안 됩니다. 이 '둔다'는
유有 자는 한 군데 붙어 있고 얽매어 있음을 말하는 것으로, 정심正心
(마음에 예기豫期한다),[18] 조장助長, 계공모리計功謀利의 각종 폐단이 여기
에 생기기 때문에 마음에 두어서는 안 된다는 것입니다."[19] 이것은
마음을 바른 판단을 내릴 수 있는 공정한 상태에 두어야 한다는 비교
적 상식적이고 간단한 가르침으로 들릴 수 있다. 그러나 그것이 어
려운 일이고 또 허무에 빠지는 일이 될 수 있다는 것은 앞의 말에 이
어서 나오는 경고로 짐작할 수 있다. 즉 유有를 없애는 것이 "불로佛
老에서 말하는바, 형체는 마른 나무와 같고 마음은 불 꺼진 재와 같은
상태〔形如枯槁, 心如死灰〕에 들어가는 것은 아니어야 한다는 것이다. 중
요한 것은 오로지 사물에 대하여 마음에 두는 것도 아니고 아니 두는
것도 아닌〔非著意 非不著意〕 상태를 유지하는 것이다."[20]

회의의 고통과 깨달음 역정　쉬운 일이라고 할 수 없는 이러한 처방을
내리는 퇴계의 말은 단순한 수사적인 가르침에 불과한 것으로 들릴
수 있다. 그러나 사실에 있어서 그것은 대체로 심한 불안과 절멸의
경험을 포함하는 체험이다. 그런 다음에 절대적인 명증성의 경험을
얻게 되고 평상적인 삶으로의 귀환이 가능해진다. 이러한 경험은 불

교적 수양에서 특히 두드러진 것으로 보이지만, 유자儒者들의 경험에도 그러한 시련이 없는 것은 아니다. 페이이 우Pei-Yi Wu의 『유자의 역정』The Confucian's Progress은 중국 전통에서의 정신적 자기 발견에 관한 기록을 설명하는 책이다. 책의 제목은 기독교인의 믿음의 길에 이르는 것을 그린 『천로역정』The Pilgrim's Progess을 연상하게 한다. 제목은 유자의 정신의 역정도 그에 비슷한 바가 있다는 것을 시사하는 것이다. 이 책에 나와 있는 몇 개의 사례—불교도를 포함한 수행자들의 역정의 사례들을 들어 보기로 한다.

(3) 회의/방랑/우주적 일체성의 깨달음

불자의 수행　　이 책에 언급된 자전적 서술에서 특히 괴로움이 극적으로 큰 것은 불교의 진리에 이르는 길이다. 그것은 믿었던 많은 것을 부정하고 마음을 비어 있게 하는 것으로 나아간다. 이것은 단지 정신의 문제만이 아니라 신체적인 고통을 포함하는 역정이다. 송宋대의 선승 쑤친祖欽의 자전적 기록으로부터의 우 교수의 인용을 다시 인용한다.

"나는 모든 것을 회의하기 시작하고 모든 개념들을 뒤집었다. 나는 시간을 전적으로 새로운 공부에 바쳤다. 침구를 모두 거두고, 잠자리에 눕는 것을 그만두었다. 그런데도, 걸음을 걷든, 앉아 있든, 아침부터 밤이 되기까지, 나의 정신은 혼미하고 모든 것은 어지럼과 혼돈 속에 있었다."[21]

그 후에도 구도의 길은 여러 신체적인 방랑과 방황으로 그를 이끌어 간다. 그러다가 거의 우연처럼 그는 커다란 은빛의 산山의 형상을 눈 앞에 보게 되고 다시 수일이 지난 후 또 하나의 비전을 보게 된다. 그때 그는 땅이 꺼져 없어지는 느낌을 가지고, 커다란 환희를 느낀다. 그러던 어느 날 다른 동료 승려를 만난다. 이 승려는 그가 득도의 경지에 들어갔음을 안다. 쑤친은 동료 승려와 손을 맞잡고, "우주의 만상을 바라보는 듯한" 느낌을 가지고, "모든 것—나의 눈에 보기 싫고, 나의 귀를 괴롭히던 것들, 나의 무지, 괴로움, 방황과 혼미, 이러한 것들이 모두 나의 미묘하고 빛나는 본성으로부터 나오는 것이라는 것을 깨닫는다. 이제 나의 눈 앞에 떠 있는 것은, 절대적으로 고요하고 아무런 모양도 형상도 없는 거대한 현존이었다."²² — 그는 그의 깨달음의 경험을 이렇게 기록하였다.

(4) 방랑과 깨달음의 세월

유자의 수신　제목이 표시하는 바에도 불구하고 유자들의 경험은 불자들의 구도 경험만큼 극적이지는 않다. 그러나 그것도 비슷한 높고 낮은 체험의 기복을 보여주는 것은 사실이다. 페이이 우의 책에는 여러 유학자가 남긴 『곤지기』困知記 또는 『곤학기』困學記라는 자전적 기록이 언급되어 있다. 이러한 말의 출처는 『논어』에서 공자가 배우는 능력에 등급을 매겨, 타고난 대로 아는 사람이 있고, 배워서 아는 사람이 있고, 절대로 모르는 사람이 있는 가운데, 어려움을 당하여 배우는 사람이 있다고 말한 것이다. 그러나 『곤학기』의 '곤학'은 간단하게 어렵게 배우는 것을 말하고, 모든 배움은 어려움을 거치는 것이라는 뜻으로 해석된다. 『곤학기』라는 책을 쓴 사람의 하나인 명明대의 유학자 후지胡直의 자기 수련의 이야기는 불자들의 구도에 비슷하면서도 조금 더 복잡한 수련 과정을 말한다. 그것은 우 교수가 말하는 것처럼, 조금 더 서구의 교양 소설의 경험적 기복을 드러내 보인다. 그것은 그의 삶이 불교적 득도에 있다기보다는 세속적인 삶에서의 일정한 방향이 있는 삶을 지향했기 때문일 것이다.

후지는 왕양명을 따르던 뛰어난 유학자의 아들로 태어났다. 그러나 아버지의 가르침으로부터 벗어나서 방탕한 젊은 시절을 보낸다. 그러다가 당대의 명유名儒인 우양데歐陽德의 문하에 들어간다. 그러나 거기에서 큰 감화를 받지는 못한다. 그는 자신의 잘못이 화려한 글을 좋아하고 성내기를 잘하며, 욕망을 억제하지 못하는 것이라는 것을 알지만, 이것을 바로잡지 못한다는 것도 안다. 그는 먼 곳으로 방랑의 길을 떠날 생각을 하다가 다시 유학을 공부한다. 그러나 마음을 잡지 못한다. 그리고 폐병과 불면증을 얻고, 불교의 도움을 받고자 한다. 불교의 수행에서 그는 기괴한 환영幻影들을 보고 스님의 가르침에 따라 이것이 자신의 극복되지 못한 욕망들에서 나오는 것이라는 것을 안다. 과연 4, 5개월 수행 후에 그는 그를 괴롭히는 환영들이 사라짐을 느끼게 된다. 6개월의 좌선의 수행 후에 그는 "자신의 마음이 열리고 밝아지는 것을 느꼈다. 마음은 완전히 외물이 없는 것이 되었다. 나는 하늘과 땅과 만물을 보고, 그것이 모두 나의 마음의 실체라는 것을 알았다."²³ 이 체험은 그로 하여금 다시 유학으로 돌아오게 한다. 인간과 우주의 일체성에 대한 믿음은 성리학에도 그대로 존재하는 것이었다.

이러한 신비 체험의 현실 시험은 그가 조금도 흔들리지 않은 마음으로 풍랑 속에서 배를 타고 팽리 호수를 지날 때의 사건이었다. 군자의 위의威儀는 흔들리지 않는 의지에 있기 때문이다. 그는 술을 가져오라 하여 마시고 노래를 부른 다음에 숙면熟眠에 들 수 있었다. 이 사건을 그의 스승 우양데에게 보고하였을 때, 그것은 또 한번의 성리학적 변용을 거쳤다고 할 수 있다. 우양데 선생은 그러한 위기에 있어서 바른 태도는 단순히 자신의 마음에 흔들림이 없는 것이 아니라 남은 힘으로써 곤경에 있는 다른 사람을 돕는 것이라고 말한다. 그것은 불로佛老의 탈세간의 마음을 넘어 현실적 실천이 있어야 하는 것이 유교의 참뜻이라는 것을 말한 것이다. 후지는 이 말이 옳다는 것에 동의하였지만, 그 깊은 뜻을 체득하지는 못한다.

그런 다음에도 그는 바른 길에서 어긋나는 일이 적지 않았다. 그러다가 정작 그가 바른 길에 들어서는 것은 그의 스승 우양데 선생이 돌아가고 커다란 슬픔과 뉘우침을 경험하고 난 다음이었다. 그 후에 그는 예를 벗어나지 않는 몸가짐을 익히고, 경서를 공부하면서도, 그에 관한 부질없는 논쟁을 피할 수 있게 된다. 그리고 "일상적인 일을 처리하는 기법이 향상되고 위아래의 다른 사람과의 관계가 원만해지고, 우양데 선생이 가르치신 인仁의 참의미를 완전히 깨닫게 되었다."²⁴ 그는 이렇게 기록하였다. 그 후에도 물론, 그가 말하듯이 실수가 없지 않았지만, 그는 항상 '겸허하게' '조심'하기를 그치지 않았다.

(5) 진정한 자기 계발과 실현/원초적 자연에의 길

사회의 눈과/정신의 자기 소외　후지의 삶은 대체로 유자의 길이 원형적으로―단순히 가르침을 좇는 것이기보다는 삶의 여러 유혹과의 싸움을 통과하면서 찾아가는 길이라는 것을 보여준다. 『유자의 역정』에 나와 있는 명말의 유학자 가오판룽高攀龍의 삶은 유자의 길에서의 다른 중요한 모티프를 보여준다. 여기에서 두드러진 것은 구도가 단순히 학문을 닦는 일이 아니고 전 인격적인 체험―육체적 고난과 내면적 깨달음을 포함하는 전 인격적 체험이라는 것이다. 또 하나는 이것이 자연의 경험―아름다움과 숭엄함과 험난함을 포함하는 자연의 경험과 밀접한 관련이 있다는 것이다. 가오판룽의 전기적 사실은 그의 『곤학기』와 함께 『삼시기』三時記라는 자전적 기술에서 추출한 것으로 되어 있다. 그것은 그의 정신적 편력과 여행기를 따로 적은 것인데, 사실에 있어서는 하나를 이루는 서사문이 된다.

　그의 자서전에서 가오판룽의 정신적 깨달음의 역정은 과거에 합격하여 진사進士가 된 후 중앙의 관직에서 오지에로 좌천되는 경험으로부터 시작한다. 좌천 발령을 받은 다음에 그는 자신의 고향을 찾아가지만, 자신을 달리 보게 되는 고향 사람들의 눈을 의식하게 된다. 그 때문에 기분이 상하고 의기가 저상沮喪하는 것은 원칙과 욕심을 조화시키지 못한 것이라고 알면서도 그는 마음의 상처를 어찌하지 못한다. 그가 찾아갔던 친구가 성리학을 말하지만, 그에게 그것은 완전히 공허한 지식의 놀이로 들릴 뿐이었다. 역경은 자신을 더욱 다지는 기회라고 알고 있지만, 그의 기분은 나아지지 않는다. 그의 마음이 새로운 깨달음을 가지게 되는 것은 그다음의 여행에서이다.

구체적인 체험에로 임지로 가기 위하여 배를 타면서 그에게 깊이 의문이 되는 것은 "어찌하여 경치와 자신의 마음의 상태가 그와 같이 서로 다를 수 있는가" 하는 것이었다.[25] 이것은 간단한 의아심이면서도 그의 정신적 깨달음의 단초를 이룬다고 할 수 있다. 그렇다는 것은 그의 문제는 그의 마음가짐이 주어진 대로의 현실을 떠나 있다는 것이라고 할 것이기 때문이다. 고향을 떠나면서 선물로 받은 부채에는 굴원屈原의 시가 적혀 있었다. 굴원은 세상과 자신의 불협화를 탄식하는 시를 지었던 불우한 옛 초楚의 시인이다. 굴원 시의 환상은 가오판룽에게는 성리학의 추상성에 대한 해독제가 되고 그가 보게 되는 경치 속에 깊이 잠기는 체험적 내용이 된다. 그는 양쯔 강 유역의 고향 우시無錫를 떠나 자신의 임지 광둥의 제양揭揚까지 가기 전에 푸젠 성福建省 우이武夷에 있는 가오팅서원考亭書院 등 주자의 연고지를 돌아본다. 그야말로 순례의 길에 든 것이었다. 그다음에 그는 임지로 향한다.

강을 거슬러 발원지로 배를 타고 가는 그의 여행은 두 달이 걸렸다.

이 사이에 그는 배에서 정좌하여 정호程顥, 정이程頤와 주자의 책을 읽고 완전히 기력이 소진한 다음에야 잠자리에 들었다. 그러나 그에게 가장 큰 인상을 남긴 것은 주변의 자연 풍경의 아름다움이었다. 배가 멈추어 설 때에 그는 바위 위에 앉아서 비취색의 물을 보고, 새 소리를 듣고 무성한 나무와 대나무를 보았다. 물론 자연은 단지 곱기만 한 것은 아니었다. 자연은 숭엄하였지만, 갈수록 험해지고 깊어갔다. 배가 상류로 나아감에 따라 산은 더욱 높아지고, 한밤에 깨어나면, "물소리는 더욱 황량하여지고, 그 맑음이 뼈를 사무쳤다." 강이 폭포를 이루는 곳에서는 배는 사람의 힘으로 위쪽으로 끌어올려야 했다. 그는 노동을 면제받고 있었지만, 마음은 일하는 사람들의 어려움을 느꼈다. "낙원과 같은 자연의 경치는, 물결을 거슬러 올라가는 위험하고 어려운 움직임으로부터의 간헐적인, 그러면서 힘든 일의 대가로 주어지는 중요한 휴식이었다."[26]

정신의 진로와 운명   강을 따라 올라가는 가오판룽의 여로에는 믿을 수 없는 운명적 필연성이 있었다. 과거科擧와 사환仕宦 사이의 빈 간격에 처했을 때, 그는 운수를 본 일이 있는데, 그 결과에는 "누구에게 심정을 밝힌 것인가? 열여덟의 급류를 넘은 끝에서야 그럴 수 있으리라"는 말이 있었다 그는 이것이 무슨 뜻인지 알지 못하였다. 그는 푸젠으로 돌아 제양으로 갔지만, 지도를 보고 난 다음에야 바로 가는 길은 18폭포를 지나가는 것으로 되어 있는 것을 알았다. 또 우연이면서 기이한 것은 그의 첫 관직의 이름이 '행인'行人이었다는 사실이었다. 그리고 그는 그의 이름이 가오판룽, '용이여, 높이 오르라'는 뜻을 가졌다는 것을 새로 생각하게 되었다. (여기에서 이름과 관직명의 문제는 본인의 해석이었는지, 페이이 우 교수의 해석인지 분명치 않다. 적어도 아름다움과 고통의 순례가 운명적인 일이었다는 자각이 있었을 것이라는 것은 크게 틀리지 않는 추측일 것이다.) '등용문'登龍門이라는 우리말이 된 문구가 뜻하는 것은, 용이 물을 거슬러 올라가서 하늘로 오르듯이, 어려운 시험 또는 시련을 통과하여 높은 자리에 나아간다는 것이다. 그런데 가오판룽은 일단 첫 관문을 통과하여 관직에 오르기 시작했지만, 강을 거슬러 가는 여행에서 그가 알게 된 것은 참으로 용이 되는 것은 관직을 높이 올라가는 것이 아니라 삶의 참의미를 깨닫는 것이라는 사실이었다.

몸과 마음과 자연과 우주의 일체성/그리고 현재의 현실성　　가오판룽은 팅저우汀州 가까이에서 강을 거슬러 올라가는 여로의 끝에 이르게 된다. 팅저우는 분수령으로서 그 지점으로부터 물은 아래로 흐르기 시작한다. 그것은 여행자도 힘들어 거슬러 올라가야 하는 험한 길로부터 편하게 흘러 내려가는 듯한 순탄한 길에 들어선다는 것을 의미한다고 할 수 있다. 팅저우에 이른 다음 가오판룽은 주막에 든다. 주막에는 강이 보이는 다락이 있었다. 그는 다락의 풍치를 즐겼다. 거기에서 그가 가지고 있던 정호程顥의 책을 펼치자 그의 눈에 띈 것은 "백관 만사 가운데 백만의 창검에 둘러싸여 있더라도 소박한 즐거움을 취하고 팔을 굽혀 물을 마실 수 있다"는 구절이었다. 이것은 물론

『논어』「술이」述而의 "거친 밥을 먹고 물을 마시며 팔을 베개 삼고 누워도 즐거움은 또한 그 가운데 있다. 외롭지 않으면서 부귀를 누리는 것은 나에게는 뜬구름과 같은 것이다"飯疏食飮水, 曲肱而枕之, 樂亦在其中矣를 색다른 환경에서 말한 것이다. 그는 정명도程明道(程顥)의 말에 접하면서, 마음의 모든 짐이 벗어져 나가는 듯한 느낌을 가졌다. 그것은 "마치 번개 빛이 온몸을 뚫고 들어와 비치는 듯한 느낌"이었다. 그리고 그는 "사람과 하늘 사이, 안과 바깥 사이에 아무런 간격이 없음을, 그리고 우주 전체가 자신의 마음이며, 그 영역이 자신의 몸이며, 그 자리가 자신의 마음이라는 것을" 깨닫게 된다.[27] 가오판룽이 느낀 우주와 일체감은, 조금 상투적이면서도, 신비로운 것이어서 그 의미를 정확히 해독할 수는 없다. 페이이 우 교수는 이러한 깨달음이 그의 신체적 움직임과 병행한 것임에 주목한다. 이 깨달음은 그가 다락으로 올라가고, 책을 펼쳐 읽거나 정호의 말을 갑자기 기억해 낸 다음에 일어난 사건이다. 우 교수의 이에 대한 지적은 아마 신체적 움직임과 공부와 마음의 움직임이 하나가 되었던 것을 말하는 것일 것이다. 또는 달리 말하여 가오판룽은 그 순간에 신체의 느낌kinesthetic sense으로 또 심리적으로 그리고, 그가 자리했던 곳이 자연의 풍치를 내어다볼 수 있는 곳이었기에, 시각적으로, 그 순간의 모든 것이 하나로 느껴지는 것을 경험한 것이다. 중요한 것은 거친 밥을 먹고 물을 마셔도 그것으로써 삶의 즐거움을 몸으로 아는 것이다. 다만 여기에서 이 즐거움은 조금 더 형이상학적 깨달음을 포함하는 것이라고 할 수 있다. 가오판룽은 필설로 표현할 수 없는 이러한 체험을 가진 다음에, 전에 과장된 것으로 싫어했던, 성리학에서 말하는 깨달음의 체험이 전적으로 '특이한 것이 아니라는 것을' 알게 된다. 그리고 보통의 삶으로 돌아온다. 그가 이러한 것들을 새삼스럽게 기록하는 것도 특별한 체험을 말하려는 것이 아니라 오로지 그와 같은 고난을 겪는 다른 사람들을 돕기 위한 것이었다.[28] 그에게 삶의 근본은 보통의 삶이었다.

3. 마지막 말을 대신하여: 나그네로서의 인간

(1) 절대적 여행자

나그네의 길　참으로 곤학의 역정은 가오판룽이 얻는 것과 같은 정신적 깨달음으로 끝날 수 있는 것일까? 정신적 시대는 저절로 정신적 추구를 정당화한다. 그리하여 그 시대의 뒷받침 속에서, 정신적 깨우침을 통한 세속적인 불안과 이해관계로부터의 해방은 부자연스러운 것이 아니다. 그런데 완전히 세속화되고 단편화된 곳에서도, 그것이 가능할 것인가? 가오판룽은 이미 불교와 성리학의 가르침을 자연스러운 교육적 배경으로 가지고 있는 사람이었다. 그가 팅저우汀州의 주막에 이르렀을 때, '관직과 문무 의례의 과시 속에서도 핵심은 소박한 삶의 향수'라는 정명도의 금언이 그를 기다리고 있었다.

2000년에 노벨상을 수상한 중국의 작가 가오싱젠高行健의 「영산」靈山은 가오판룽의 여행기와 비슷하게 자연의 깊은 오지에로의 여행을 그린 소설이다. 북경외국어대학에서 불어와 불문학을 공부한 후 가오싱젠은 여러 가지 번역 관계의 일을 하다가 문화혁명기에는 하방下放되어 농촌에서 노동을 했다. 그 후 1980년대 초에 이르러 그는 작품을 발표하기 시작하였다. 작품을 쓴 것은 이미 1960년대부터였으나 당국의 검열이 두려워 초기의 작품들을 전부 태워 없애 버렸다고 한다. 1980년대에 그가 작품을 발표하기 시작했을 때에는 시대 분위기가 많이 누그러져 있었으나, 표현의 자유가 완전한 것은 아니었다. 그의 작품, 「절대신호」絶對信號(1982), 「버스정거장」車站(1983) 등의 극작품으로 인하여 그는 '정신적 오염'을 깨끗이 한다는 당의 방침에 따라 출판이 금지된 작가가 되고 「버스정거장」은, "중화인민공화국 창건 이래 가장 악독한 작품"이라는 평판을 받게 된다. 그 무렵에 그는 폐암의 진단을 받았으나 오진인 것으로 판명되었다. 그러나 이것은 그로 하여금 죽음의 직전에서 커다란 평화를 경험하게 하고 삶의 현실을 다시 되돌아보는 계기가 되었다. 그런데 이때 그는 칭하이 성青海省으로 추방된다는 소문을 듣고 미리 베이징을 탈출하기로 결심하고 쓰촨 성의 벽지 삼림 지대로 갔다가 양쯔 강을 따라 약 2만 4000킬로미터의 긴 여행에 나서게 된다.[29] 이러한 전기적 사실들 중 많은 것이 소설화되어 「영산」에 등장한다. 그리고 이러한 전기적 사실은 그의 작품을 이해하는 데 중요한 배경이 된다. 그러나 여기에서 말하려고 하는 것은 「영산」이 전기적인 내용, 그리고 여행기적인 기록들로 이루어졌으면서도, 앞에서 언급한 곤학의 역정과 산수 여행의 기록을 담은 전통적 기록에 극히 가깝다는 것이다. 이 소설은 현실의 이야기이면서 정신적 추구에 대한 우화이다.

영산을 찾아서　　「영산」의 이야기들은 극히 단편적으로 이야기되어 있는 주인공의 유랑의 체험과 그가 쓰촨의 오지에서 본 여러 광경으로 이루어진다. 그중에도 중요한 부분을 이루는 것은 여행기적인 관찰과 기록이다. 그의 개인적인 이야기는 방랑 중에 보고 기록하게 되는 일에 대하여 일관성을 부여하는 역할을 한다고 할 수 있다. 이야기로서 분명히 밝혀지지 아니하면서 전체를 다시 하나로 묶고 있는 것은 '영산'靈山의 주제이다. 주인공은 신령스러운 산을 찾아가고 있는 것이 되어 있다. 그가 신령스러운 산에서 얻고자 하는 것은 해탈이나 득도의 체험이다. 『유자의 역정』에 나오는 이야기들에는 산악 여행의 주제가 자주 등장하는데, 페이이 우 교수는 성산을 찾아 수양하는 것은 7세기 선종의 6대 종사宗師 혜능 慧能으로부터의 오랜 수양의 전통이라고 말한다. 가오싱젠은 이것을 계승한 것이라 할 수 있다.

정치의 삶   그러나 「영산」의 주인공은 반드시 중단 없이 계속 영산을 찾아가는 것은 아니다. 수많은 삽화로 이루어진 이 소설을 따라가면서, 독자는 책의 제목이 영산이기는 하지만, 주인공이 참으로 영산에 가고 있는 것인지 알기 어렵다는 느낌을 갖는다. 그러나 작자가 의도하는 것은 한편으로 영산은 사람이 끊임없이 찾는 곳이면서도 존재하지 않는 곳이라는 것이고 다른 한편으로는 바로 우리가 처해 있는 곳과 때가 영산의 장소라는 사실을 암시하는 것이라 할 수 있다. 어느 경우이든지, 영산은 그가 뒤로 제쳐 두고 떠나고자 하는 중국 사회에 대한 반대 명제이다.

오지의 풍물과 풍치에 대한 관찰의 배경에 있는 것은 주인공의 베이징으로부터의 유배이다. 베이징이 대표하는 것은 무엇보다도 문화혁명이라는 거대한 정치 기획이다. 문화혁명이 그 발상은 그럴싸한 것이었는지는 모르지만, 이 소설에 암시되어 있는 바에 의하면, 그것은 전적으로 현실성이 없는 그리고 인간적 삶에 괴로움만을 가져오게 된 이상異常 현상이다. 본래의 의도가 어찌되었든, 그것은 당과 관료의 조직으로 전달되는 사이에 완전히 인간적 현실로부터 유리된 기괴한 학정虐政의 기계 장치가 된다. 이 소설의 삽화들이 시사하는 것은 이러한 문화혁명의 효과이지만, 그 연장 선상에서 탁상에서 이루어진 정치와 도덕의 기획의 부조리성에 대한 비판은 청조淸朝나 명조明朝 등의 전통적인 정치 제도에까지도 그대로 소급된다.

조금 샛길로 접어드는 것이기는 하지만, 한 이야기를 예로 들면, 주인공이 들렀던 한 마을에는 송덕비가 있다. 그것은 한 가족사를 기념하는 것이다. 유래는 이렇다. 과거를 보고 입신하기를 간절히 원하는 한 선비가 있었다. 그는 쉰둘이 되어서야 진사 시험에 합격하고 관직에 임명될 것을 기다릴 수 있게 된다. 그런데 그만 딸이 외가의 친척과 불륜 관계를 맺어 임신을 하게 된다. 여러 방법으로 낙태를 시험한 후, 아버지는 딸을 산 채로 관에 넣어 못을 박고 매장한다. 뛰어난 덕을 가진 사람들을 포상할 기회를 찾고 있던 천자天子의 조정에서는 이 사건의 보고를 받고 그 아버지를 가장 덕이 높은 사람으로 지정하기로 한다. 그리고 '덕이 높은 가문'의 비를 그 가족을 위하여 세워 준다. 비에는 그들 가문의 덕이 하늘과 땅을 가득 채운다는 등의 송덕頌德의 문구가 적혀 있다. 딸을 생매장했던 아버지는 엎드려 황은에 감사하고 눈물로써 천자가 하사한 것들을 받아들인다. 그 후 그 집안은 명문가의 이름을 얻는다.

그런데 문화혁명기에 혁명위원회 고위 간부가 지방 시찰을 왔다가 송덕비의 비문을 보게 되었다. 그는 비문을 적절치 않다고 생각하여, 가로누운 돌 위의 이름을 주어로 하여, "'다자이'로부터 농사법을 배울지라"로 고치게 하고 서 있는 돌 위의 대구對句, "충효가 오랜 세월 가문에 전해지고", "시와 문이 대대로 이어졌도다"를 "혁명을 위해서 곡식을 심되/개인을 위해서가 아니라 대공동체를 위해서 하라"로 바꾸도록 지시하였다. 나중에 다시 다자이 가문을 모범으로 하라는 말이 부적절하다고 하여 그것을 폐기하게 하였다.[30]

유기적 공동체   이것은 가오싱젠의 정치에 관계되는 삽화 가운데에도 가벼운 것이지만, 그의 정치 비판은 바로 영산을 찾게 되는 동기의 하나가 된다 할 수 있다. 조금 전의 삽화가 끝나는 데에서 주인공은 영산에 있다는 마을 '링얀'Lingyan이 어디 있는가 하고 묻는다. 링얀은 이상향으로서의 영산에 자리한 취락을 말하는 것으로 생각된다. 이 물음이 앞의 사건을 말한 다음에 나오는 것은 아이러니이다. 물론 그 고장 사람들은 링얀이 어디에 있는지 알지 못한다.

그러나 그의 영산 찾기는 그가 방문하는 쓰촨의 오지, 소수민족들의 공동체에서 조금은 실현된다고 할 수 있다. 이 소설은 거의 인류학적인 관심으로 이 마을들의 풍습, 축제 그리고 사는 모습을 기록하고 있다. 완전히 일체감을 갖지는 아니하면서도 주인공 또는 필자 가오싱젠은 이러한 것들에 공감적인 눈을 돌리는 것으로 보인다. 그가 찾고 있는 것은 인위적인 정치 계획이 아니라 역사적으로 진화해 온 유기적 공동체라고 할 수 있다. 이들 예로부터 내려오는 소수민족의 마을들은 적어도 조금은 그러한 유기성을 유지해 온 공동체이다.

숭엄한 자연   이와 더불어 방랑의 여로에서 주인공이 자주 마주치는 것은 아름답고 숭엄한 자연 풍경—산과 물이다. 이러한 경치들은 그로 하여금 완전히 황홀한 경지 그리고 말할 수 없는 두려움에 빠지게 한다. 주인공이 가장 강하게 느끼는 것은 산수의 모습이다. 그에게 소수민족의 공동체들의 삶도 이러한 자연의 환경을 떠나서는 큰 의미가 없는 것이었을 것이다. 자연은 그 거대한 전모에서 주인공을 압도하고 또 그 세부의 아름다움에서 그를 감동하게 한다.

남녀의 정   인간 세상에 이에 비슷한 것이 있다면, 이 소설에 의하면, 그것은 남녀의 성관계이다. 가오싱젠의 다른 소설에서도 그러하지만, 가장 자주 묘사되는 것은 성이다. 이것은 단순한 성일 수도 있지만, 많은 경우 그에 관련되어 있는 자연을 배경으로 하여 이야기된다. 남녀 간의 성과 정은 방랑하는 주인공에게 가장 중요한 원초적인 인간적 따뜻함이 현실화되는 공간이다. 그것은 자연에 대조되는 또 하나의 자연이다. 그것은 자연을 배경으로 하면서 그것으로부터 인간을 지키는 보금자리의 암시이다.

절대적인 나그네   그러나 지속적으로 이야기되고 있는 한 여성의—
주인공의 가장 오랜 애인으로 생각되는 여인의 성과 삶은 결국 그녀
가 원하는 완전한 행복을 가져오지 못한다. 그것은 그녀의 행복에
대한 갈구에 일시적으로 대리 만족을 주는 한 방편일 뿐이다. 그런
데 이것은 영산의 경우에도 마찬가지라고 할 수 있다. 방랑하는 주
인공은 결국 실재하는 영산을 찾지 못하고 만다. 강의 복판에 있는
한 섬에서 그는 한 스님을 만난다. 스님은 고등학생이던 열여섯에
혁명에 뛰어들어 게릴라 전사가 되고 열일곱에는 점령한 도시의 은
행 책임자가 되었으나 다시 의사가 되기를 원하여 의학 공부를 하고
보건 부분에서 일한다. 그러나 그것은 잠깐의 일이고, 어느 당 간부
의 비위를 건드린 것이 원인이 되어 그는 주자파走資派의 낙인이 찍
혀 당에서 제명된다. 다시 시골의 한 병원에서 잠시 일을 할 수 있기
는 했지만, 결혼하고 가족을 거느리게 된 그는 가톨릭에 흥미를 가지
고 법황이 중국에 왔을 때 법황을 만나고자 한다. 그러나 법황을 만
나지도 못한 채, 그는 외국인과 내통하였다는 혐의를 받고 시골 병원
에서 축출되고, 전전하다가 출가하여 스님이 된다. 그는 정치도 사회
도 고향도 버리고 떠도는 사람이 된 것이다. 그러면서도 그는 이제
는 분명하고 흔들림이 없는 사람이 되었다.

주인공은 그를 만나 차를 나누게 된다. 스님이나 그나 다 같이 먼
길을 가는 사람이다. 그러나 두 사람 사이에는 차이가 있다. 그는 이
차이를 다음과 같은 대화로 설명한다.

"저도 외로운 나그네입니다. 〔주인공이 스님에게 말한다.〕 하지만 스님을 따르지는 못하는 것 같습니다. 스님은 흔들림이 없이 지성을 다하며, 마음 깊이 성스러운 목적을 지니고 있습니다."

이에 대하여, 스님은,

"진정한 나그네는 목적이 없는 법입니다. 아무런 목적이 없다는 것이 사람으로 하여금 절대적인 여행자가 되게 하는 조건입니다."[31]

절대적인 여행자에 대한 스님의 답은 세상을 버린 스님의 답변이지만, 오히려 주인공에 해당하는 답이라고 할 수 있다. 위의 대화에서 주인공은 스님을 '성스러운 목적'을 가진 사람이라고 한다. 그런데 주인공이야말로 아무런 목적이 없이 또는 목적 자체를 찾지 못하고 그것을 찾는 것을 포함한 방황의 길에 떠돌고 있는 것이다. 그것은 역설적으로, 그 자신이 말하듯이, 스님의 태도에 한없는 존경심을 가지고 있으면서도 이 세상을 버리지 못하기 때문이다. 그는 "세속의 세계에 아직 뿌리를 내리고 있는 것"이다.[32] 그는 한없이 방황하는 것은 그가 세계 안에 존재하기 때문이다. 그는 세계의 밖으로 나가지도 못하고 세계의 안 어느 곳에 정착하지도 못한다. 그러나 가브리엘 마르셀Gabriel Marcel의 말을 빌려서 말하건대, 그의 정착 없는 방황은 그로 하여금 더욱 철저한 '나그네로서의 인간'homo viator의 전형이 되게 한다.

관조와 찬탄과 우주적 질서의 향수　　그러면 이러한 정착하지 못하는 나그네가 된다는 것은 부질없는 것인가? 그렇다고만 할 수는 없다. 나그네가 되는 것은 아무것에도 완전히 집착하지 않기 때문이다. 그러나 다른 한편으로 집착이 없으면서도 계속 여기저기를 떠도는 것은 세속적인 삶에 애착을 가지고 있기 때문이다. 그러니까 집착이 없는 것도 아니다. 그런데 이러한 태도는 나그네로 하여금 많은 일들을 더욱 객관적으로 또 면밀하게 바라볼 수 있게 한다. 그리고 그의 집착과 비집착 사이의 거리 속에서 그의 지각과 인식 능력은 눈앞에 있는 것을 넘어 많은 것을 보다 큰 관련 속에서 볼 수 있게 한다. 영산은 발견되지 않지만, 그것의 현재와 부재로 하여, 인간과 자연을 보다 관심을 가지고 볼 수 있게 하고, 그것을 기록할 수 있게 한다. 모든 것은 영산의 기호일 수 있기 때문이다.

　물론 관조하는 눈에 드러나는 것에는 반드시 아름다운 것만이 있는 것은 아니다. 거기에는 추함이 있고 악이 있고 거짓이 있을 수 있다. 이것이 인간에게 큰 고통을 가져온다. 그러면서 이러한 모든 것을 보는 복합적인 눈—절대적인 여행자의 눈 아래에서 삶과 세계 그리고 존재는 그 신비를 느끼게 한다. 사람으로 하여금 절대적인 나그네가 되게 하는 것은 눈에 보이는 것이 마음을 편하게 하는 것이 아닌 것이기 때문일 것이다. 그러면서도 그것들은 숨은 영산의 자국일 수 있다. 그 존재의 신비는 어디에나 갖추어져 있다. 그리고 사람으로 하여금 그 신비에 찬탄을 금치 못하게 한다.

(2) 찬탄의 변증법

찬미의 운명　앞에서 우리는 루소가 자연에서 느끼는 자연의 질서를 찬미하였다는 말을 하였지만, 있는 대로의 존재에 대한 찬미와 찬탄을 가장 절실하게 표현한 것은——다른 곳에서도 인용한 일이 몇 번 있지만—— 릴케의 〈오르페우스에게 부치는 소네트〉에 나오는 구절들이다. 제1부 8번째의 소네트는 다음과 같다.

　　찬미하는 것, 그렇다. 찬미하도록 운명지워진 자,
　　그는 마치 돌의 침묵에서 광석이 나오듯
　　나아온다. 그의 마음은 포도주를 빚어내는
　　덧없는 압착기, 인간을 위하여 한없이 빚어지는.

　　성스러운 형상이 그를 사로잡을 때면,
　　티끌이 불어와도 목소리 멈춤이 없고
　　모두가 포도의 동산, 따스한 남녘이
　　무르익힌 포도의 송이 아닌 것이 없는.

　　제왕들의 무덤에 생겨나는 곰팡이도
　　그의 찬미를 거짓이라 탓하지 않고,
　　신들의 그림자 홀연 나타나지 않으니.

죽음의 문의 저쪽까지도 가득하게
찬미의 과일을 담은 접시를 내어놓는 것,
그것은 그의 영원한 사명이니.

티끌과 죽음과 곰팡이 그리고 포도주를 짜내는 듯한 압착기의 괴로움 그러면서도 포도주를 만드는 압착기― 이 압착기에서 나오는 포도주로써 세계를 찬미하는 것이 시인이라고 릴케는 말한다. 이것이 사람의 마음속에 있는 소망이라면, 소망의 흔적은 현실의 도처에 현실로 존재한다. 삶을 막는 부정적인 요인을 상징적으로 대표하는 것이 죽음이라고 한다면, 죽음은 삶과 죽음의 영원한 순환의 한 부분일 뿐이다. 옛 로마의 석관 위로는 오늘의 맑은 비가 흐르고, 열린 무덤에는 다시 고요가 깃들고 벌 떼가 잉잉거리고 나비가 모아든다.(소네트 10번) 덧없는 일이면서도, 사람은 오늘의 익은 과일의 과육의 맛에서 말로 표현할 수 없는 이 순간의 삶의 현재성을 깨우친다.(소네트 11번) 그리고 사람이 생각하던 것들, 그리고 상징과 비유로 표현했던 것들이 별의 이름이 되는 것을 본다. 별이 발견되는 것은 별이 있기 때문인가, 아니면, 사람이 가진 상징적 상상력으로 인한 것인가?(소네트 11·8번)

찬미와 비탄　　찬미가 부정을 넘어 삶의 밝음을 인지하고 창조할 수 있다면, 릴케는 다시 이를 뒤집어 찬미를 통해서만 삶의 부정적인 것을 바르게 볼 수 있다고 말한다. 그것도 사람이 분명히 알아야 하는 것 중의 하나이다. 그러면서 그것은 어디까지나 긍정적인 것과의 교환 관계 속에 있다. 그것이 긍정을 가능하게 한다고 할 수도 있다.

> 찬미의 공간에서만 비탄은 있다,
> 눈물의 샘의 여신 비탄은.
> 고이고 고이는 우리의 눈물이,
> 높은 문과 성단을 지은 암반 위로
>
> 맑게 흐르도록 지켜보며……. (소네트 8번)

비탄과 별　'비탄'die Klage은 밤중 내내 소녀의 손으로 '예로부터의 악惡'das alte Schlimme을 헤아려 본다. 그러나 기쁨은 악의 존재를 일찍부터 알고 있었고 그리움은 그것과 은밀한 관계를 가지고 있었다. 악을 넘어서고자 하는 의지가 없이는 그리움은 존재하지 않았을 것이다. 이러한 모순의 결합 속에서 '비탄'은 비탄의 숨결이 미치지 않는 하늘 저 멀리에 상징의 별을 탄생하게 한다. 그리고 그것은, 위에서 이미 말한 바와 같이, 실재하는 별에 일치한다.

새로운 별과 기이한 바다를 항해하는 마음　사람의 마음—생각하는 대로의 현실의 부재와 현재로 하여 삶의 어둠과 밝음 그리고 가까운 것과 먼 것을 찾아 헤매는 사람의 마음을 시인은 섬세하게 풀어낸다. 모두 사람의 무의식에 잠긴 동기야 어떤 것이든지 간에, 사람의 마음은 우주의 끝까지 탐색해 나간다. 그러면서 찾아진 것은 사람의 마음 가운데 존재한다. 릴케가 〈오르페우스에게 부치는 소네트〉에서 이야기하는 나무와 과일과 사람과 별은 모두 오르페우스의 음악 속에 존재한다. 그리고 그것들은 음악을 듣는 우리의 귀 안에 존재한다고 릴케는 말한다. 그러면서 그것은, 기이한 생각의 음의 바다를 항해하는 마음에 대응하여, 현실로 존재한다.

글리스 581 d 한 대중적 지리지는 천문학적 발견의 최근의 뉴스를 보도하고 있다. 오랫동안의 천문학의 발달 후 얼마 전까지의 결론은 이 광대무변한 우주에 인간이 살고 있는 지구에 비슷한 유성遊星은 없는 것 같다는 결론이었다. 그러나 최근에 천문학은 지구에 유사한 가능성을 가진 유성이 우주에는 수십 억 개가 되는 것 같다는 추측에 이르렀다. 그중 제일 가까운 것은 20광년 저쪽에 있는 '글리스Gliese 581 d'라는 유성이다. 필자는 이 보고에서 과학이 드러내는 사실의 세계는 상상을 초월한다고 말하고 있다.[33] 사실의 세계는 상상을 넘어 상상적인 것이다.

넓은 세계와 개인과 사회 사람의 마음은 한없이 넓은 세계로 열릴 수 있다. 그것은 우주의 끝까지를 볼 수 있게 되기를 바란다. 그러면서 그것이 가능해지는 것은 인간의 지적 탐구의 역사적 누적을 통하여서이다. 그러면서 또 바라는 것은 널리 보는 것과 함께 보다 섬세하게 보게 되는 것이다. 또는 주변의 것을 더 잘 보기 위해서 멀리 보는 것이 필요하다고 할 수도 있다. 자세히 보아야 할 것은 오늘의 삶의 사실이고 문학과 철학과 과학과 발명으로 인하여 풍부해진 세계이고 인간의 역사 속에서 발전해 온 모든 존재의 경이이다.

이것은 우리가 이번의 이야기를 시작하면서 꺼냈던 주제인 개인과 사회의 관계에는 어떤 의미를 갖는가? 적어도 그 관계에서 나오는 모든 규정이 삶의 전부가 아니라는 것을 아는 것은 중요하다. 넓어지는 시야는 사람으로 하여금 이 관계를 봄에 있어서 조금 더 초연한 관점을 취할 수 있게 한다. 그러나 우주의 끝에까지 뻗어 가는 시야와 그 관점으로 하여, 개인과 사회의 관계에서 일어나는 모든 괴로운 문제들이 저절로 해결된다고 할 수는 없다. 그것으로 다시 돌아가는 것은 오늘의 절실한 과제이다. 정신적 여로에서 우주와의 일체감을 얻었던 수행자들은, 위에서 본 바와 같이, 다시 그들의 일상으로 되돌아갔다. 멀리 보는 것이 삶의 괴로운 문제들을 저절로 풀 수 있게 하지는 않는다. 다만 사람의 존재의 차원이 그것들에 한정되는 것이 아니라는 것을 상기하는 것이 적어도 악몽으로서의 사회의 강박을 깨는 데에 필요한 일의 하나임에는 틀림이 없다.

주

1 cf. Martha C. Nussbaum, *Love's Knowledge* (Oxford University Press, 1990), pp. 149~154.

2 Ibid., p. 265.

3 Martin Heidegger, *Sein und Zeit* (Tübingen: Max Niemeyer, 1972), S. 42~43.

4 Ibid., S. 44.

5 Ibid., S. 44.

6 Ibid., S. 44.

7 Ibid., S. 126~127.

8 Ibid., S. 128.

9 Ibid., S. 302.

10 Ibid., S. 303.

11 Ibid., S. 307.

12 Ibid., S. 307.

13 Ibid., S. 307~308.

14 Ibid., S. 308.

15 Ibid., S. 120.

16 Ibid., S. 298.

17 cf. Charles Taylor, "Inwardness and the Culture of Modernity" in Axel Honneth et al., *Philosophical Interventions in the Unfinished Project of Enlightenment* (Cambridge, Mass.: MIT Press, 1992), pp. 102~104.

18 역자 윤사순의 주석.

19 윤사순 역주, 『退溪選集』(현암사, 1982), 118쪽.

20 같은 책, 119쪽.

21 Pei-Yi Wu, *The Confucian's Progress* (Princeton University Press, 1990), p. 79.

22 Ibid., p. 83.

23 Ibid., p. 122.

24 Ibid., p. 128.

25 Ibid., p. 133.

26 Ibid., pp. 136~137.

27 Ibid., pp. 139~140.

28 Ibid., pp. 140~141.

29 여기의 사실들은 대체로 「영산」의 영역자 메이블 리(Mabel Lee)의 영역본 서문에서 취한 것이다. cf. Gao Xingjian, *Soul Mountain* (New York: Perennial, 2001).

30 Gao Xingjian, pp. 145~147.

31 Gao Xingjian, p. 277.

32 Ibid., p. 280.

33 Timothy Ferris, "Seeking New Earths", *National Geographic*, December 2009.

종합토론

—

김우창 선생의 『기이한 생각의 바다에서:
자기 형성과 그 진로, 인문과학의 과제』에 대한
토론문

토론 1

김형찬(고려대학교 철학과)

1

"인간은 성장하여 비로소 완성되는 존재"라는 강연 첫날의 말씀은 '기이한 생각의 바다에서' 펼쳐질 4주간 여정의 이정표였다. 그 성장의 상당 부분은 생물학적 발전 과정을 통해 저절로 이루어지지만, 또한 개체 또는 사회의 노력과 영향에 의해 이루어지는 부분이 있다는 사실, 그리고 그러한 부분이 인간을 인간이게끔 하는 중요한 요소를 만들어 낸다는 지적을 상기한다면, 이 여정이 결국 진정한 인간됨의 방법으로서의 인문과학의 의미를 꼼꼼히 되짚어 보는 길이 될 것임을 짐작할 수 있었다.

김우창 선생님이 말씀하시는 이상적 인간이란 개체로서의 일상적 삶을 살아가면서도 인간을 넘어서는 세계 안의 존재이기에, 그러한 인간은 일상의 개인인 동시에 자신이 살아가는 세계(사회 또는 자연)를 이해하고 구성하는 존재이다. 그런 점에서 볼 때, 생물학적으로 이 세상에 태어난 미완성의 인간이 성숙한 인간이 되기 위해 고려되어야 할 요소는 크게 인간, 사회, 자연이다. 인간이 개체 내면의 능력으로 외면의 세계를 이해하고 그 원리를 내면화하면서 외재적 세계를 자신의 방식으로 구성해 가는 내면과 외면의 일치 과정은 매우 복잡하게 설명될 수도 있고 순간적인 직관으로 통찰될 수도 있다.

개체로서의 자아〔小我〕와 우주로서의 자아〔大我〕가 일치하는 순간을 초월적 시간 속에서 체험해 내는 불교에서의 '깨달음'이 그러한 과정을 가장 단순하게 형용한 것이라면, 유교의 예학禮學에서 말하는 경례經禮 3백과 위의威儀 3천은 우주 자연의 이치를 인간의 삶 속에서 구현해 내며 천인합일天人合一을 이루는 것이 얼마나 지난한 일인가를 보여주는 좋은 예가 된다. 김우창 선생님도 지적하셨듯이 지켜야 할 규칙이 3000개에 이를 만큼 행동 규범이 복잡하다는 것은 "인생을 상당한 두려움으로 보기 때문"일 것이다. 이러한 복잡한 행동 규범은 그러한 인생의 두려움에 위안을 주는 장치로서 작용하지만, 그러한 장치는 의도적으로 혹은 무의식적으로 개체로서의 자아를 억압하는 사회의 지배 장치로 변질될 위험성도 크다. 그럼에도 자연과 사회의 원리를 이성적으로 이해할 때까지 불안한 삶을 살아가기보다는 일단 선지자 혹은 관습이 일러 주는 대로 3000가지의 예법이라도 따르면서 한편으로 그 예법의 원리를 차차 이해하도록 노력하는 것이 현명한 일인지도 모른다.

그렇지만 경례經禮 3백과 위의威儀 3천을 자연스런 삶의 방식으로 여기며 편안하게 살았을 법한 선현들에게도 고민은 있었던 듯하다. 중국과 조선에서 성리학을 대표하는 학자로 평가되는 주희나 이황 같은 이들도 상제上帝에 대한 경외敬畏의 마음을 견지하는 방법을 사용하곤 하였다. 그들은 경례 3백과 위의 3천의 원리를 합리적으로 설명하고 설득하려 애썼지만, 다른 한편으로는 늘 상제를 마주하듯이 "홀로 있기를 삼가라"〔愼獨〕고 강조하였다는 것이다. 이는 외면 세계의 원리를 합리적으로 이해하여 내면화하는 동시에 외면의 세계 속에서 내면의 세계를 무리 없이 외화外化하며 내면과 외면을 일치시켜 나가는 '이성'적 방법만으로는 그 천인합일의 이상을 구현하기가 너무도 어렵다는 사실을 이들이 인식했기 때문일 것이다.

보통 사람의 경우 3000의 예법을 따르기보다는, 더구나 그 원리까지 이해하며 따르기보다는, 절대적 존재에 대한 공경과 두려움의 마음〔敬畏心〕으로 사적 욕구를 억제하며 개체의 삶을 우주적 세계의 원리와 일치시키도록 노력하며 살아가는 것이 훨씬 쉬운 일일 듯하다. 일부 철학자들은 이것이 이성적 성찰의 고된 여정을 포기하고 의타적 종교라는 손쉬운 지름길로 귀의하는 것이라고 비난할 수도 있겠지만, 근기에 따라 그 여정을 달리 선택하도록 하는 것이 인생의 지혜, 혹은 가르치는 자의 지혜가 아닐까 한다. 그런 점에서 김우창 선생님께서는 너무 고된 여정만 주장하시는 게 아닌가 하는 생각이 든다.

2

'제3주 행복의 추구에 대하여'에서 루소의 '공적 행복'과 '단독자의 우주적 행복'을 대비해 주셨다. 루소는 "사람의 사회적 교류가 그 원시적 출발에서 벗어나기 시작할 때부터, 권력 투쟁과 부의 과시적 경쟁, 그리고 일반적으로 인간관계의 악화를 가져온다는 것을 가장 분명하게 경고"했다고 한다. 사람들과 교류하면서 공적인 존경과 가치를 추구하게 되고, 그러한 평가는 허세와 경멸, 수치와 질시를 낳는다는 것이다. 이에 비해 '자애'自愛는 동물의 생명 보존 본능과 비슷한 것으로서 타자에 대한 의식은 없지만, 자신의 온전함, 진정성, 일관성의 의지의 기초가 됨으로써 연민과 이성의 길이 열리고 이를 통하여 다른 생명체에 이어질 수 있는 가능성을 갖는다는 것이다. 이러한 기초가 없는 사회성은 자신이 타인의 눈에 비치는 외면적 효과와 평가로 자신의 가치를 매기는 '애기'愛己, 즉 이기적 자기 사랑이라고 한다.

이러한 루소의 관점은 흥미롭게도 성리학에서 위인지학爲人之學과 위기지학爲己之學의 대비와 유사하다. 위인지학이 타자의 인정을 받아 사회적으로 부귀공명을 얻기를 추구하는 공부라면, 위기지학은 타자의 인정에 연연하지 않고 진리를 추구하며 스스로를 수양하는 공부이다. 이 경우 위기지학은 개인적인 공부에 한정되지 않는다. 인간은 본래 자연의 구성원으로서 자연의 이치를 공유하고 실천하며 살아가는 존재이므로, 개인 자아에 대한 탐구는 자연에 대한 탐구로 이어지고, 개인의 일상적 삶은 자연의 이치를 인간 사회에서 구현하는 것이 된다.

루소의 관점에서 본다면, 인간은 사회의 범위를 넘어 우주적 질서를 '감복'感服함으로써 "사회가 무반성적으로 부과하는 거짓된 사회적 가치를 거짓된 것으로 인식"할 수 있다. 이것은 사회가 내재화한 원리를 그 사회의 구성원인 인간에게 부여하였을 때, 개체로서의 인간이 그러한 사회의 원리를 내부로부터 비판적으로 성찰해 내기 어렵다는 사실에 근거한다. 그러나 이를 우주적 질서에 대한 인식을 통해 넘어서려 할 경우, 이는 다시 작은 억압의 시스템을 큰 억압의 시스템으로 대체하는 결과를 낳을 가능성도 크다. 국가 단위의 이데올로기를 넘어서는 종교적 도그마의 폐해를 인류의 역사에서 숱하게 찾을 수 있듯이, 그러한 예를 찾는 일은 어렵지 않다. 이렇게 본다면, 위인지학의 폐해를 극복할 수 있는 것이 위우주지학爲宇宙之學이 아니라 왜 위기지학인지 이해할 수 있다. 그렇다면, 중요한 것은 '우주적 질서를 감복하는 것'이 아니라 '자기 인식으로부터 비롯된 타자의 이해', 즉 모두가 위기지학을 하며 일상을 살아가고 사회를 살아가고 자연을 살아가는 존재라는 타자와의 공감이 아닐까 하여, 이에 관한 말씀을 듣고 싶다.

3

일상을 살아가는 하나의 인간인 동시에 개체를 넘어서는 인간이 되기 위해서는 사적 개인으로서의 인간이 사회와 자연을 늘 자신과의 연관 속에서 사유해야 한다. 그런데 대부분의 사람들이 자연과 직접 대면하며 수렵을 하거나 농사를 지으면서 생존을 지켜 내야 했던 시기를 지나, 많은 사람들이 주로 인간이 만든 조직 속에서 살아가게 되면서, 그 사유의 범위는 대체로 인간이 만든 사회를 벗어나지 않게 되었다. 특별히 직접 자연과 대면해야 하는 직업에 종사하는 사람이 아니라면, 현대인이 자연을 인식하고 사유하는 경우는 홍수, 태풍과 같은 재해에 직면하거나 휴식을 위해 자연을 찾아가 관조할 때뿐일 것이다.

'기이한 생각의 바다에서' 김우창 선생님의 말씀을 통해서 만났던 철학자나 작가들의 고민도 대부분 바로 무반성적으로 주어지는 사회의 원리에 대해 재성찰을 시도하는 것이었다. 그 진단과 방법은 제각각이었지만, 결국은 사회를 넘어서 자연으로, 그리고 다시 사회 속 일상의 인간으로 돌아가야 한다는 것이었다. 이는 사회를 넘어서는 것이 중요하지만, 인간이 살아가고 있는 사회를 지나치게 벗어날 경우 자칫 일상적 삶을 넘어선 공허한 담론이나 도그마적 이데올로기로 귀결될 위험을 지적한 것일 것이다.

하이데거처럼 긴장된 자세로 존재의 층위를 정밀하게 분석하며 다가간 경우도 있지만, 공자처럼 그 목표의 경지뿐 아니라 탐구 자체가 즐거움이어야 함을 강조한 경우도 있었다. 하지만 공자의 경우도 이를 추구하는 길은 목숨을 걸어야 할 만큼 비장한 길이었다. 그것은 인간 개인의 한계를 넘어 우주의 차원에서 사유하되 궁극에는 인간의 일상을 벗어나지 않아야 하는 힘든 길이기 때문일 것이다.

제4주 강연 제목이었던 '곤학困學의 역정歷程'은 이를 의식하고 그 길을 가는 모든 사람을 위한 것이겠지만, 특히 김우창 선생님 자신이 평생 걸어오고 현재도 걸어가고 계신 길을 의미하는 것이라 생각된다. 그 길에는 여러 가지 작은 갈림길과 표지판이 있을 것이다. 심오

한 철학자의 저서도 있을 것이고, 어떤 사람의 인생이나 말 한마디도 있을 것이고, 어느 오솔길에서의 산책이라는 일상적 행위도 있을 것이다. 어쩌면 그것들은 결국 제4주 강연의 마지막에 인용하신 릴케의 〈오르페우스에게 부치는 소네트〉처럼 논리적 언어로 표현될 수 없는 시적 통찰, 심미적 이성의 흔적일 수밖에 없을지도 모른다. 그렇다고 해서 설마 모든 사람이 하이데거나 루소나 공자, 혹은 릴케처럼 살아야 한다고 주장하시는 것은 아니리라고 생각한다. '자기 형성과 그 진로'를 탐구하는 사람으로서 일상적 실천은 어떠한 것이어야 할 것인지, 김우창 선생님 자신의 '곤학의 역정' 중 한 대목과 함께 말씀을 들을 기회를 가졌으면 한다.

토론 2

여건종(숙명여자대학교 영문학과)

토론을 김우창 선생님과의 개인적인 관계에 대한 이야기로 시작하는 것을 양해해 주시기 바랍니다. 선생님 강의를 25년 만에 들었습니다. 토론문을 준비하기 위해 선생님 글을 다시 읽으면서 현재 제가 생각하고 있는 것의 많은 부분이 선생님으로부터 연원했다는 사실을 다시 확인했습니다. 선생님과 같이 일하면서 때로는 불가피하게 이견이 있었던 부분의 생각까지도 선생님으로부터 온 것이라는 사실에 놀라기도 했습니다. 강한 사유란 전염력이 강한 사유라는 생각을 해 봅니다. 그것은 몇 가지 중심 개념을 통해 확장됩니다. 지난 25년간 저를 지배했던 한 단어를 떠올린다면 그것을 '문화'라고 할 수 있을 것입니다. 이때 문화는 '자기 형성의 과정'으로 정의될 수 있을 것입니다. 이번 강연을 관통하고 있는 주제도 '자기 형성'입니다.

지난 4주 동안의 강연에서 자기 형성의 주제는 변증법적 사유의 틀을 통해 개진되었습니다. 저는 다른 지면에서 선생님에 대해 "서구 근대 철학의 핵심적 요체인 변증법적 사유를 자생적으로 내면화하여 현대 한국 지성사에 가장 깊은 영향을 끼친 인문학자"라고 쓴 적이 있습니다. 구체와 보편, 이성적이고 심미적인 것, 전체와 개체,

정치적인 것과 내면적인 것, 이상적인 것과 실제로 존재하는 것, 이 모든 보편적 이항 대립들은 선생님의 사유 체계에서 끊임없이 스스로를 지양하는 역동적인 변증법적·상호 구성적 관계를 이루고 있습니다. 이러한 변증법적 관계는 「한국시와 형이상」에서 시작되는 문학비평에서부터 보다 최근의 사회정치적 에세이들을 관통하고 있을 뿐만 아니라 선생님의 독특한, 사유의 복합적 긴장과 흐름을 그대로 드러내는 문체의 내재적 리듬에도 잘 반영되어 있습니다.

이번 강연에서도 개인의 내면적 삶의 실존적 요구들 — 의지, 자유, 선택과 같은 것들 — 과 그것을 실현시켜 줄 공동체적 삶의 조건 — 선생님이 정치라고 부르는 것 — 사이의 변증법적 관계가 주된 관심을 이루고 있다고 할 수 있습니다. 이번 강연의 제목인 '기이한 생각의 바다'에서의 항해도 개체적 자기 형성의 고유한 구체성이 보다 넓고 근본적인 의미에서의 공동체적 역사로 이어지는 변증법적 관계를 표현하는 것으로 저는 이해했습니다. 이 강연에서 개인은 무엇보다도 일반적 합리적 공식으로 환원되지 않고, 세속적 이해관계나 추상화된 집단의 도덕적 당위로 제한되어서는 안 되는 고유한 독자성을 가진 존재로 규정됩니다. 이것은 개인의 자유와 존엄을 구성하는 조건이 됩니다. "그 자체로서 의미 있는 가치의 추구가 인간 자유의 표현이면서 동시에 자기실현이 된다"고 말합니다.

그러나 동시에 자기 형성은 개인에 한정되거나 머무르는 것이 아닙니다. 그것은 개인을 넘어 보편에 연결되어 있습니다. 선생님의 말로 옮기면 "개인의 개인됨이 좁은 자기에로의 침잠을 말한다고 할 수 없다. 개개인은 독자적인 존재이면서 보다 큰 바탕에 열려 있음으로써만 참다운 가치를 갖는 존재라고 하여야 할 것이다." 즉 각 개개인의 자기 형성의 과정과 그 결과로서의 자기실현은, 개인적 삶의 완성을 넘어서 정신적 능력의 전 인류적 발전으로 이어지는 인간의 지성의 진화로서의 의미를 갖게 됩니다. 개인과 공동체적 역사가 만나는 깊고 신비한 공간이 바로 '기이한 생각의 바다'입니다. 여기에서 개인과 보편은 어느 것이 더 우위에 있다고 말할 수 없습니다. "보편적 진리는 언제나 개인의 실존 속에서 일어나는 사건이다." 이것은 선생님의 전체 저작을 관통하는 하나의 화두라고 할 수 있는 '구체적 보편'의 설득력 있는 예증이 됩니다.

제가 이번 토론을 통해 선생님으로부터 더 듣고 싶은 얘기는 선생님의 또 하나의 화두라고 할 수 있는 심미적 이성에 관한 것입니다. 다시 말해 이 자기 형성 과정에서 심미적 경험의 의미에 대한 것입니다. 이 부분에 대한 선생님의 생각이 있을 것 같은데, 이번 강연에서 별로 언급이 되지 않았다는 생각이 들기 때문이기도 하지만, 무엇보다 심미적 경험이 인간과 그의 공동체를 어떻게 의미 있게 만들어 갈 수 있는가의 문제가 저의 최근의 주된 관심이기 때문입니다.

선생님께서는 얼마 전에 심미적 경험이 공동체적 삶과 가지는 관계를 프리드리히 실러의 '심미적 국가' 개념을 통해 설명하는 글을 쓰셨습니다. 여기에서 심미적 국가는 자유롭고 조화로운 삶을 실현할 수 있는 새로운 공동체의 이상으로 제기되었습니다. 심미적 인문주의의 이론적 토대를 정립한 것으로 평가되는 실러의 심미적 경험에 대한 성찰은 프랑스 혁명과 반혁명, 해방의 열정, 폭력의 공포, 인간의 이성적 능력과 정치적 이상에 대한 환멸이 교차하는 역사적 격변기에 쓰여졌습니다. 인간의 심미적 경험과 능력은 실러가 정치적 권리나 윤리적 규범보다 더 근본적으로 인간을 형성하고 인간을 자유롭게 만드는 힘과 가치를 찾는 과정에서 발견해 낸 중요한 인간적 자원입니다. 심미적 경험이 어떻게 자유롭고, 자율적이고 주체적인, 즉 스스로 자기 삶의 주인이 되는, 시민적 주체를 형성할 수 있는가에 대한 철학적 성찰이 이 편지들의 주제라고 할 수 있습니다. 심미적 국가의 핵심 주장은 미적 경험의 욕구와 그것의 조화로운 충족이 이상적 공동체를 이루는 데 필수적 요소가 된다는 것입니다. 이때 미적 경험이란 세계를 보다 풍요롭고 고양된 방식으로 경험하고 그것을 통해 스스로를 의미 있는 존재로 형성해 가는 총체적 과정을 가리킨다고 할 수 있습니다.

실러가 예언했듯이 기능적·분석적·도구적 정신 능력이 다른 모든 인간의 능력을 대치하고 지배하는 삶에서 심미적 경험의 통합적 기능은 점점 축소되고 있습니다. 마르크스의 표현을 빌리면 인간 존재의 축소입니다. 실러에 의하면 이러한 인간 존재의 축소는 근대적 합리성이 정신적 능력과 감각적 능력을 분리시켜 놓은 것의 결과라는 것입니다. 감성과 이성의 이항 대립은 외부 세계를 보다 역동적이고 풍요로운 방식으로 전유하는 상상력의 기능과 자본주의 문명의 공리주의적 기계적 합리성의 대립적 관계로 발전하면서 이후 100여 년간 심미적 인문주의의 기본적인 관점을 형성하게 됩니다. 그리고 인간의 자기 형성의 과정으로서의 문화의 개념도 이 이항 대립에서 나오게 됩니다.

선생님은 이 강연에서 공적 행복의 개념을 통해 인간의 개체적 자기 형성의 과정을 공동체적 존재로서의 인간의 실존적 상황과 관련하여 논의하였습니다. 공리주의적 합리성이 인간의 상상력을 예속시키고 소비에 사로잡힌 삶이 인간의 주체적 자유를 제한하고 있는 오늘의 상황에서 심미적 국가의 이상이 어떻게 대안적 삶의 이상을 우리에게 줄 수 있는지 선생님의 말씀을 듣고 싶습니다.

토론 3

민은경(서울대학교 영문학과)

  4주 동안 선생님의 강연을 가까이서 듣고 강연하시는 선생님의 모습을 바라볼 수 있는 것 자체가 큰 즐거움이었습니다. 1강에서 선생님께서는 "사람의 삶은 독창적이면서 동시에 전범을 이루는 것"이라고 말씀하시면서 그렇기 때문에 "사람들은 자신의 삶을 살면서 다른 사람의 삶을 참조한다"고 하셨습니다.(1강 15쪽) 특히 공부하는 사람에게 선생님께서는 남다른 전범이 되고 있다고 생각합니다. 삶으로서의 공부, 공부로서의 삶. 삶과 공부가 하나가 되는 방법을 저희들에게 몸소 보여주고 계십니다.

  강의가 모두 끝나고 나니 몇 개의 강한 이미지가 머리에 남습니다. 워즈워스의 시구 "기이한 생각의 바다를 홀로 항해하는 마음"이 연상시키는 신비로운 바다의 이미지(왠지 제 머릿속에는 밤바다가 연상됩니다)가 가장 빨리 떠오르네요. 1강에서 데미안을 언급하시다가 어느 아메리카 인디언 부족의 성인식 이야기를 들려주셨는데, 자신만의 '비밀 이름'을 받을 때까지 숲 속에 혼자 머물러야 하는 인디언이 조용히 숲에 앉아서 자신의 이름을 기다리는 이미지 또한 잊지 못할 것 같습니다. 배를 타고 양쯔 강을 거슬러 올라가며 점점 험해지는 자연을 바라보고 글에서 위안과 깨달음을 찾은 명말明末의 한 유배된 행인行人의 이미지도 마음에 남습니다. 저는 이러한 순례와 수양의 이미지가 선생님의 학문적 태도를 잘 나타낸다고 생각합니다.

고대에서 현대까지 동서양을 막론하고 다양한 철학자들을 끌어들여 이야기를 이끌어 나가셨기 때문에 어디서 질문을 시작해야 할지 참으로 난감하기 짝이 없습니다만, 저는 우선 동양 철학과 서양 철학 전통의 차이에 대해서 여쭤 보고 싶습니다. 선생님께서 1강에서 잠깐 말씀하신 내용을 따라가 보자면, '인간의 자기 형성'은 모든 문화에서 똑같이 인정되는 "주요한 인간됨의 방법"이 아니고 "철학적 반성의 전통"과 "사회적·정치적 제도"의 차이에 따라 달리 이해되고 인정되는 것입니다. 일반적으로 보았을 때 동양보다는 서양에서 "개성적인 인간의 독자성을 존중"해 왔고, 동양에서는 좀 더 "정형화된 인간형"을 선호해 왔다고 말씀하셨습니다.(1강 12쪽) 물론 그렇다고 동양 전통이 "정형화 과정의 개체적 성격을 부정"해 온 것은 아니라는 점, 그리고 서양 전통 안에서도 인간의 독자성은 "하나의 전범적 양식"으로 사유된다는 점을 들어 이러한 차이가 절대적인 차이가 아니라고 선생님께서는 부연 설명을 해 주셨습니다만, 동양과 서양의 차이를 말하는 하나의 방법으로서 선생님께서 말씀하신 차이를 흔히 주변에서 (물론 훨씬 더 단편적인 방식으로) 사람들이 언급하는 것을 봅니다. 제 생각에도 선생님께서 말씀하시는 자기 형성이라는 주제는 동양 전통보다는 서양 전통에서 보다 본격적으로 문제 제기된 것이 아닌가 싶고, 선생님께서도 설명하셨듯이 이 주제가 서양의 낭만주의 이후에 두드러진 것이어서 사실은 매우 근대적인 주제라고 볼 수도 있을 것 같습니다. 그러나 선생님께서 강연을 이끌어 오신 방법을 보면 이러한 동서양의 차이, 그리고 역사적 차이를 강조하기보다는 이 모든 차이를 아우르는 담론을 만들어 내고자 하신 것 같습니다. 그 차이들을 보다 더 본격적으로 드러낼 필요는 없다고 보시는지 여쭤 보고 싶습니다. 가령 현대 서양에서 말하는 자기 형성이 고대 그리스에서의 자기 형성과는 너무나 다를 것이며(이는 푸코가 잘 설명하는 바라고 생각합니다), 공자가 말한 자기 형성이 하이데거가 말한 자기 형성과는 문맥 자체가 다른 부분이 있을 터인데, 이러한 차이를 좀 더 이해해 보고 싶은 마음에서 여쭤 봅니다.

다음 질문은 개인과 개인성, 자아와 자기와 관련된 것입니다. 프랑스의 여성 철학자 시몬느 베이유Simone Weil는 한 에세이에서 다음과 같이 말합니다. "So far from its being his person, what is sacred in a human being is the impersonal in him."[1] 여기서 person(불어로 personne)을 개인/개인성으로 번역할 수 있을지 모르겠습니다만, 논의를 위해 일단 그렇게 번역해 보겠습니다. "한 인간에 있어서 신성한 것은 그의 개인성이 전혀 아니고, 오히려 그의 비개인성이다." 베이유는 서양 전통의 그리스도적 맥락에서 이렇게 이야기를 하고 있지만, 잘 알려졌듯이 베이유는 불교에 깊은 관심이 있었고, 그가 말하는 비개인성, 즉 자아를 초월할 수 있는 능력은 여러 종교에서 중요하게 여기는 윤리의 근본이라고 할 수 있을 것입니다. 푸코는 한 인터뷰에서 고대 그리스의 윤리와 그리스도적 윤리를 비교하면서, 고대 그리스 철학자들이 인간의 자아self란 예술 작품을 창조하듯이 스스로 창조해 나가는 것이라고 이해한 반면, 그리스도 전통에서는 자아를 하나님 앞에서 포기되어야 하는 어떤 것으로 이해하였다고 설명합니다.² 현대 문화——푸코가 극단적인 예로 드는 것은 미국 캘리포니아로 상징되는 현대 문화입니다——에서는 '자아 찾기'가 한창이고, '자아 찾기'를 위해서는 특히 자기 안에 여러 가지 무의식적 억압에서 '해방'되어 자기를 이해하고 자기의 독특한 개인성을 인정받고 발휘해 가면서 즐겁게 살아가는 것을 중요시한다고 할 수 있는데, 이는 선생님께서 말씀하시는 자기 형성과는 상당한 거리가 있는 것이지요. 베이유는 미국식의 '자기 돌보기'를 경멸하였습니다. 제가 여쭤 보고 싶은 부분은 다음과 같습니다. 선생님께서 목표로 두시는 인간의 자기 형성과 자기실현에서 '자기'는 무엇입니까? '자기'를 어떻게 정의 내릴 수 있을까요? 선생님께서는 '자아'라는 단어는 거의 안 쓰고 계시고 그 대신 '자신', '자기', '개인' 등의 표현을 쓰고 계시는데, 이 단어들 간에도 상당한 의미의 차이가 있을 수 있을 것 같습니다. 베이유를 예로 든다면, 개인성이라는 것은 이미 너무나 사회화된 것이어서 진정한 윤리적 자각에 이르기 위해서는 자기 자신을 중심으로 생각하고 느끼는 것을 탈피하여야 한다고 주장할 수 있겠지요. 아렌트가 사회적인social 영역과 공적인public 영역을 구분한 이유도 비슷한 맥락에서 이해할 수 있을 것 같습니다. 프로이트 이후 우리는 자아를 전과는 매우 다른 차원에서 생각하게 되었는데, 정신분석학에서 자아란 우리가 선택하고 만들어 나가는 것이라고 하기 어려운, '진정성'의 차원에서는 더더욱 논하기 어려운 하나의 실존적 단위라고 할 수 있습니다. 라이오넬 트릴링Lionel Trilling은 그의 저서 『진실성과 진정성』Sincerity and Authenticity에서 흥미로운 지적을 하는데, 프로이트의 인간관이 그리스도적 인간관과 맞닿아 있는 부분이 있다는 것입니다. 특히, 자아에 있어서 이성이나 의지로써 설명될 수 없는 부분들을 강조한다는 점, 비극적이면서 비이성적인(이성으로는 설명될 수 없는) 삶의 면모에 천착한다는 점에서 그러하다는 지적입니다.[3] 하이데거가 말하는 '선택' 역시 베이유나 프로이트의 관점에서는 비판할 수밖에 없는 개념일 것 같은데, 이에 대한 선생님의 의견을 여쭙고 싶습니다.

마지막으로 선생님의 사상에서 예술 내지는 심미적 경험이 가지는 중요성에 대해 질문을 드리고 싶습니다. 미완의 개인이 스스로를 선택하고 '자신에로의 길'(1강 14쪽, 33쪽)을 찾아 스스로를 창조해 나가는 과정이 "그 자체로 완성감을 주는 자기실현"일 수 있다고 말씀하셨는데요, 그것을 "심미적 형식"으로 설명할 수도 있고 "심미적 영역을 넘어 존재론적인 드러남을 나타내는 것으로 생각할 수도 있다"고 하셨습니다.(1강 30쪽) 선생님께서 말씀하시는 자기 형성의 완성감을 심미적으로 가장 잘 나타내는 예술적 형식은 무엇이라고 생각하시는지요? 그리고 예술적 형식 가운데 심미적으로 가장 완성된 형식은 무엇이라고 생각하시는지요? 보편적 진리를 "언제나 개인의 실존 속에서 일어나는 사건"으로 이해하고 "그 나름의 일반적 서사 구조"(1강 33쪽)를 통해 구현한 장르가 소설이 아닐까 싶은데, 소설은 사실 매우 근대적인 장르라고 할 수 있고, 이중에서도 교양 소설은 역사적으로 매우 늦게 등장하는 심미적 형식이라 할 수 있을 것 같습니다. 소설을 서사시나 로맨스 등의 여타 다른 문학 장르와 비교할 때, 선생님께서 말씀하시는 '개인'이 소설에서 가장 잘 구현된다고 할 수 있을까요? 선생님께서는 소설을 즐겨 읽으시는지, 시를 즐겨 읽으시는지요? 저는 어쩐지 선생님께서 소설보다 시를 더 좋아하실 것 같은데, 소설이 개인의 자기 형성을 가장 잘 구현한 형식이라고 하더라도 그렇다고 해서 소설이 심미적으로 가장 완성된 장르라고 말하기 어려울 수도 있을 것 같아서 여쭤 봅니다.

주

1 Simone Weil, "Human Personality", *Simone Weil: An Anthology,* ed. Siân Miles (New York: Grove Press, 1986), p. 54.

2 "⋯⋯ Christianity substituted the idea of a self which one had to renounce, because clinging to the self was opposed to God's will, for the idea of a self which had to be created as a work of art." Michel Foucault, "On the Genealogy of Ethics: An Overview of Work in Progress", *The Michel Foucault Reader,* ed. Paul Rabinow (New York: Pantheon Books, 1984), p. 362.

3 "The fabric of contradictions that Freud conceives human existence to be is recalcitrant to preference, to will, to reason: it is not to be lightly manipulated. His imagination of the human condition preserves something—much—of the stratum of hardness that runs through the Jewish and Christian traditions as they respond to the hardness of human destiny." Lionel Trilling, *Sincerity and Authenticity* (Cambridge, Mass.: Harvard University Press, 1972), p. 157.

강연 참가 청중의 질문

※ 다음은 강연에 참여하신 청중들께서 강연을 수강하신 이후에 주신 질문들입니다. 청중들의 질문을 모두 수용하여 토론회를 진행할 수 있으면 좋겠습니다만, 시간의 제약이라는 한계로 인해 모든 청중의 질문에 답할 수 없음을 양해해 주시기 바랍니다.

사무국에서는 원활한 토론회의 진행을 위해 청중들의 질문을 취합·정리 하여 요약하였습니다. 추가 질문이 꼭 필요하다고 생각하시는 분께서는 토론장에서 직접 질문해 주시기 바랍니다.

제1주: 사회 속의 개인에 대하여

• 개인이 지나치게 자신을 중시하다 보면 자칫 타인에 대한 배려나 겸손함을 가지기 어렵게 됩니다. 사회 속에서 개개인이 모두 겸손과 미덕을 가지기 위해서는 어떻게 자신의 인격을 연마해야 할까요?

제2주: 자기를 돌보는 방법에 대하여

• 자기를 행복하게 하는 가장 본질적인 것은 무엇인지 선생님의 의견을 듣고 싶습니다.

제3주: 행복의 추구에 대하여

• 공적 행복론과 리처드 도킨스의 『이기적 유전자』와의 관계를 어떻게 보시나요?

- 석학들이 말하는 행복론에는 어떤 것이 있는지요?

제4주: 곤학困學의 역정歷程

- 실존주의 철학과 찰스 다윈의 '자연선택론'과의 관계를 어떻게 보시나요?
- 학문을 곤학이 아닌 편하고 즐겁게 할 수 있는 방법은 없을까요?
- 학문의 세계에서, 일상을 넘어선 '이데아의 세계'가 있다고 말씀 하셨는데, 그 부분이 이해가 되지 않습니다. 부연 설명을 해 주시면 감사하겠습니다.

기타 질의 사항

- 권력과 물질에 물들어서 풍족함을 누리는 것처럼 보이는 현대인 에게 참된 삶에 대해서 선생님은 어떤 말씀을 해 주실 수 있으신지 요? 선생님께서 생각하시는 참된 삶에 대해서 듣고 싶습니다.
- 동양의 공자와 서양의 푸코의 사상을 비교 분석한 학문적 문헌이 나 연구가 있는지 알고 싶습니다.

※ 지면 관계상, 모든 질문을 올리지 못해 죄송합니다. 이 점 널리 양해 부탁드립니 다. 많은 관심에 감사를 드릴 뿐입니다.

토론 및 강연 참가 청중의 질문에 대한 답변

김우창

1

강의에 참석하고 토의를 위하여 질의하여 주신 김형찬, 여건종, 민은경 교수 그리고 사회를 맡아 주신 문광훈 교수께 감사드립니다. 그리고 답답하고 두서없는 이야기를 경청해 주신 참석자 여러분께 감사드립니다. 물론 이러한 모임을 가능하게 하고 그에 크고 작은 일들을 준비해 주신 서지문 교수와 인문강좌 사무국 여러분께도 감사드립니다. 많은 일들이 보이지 않는 정성과 일로 이루어진다는 것을 새삼스럽게 생각합니다.

들을 만한 말을 한다는 것도 쉽지는 않은 일이지만, 그것을 듣는다는 것은 더 어려운 일입니다. 제대로 설명할 수 있었다고는 생각하지 않지만, 이번 강의의 마지막 부분에서 릴케의 시 〈오르페우스에게 부치는 소네트〉에 대하여 언급했습니다. 다시 한 번 그 이야기를 하겠습니다. 첫 번째 소네트는 이렇게 시작합니다.

나무 하나가 솟았다. 아, 순수한 솟음이여!

아, 오르페우스가 노래한다. 아, 귀 속의 드높은 나무여!
그리고 모든 것은 조용했다. 그러나 고요해지는 가운데에
새로운 시작, 신호와, 변화가 있었다.

이 첫 번째 연을 설명하려고 해도 설명과—자세히 듣는 것과 생각
이 필요할 것입니다. 우선, "귀 속의 드높은 나무"hoher Baum in Ohr라
는 것은 쉽게 상상할 수 없는 너무나 기이한 이미지입니다. "귀 속의
나무"라! 그러나 조금 방향을 바꾸어 생각해 보면, 시각적 이미지로
상상할 수 있는 것이라기보다는 음악이 나무와 같은 자연의 사물을
생생하게 느끼게 한다는 말로 해석할 수 있지 않나 합니다. 베토벤
의 〈전원 교향곡〉을 들으면 전원의 풍경—해가 비치는 전원, 갑작
스럽게 소나기가 몰아쳐 가는 들녘들을 느낄 수 있습니다. 슈베르트
의 〈보리수〉는 반드시 특정한 나무를 모사한 것은 아니지만, 음악으
로 하여 우리가 어렴풋이나마 마음에 새기게 되는 나무를 암시해 줍
니다. 이렇게 보면 모든 것은 음악 속에 존재할 수 있다고 할 수 있습
니다. 그리고 잠재적으로는 음악의 가능성의 바탕 위에 사물이 존재
하는 것이라고 할 수 있습니다. 적어도 사람과의 관계에서는 그렇습
니다. 그리하여 릴케는 위의 구절에서, 어떤 고요해짐이 선행先行하
고 그에 따라 사물들의 시작과 변용이 가능하게 되었다고 말하는 것
이 아닌가 합니다. 이 고요함은 사물이 있게 되기 전의 고요함으로
서, 빗대어 말하자면, 우주 창성 이전의 적료寂廖라고 할 수 있습니
다. 그러면서 그것은 우리가 귀를 기울인다는 데에 이어져 있습니

다. 우리가 말을 그치고 조용해진다는 것은 이 고요에 귀를 기울인다는 것이지요. (힌두교에서는 '옴' 하는 소리를 연발케 하여 그것이 그칠 때의 고요를 듣게 합니다.) 그러니까 그다음에 시작되어 듣게되는 말이 어떤 것이든지 간에, 우리는 침묵과 경청을 통해서 이 근본에 참여하는 것이라고 하겠습니다.

침묵 속에서 짐승들이 나와 쉬었다. 맑게 열린 숲으로부터
구렁과 둥주리의 숲으로부터 나와 쉬었다.
그들이 그렇게 고요하게 쉬고 있는 것은
교활함이나 불안으로 인한 것이 아니라

단지 들음으로부터였다. 아우성, 부르짖음, 포효
이와 같은 것은 그들의 마음에 미세한 것일 뿐.
그것을 영접할 초옥도 없는 곳에—

어두운 갈망으로부터 피해 갈 은신처,
기둥들이 흔들리는 그러한 피신처도 있을까 한 곳에
그대는 그들을 위하여 들음 가운데 신전을 만들었느니.

어떤 관념론은, 세계는 지각하는 대상으로만 이루어진 것이라고 말합니다. 릴케는 위에서 세계의 모든 것은 음악적 가능성 속에서만 의미 있는 것으로—찬양할 만한 것으로 존재한다고 말합니다. 피타

고라스에 비슷하게 세계는 음악의 가능성 — 예술이 표현하는 인간적 소망의 현실화 가능성인 것입니다.

불경佛經은 부처가 돌아가고 난 다음 수백 년이 지나서야 글로 쓰여졌습니다. 그것은 문자가 없었기 때문이 아닙니다. 인도의 정신적 전통에서 부처님의 말씀은 말씀으로 말하여진 것이고 그것은 그대로 말씀으로 전달되는 것이 옳기 때문이었습니다. 이것은 부처님 이전 인도의 종교적 전통에서 오랫동안 지켜 온 관습이었습니다. 그렇다고 전해지는 말씀이 잘못 전해진 것은 아니라고 합니다. 인도 사람들 사이에서는 특별한 기억의 기술과 정신적 집중의 기술이 발달되어 있어서, 위대한 스승의 말을 그대로 전하는 것이 가능했다고 합니다. 이 관점에서 글로 쓰인 것은 이차적인 권위만을 갖는 것이었습니다. 이러한 전통은 말이 갖는 특별한 의미를 생각한 것입니다. 말씀은 세계의 공간에서 일어납니다. 그리고 그 공간은 사람들의 함께 있는 공간이면서 그 이전에 말씀을 위하여 준비된 순수한 공간입니다. 이 공간은 말씀이 있기 전에 이미 들음의 고요함으로 열리는 공간입니다.

여기에서 이러한 말을 하는 것은 잠깐 들음의 중요성, 공간을 가로지르는 말의 중요성을 생각해 보자는 것입니다. 우리가 듣는 말이 어떤 것이든지 간에, 값이 있는 것이든지 그렇지 못하든지, 그 들음에는 이미 말을 넘어가는 원초적인 것이 들어 있습니다. 그리고 거기에서 듣는 이들은 이미 중요한 결단을 내린 것입니다. 그리고 거기에서 다시 자신들의 생각이 시작됩니다. 제가 말씀드리는 것도 침묵에 대한 경청으로부터 아는 것이어야 하지만, 그것이 어느 정도 그러한 것인지는 잘 알 수 없습니다.

2

청중 가운데 보내신 질문에 곤학이 아니라 즐겁게 학문을 하는 방법이 없겠는가 하는 질문이 두어 개 있었습니다. 아래에 답변을 시도해 보겠습니다.

퇴계가 남시보南時甫라는 젊은 학자에게 준 편지에 이러한 구절이 있습니다. 좀 길지만, 윤사순 교수가 번역한 것을 인용해 보겠습니다. 이 학자는 학문하기가 너무 고달파서 병이 났다는 말을 편지에 쓰고 그에 대한 처방을 퇴계로부터 받아 보고자 했던 것 같습니다.

"…… 모든 일상생활에 있어 수작酬酌을 적게 하고, 기호와 욕망을 억제하고, 마음을 비워 편안하고 유쾌히 하루하루를 보낼 것이며, 도서圖書 화초花草의 완상이라든가 산수山水 어조魚鳥의 낙樂 같은 진실로 정의情意를 즐겁게 할 수 있는 것을 되도록 자주 접촉하여, 심기心氣를 항상 화순한 경지에 있도록 할 것이며, 거스르고 어지럽힘으로써 성내고 원한 품는 일이 없도록 함이 긴요한 치료입니다."

이것은 나날을 즐겁게 보내지 너무 공부만 하려고 애쓰지 말라는 말입니다. 그러니까 하루하루를 편하게 지내면서 즐길 것을 즐기는 것이 좋겠다는 말인데, 두세 가지 조건이 있는 것은 사실입니다. 즐김의 대상이 미술과 자연이라는 것이 그 한 조건입니다. 퇴계가 말하는 화초어조花草魚鳥는 자연의 식물과 동물일 수도 있고, 그림의 그것을 말하는 것일 수도 있습니다. 산수山水나 계산溪山도 그림을 말하는 것일 수도 있지만, 옛 선비들이 산수 여행을 즐긴 것으로 보아 실제 가 보라는 말로도 생각이 됩니다. (퇴계도 산에 가서 며칠 지내고 하는 일을 즐겼다고 합니다.) 이와 같은 전통적인 미술과 산수를 즐기라는 것 외에, 또 위에의 글을 보면, 사람과 어울리는 것을 너무 많이 하지 말고 충동적인 것에 이끌려서는 아니된다고 하였습니다. 그리고 화를 내거나 원한을 갖는 일을 하지 말아야 합니다. 그러니까 퇴계가 추천하는 것은 이미 마음의 어떤 상태를 목적으로 하고 있는 사람에게 하는 말이라고 하겠습니다. 위에 이어서 공부와 관련된 이야기가 나오는 것은 자연스럽습니다. 퇴계는 취미 생활에 이어— 취미 생활이면서 저절로 자기 수련이 되는, 화조와 산수를 즐기는 일을 하면서, 공부를 하되, 그것도 여유를 가지고 하라고 권고합니다.

"책을 읽어도 마음을 괴롭힐 정도로 읽지 말 것이며, 절대로 많이 읽으려 하지 말 것입니다. 다만 내킴에 따라 그 뜻을 음미하여 즐기고〔悅味〕, 이理를 궁구함에는 모름지기 일상생활〔日用〕의 평이하고 명백한 곳에 나아가 간파看破하여 숙달케 할 것입니다. 이미 아는 바에 의하여 편안하고 여유 있게 마음으로 그것을 음미하고 오직 유의〔著意〕하는 것도 아니요 유의 아니하는 것도 아닌 사이에 마음을 두고 잊지 않으면서, 꾸준히 계

속하여 공功을 쌓으면 저절로 이해〔融會〕되어 깨달음이 있을 것입니다."[1]

남시보가 앓고 있는 병은, 퇴계 자신도 앓았던 병이라고 하는데, 퇴계의 말로는 마음의 병〔心患〕입니다. 퇴계의 진단으로는 이것은 이理를 살핌이 투철치 못하여 생깁니다. 그리하여 평정을 얻지 못한 것입니다. 그러나 편지의 다른 부분을 보면, 이理를 지나치게 쫓는 것도 무리를 가져오게 됩니다. "궁리窮理에 있어서는 현묘한 데에 너무 치우치고, 역행力行에 있어서는 긍지矜持와 긴급緊急을 면치 못하여, 억지로 탐구"하는 것이 잘못이었다는 것입니다. 그러니까 이리가 확립되어야 하는 것은 핵심적인 일이지만, 그것은 마음의 전체적인 성장과 더불어 자연스럽게 이루어져야 하는 일이라는 것입니다. 또 오묘한 데로 가지 말고 일상적인 일에서 저절로 깨우치는 것으로 편벽되게 생각하지 말아야 한다는 것입니다. 이러한 일상적인 일에는 앞에서 말한바 취미 생활이 포함됩니다. 그러니까 다시 말하여 마음의 총체적인 성장이 중요한 것입니다. 그것은 감성과 자연스러운 일상적 삶의 영위와 병행하여야 합니다.

그런데 여기에 주의할 것은 이런 일상적 삶—약간 문화적인 삶이라고 할지 모르지만, 일상적 삶에서 공부가 저절로 되어야 한다고 하는데, 공부 자체도 "그 뜻을 따라가면서 즐기는"隨意而悅其味 것이 되어야 한다고 하는 것입니다.

김형찬 교수의 질의서에 나오는 지적에도 지나치게 공부의 고달픈 면을 강조하는 데 대하여, 공부 자체가 즐김의 대상이어야 하지 않느냐 하는 것이 있습니다. 이것은 강의의 처음에 강조했던 것—
즉 공자가 삶의 많은 것을 즐김의 관점에서 보았다는 사실 그리고 여기에 학문도 포함하여, 학문을 하고 이를 익히는 것은 즐거운 일이라고 한 것을 잊지 말아야 한다는 말로 생각합니다.

또 김형찬 교수는 이와 관련하여 보통 사람이 자기실현을 목표할 때에 하이데거나 릴케가 생각한 것과 같은 엄숙한 방법을 통한 것이 아니라 그것을 일상적 삶의 실천이 되게 하려면 어떻게 하여야 하는가를 질문했습니다. 여기에 대한 답변은 어느 정도 위의 이야기들에 들어 있을 것으로 생각합니다. 일상의 삶을 문화적 자기 개발과 지적 관심 속에 사는 것—이것이 하나의 답이라는 말입니다. 오늘날 사람들은 문화와 학문을 연마할 기회를 갖는 것이 아니라 극히 실용적인 가치의 직업에 종사하고 있습니다. 이러한 직업과 정신적 추구 또는 자기실현이 어떻게 양립할 수 있는가 하는 것이 문제입니다. 오늘의 악조건하에서도 스스로의 삶을 살기 위해서 이 문제에 대한 해결책을 찾아야 한다고 할 수 있지만, 다른 한편으로 중요한 것은 오늘의 직업을 인간적인 자기실현에 맞는 것으로 바꾸어야 한다는 사회적 책임입니다. 이것은 현대적인 일의 성격을 바꾸는 일이기도 하지만, 작업 조건을 바꾸는 일이기도 합니다. 가령, 간단하게는 참으로 8시간 노동을 할 수 있게 하여 문화적 기회를 향유할 수 있는 시간을 확보하는 일, 작업 환경을 보다 인간적으로 만드는 일을 생각할 수도 있습니다. (미국에서는 작업장을 자연 속에 위치한 것처럼 개축하여 작업 분위기를 바꾸고 동시에 생산성을 올린 예도 있습니다.) 또 작업 조건의 문제는 환경 보존의 관점에도 연결될 수 있습니다. 그런데 환경의 보존이나 중요성은 대체로 인식되고 있지만 (실용적인 관점에서), 아직 잘 알려지지 않은 것은 자연미의 중요성입니다. 여러 형태의 자연의 아름다움을 주변에 가져야 한다는 것은 인간적인 삶의 절대적인 조건의 하나입니다.

3

김형찬 교수가 유교에서 지켜야 할 예법의 세부 항목이 3000개 이상이라는 말에 논평을 가한 것도 곤학과 곤행의 요구에 관계된 것이라 할 수 있습니다. (예법이 경례經禮 300 위의威儀 3000이라고 김 교수는 밝혀 주셨습니다.) 이것을 하나하나 이치로 따져서 몸에 익히느니, 우선 그대로 따라 하는 것이 쉽지 않은가 하는 것이 김 교수의 의견입니다. 사실 맞는 말입니다. 지켜야 할 사항이 3000개라고 하지만, 그것은 분석적으로 말해서 그러한 것이지, 사실은 그러한 것이 아니라고 보아야 합니다. 그것은 어떤 문화에서 자연스러운 동작의 일부입니다. 그러니 따라서 하는 것이 그렇게 어려운 것이 아니라 할 수 있습니다.

인류학자들이 낯선 이민족의 생활 습관을 묘사하는 경우에도 이 점을 잘못 파악할 수 있습니다. 미국의 인류학자 레나토 로살도가 인류학의 객관화된 문화 기술의 불합리성을 설명하는 데에는 다음과 같은 예들이 있습니다. 안다만도의 사람들은 멀리 떨어져 있던 친구가 만나면 눈물을 흘리면서 반가워합니다. 이것을 인류학자가 묘사하면, 멀리 있던 친구가 만나면 눈물을 흘리는 의례를 수행하지 않으면 안 된다가 됩니다. 그리고 그다음에 그 세부 절차를 묘사합니다. 이러한 기술에서 자연스러운 행동이 인위적인 예법으로 바뀌게 되는 것입니다. 로살도 교수가 인용하는 다른 인류학 교수는 이러한 수법을 미국인의 이 닦는 습관의 기술에 적용하였습니다. 즉 미국인의 생활 의례 절차에는 아침의 '구강 의식'이 있다, 이것은 돼지 털이 달린 막대에 기이한 약을 묻혀 입에 넣고 그것을 앞뒤로 밀고 당기는 매우 규칙적인 동작을 하는 의례이다— 이 닦는 일을 이런 식으로 말하고 보면, 그것은 형식화된 거북스럽고 부자연스러운 예법의 하나로 바뀌게 됩니다.[2]

예법도 자연스러운 문화 습관이라고 한다면, 그렇게 괴로울 것이 없는 행동 양식입니다. 앞에서 언급했던, 철학자 허버트 핑가레트가 강조하고 있는 것이 이 점이지요. 예는 사람들이 저절로 따라서 하는 행동 방법입니다. 그러나 문제는 여기의 '자연스러운'이라는 말에 있습니다. 자연스럽다는 것은 인간성에 맞는다는 말이기도 하고 문화적 습관—아비투스habitus가 되었다는 말이기도 합니다. 그런데 이 문화적 습관은 시대와 더불어 바뀌게 되지요. 예법의 여러 규칙이 경직하게 되고 그렇게 많은 숫자로 헤아릴 수 있게 되었다는 것은 복잡한 의미를 가지고 있습니다. 그것은 예법이 음악의 교향곡처럼 섬세하여졌다는 것을 뜻할 수 있습니다. 이것은 어느 사회에서나 있는 일이지만, 동아시아의 사회에서 특히 발달된 것이 아닌가 합니다.

그다음 그것이 엄격하게 지켜야 하는 규범이 되는 것은, 의례가, 많은 경우, 사회적 조화의 행위적 수행이라는 차원 외에, 악용될 수 있는 '지배와 순종의 원리'를 함축하기 때문입니다. 이렇게 되면 의례는 배우기가 괴로운 일일 뿐만 아니라 부정적인 의미를 가진 것이 되지요.

그러나 의례가 인간의 사회적 삶에서 극히 중요한 것이고 개인으로도 자기실현에서 중요한 요소라는 것은 새삼스럽게 말할 필요도 없습니다. 그런데 이것이 급속히 잊혀져 가는 것이 동서양을 막론하고 현대입니다. 의례가 중요하다고 하면서, 이것을 살리는 방법은 그것을 원리의 면에서 다시 살펴보는 일입니다. 그것은 조금 전에 말한 것처럼 인간의 사회관계를 조화롭게 하고 만족스럽게 하는 것입니다. 그리하여 좁은 사회에서는 사회를 교향곡처럼 하나가 되게 하는 데에 일조합니다. 그런데 그러기 위해서는, 의례는 외면적인 공연의 문제이고 그것을 인정하는 것이 중요하면서도, 인간의 진정한 공존Mitsein의 바탕에 선 것이라야 합니다. 여기에서 그것은 자유과 윤리적 규범에의 순종의 문제에 이어지게 됩니다.

그런데 한 가지, 청중의 질문 가운데에, 자기를 돌보는 궁리 가운데에서 자기를 중시하다 보면, 좋은 사회를 위하여 필수적인 배려와 겸손의 미덕이 유지되기 어렵지 않겠느냐 하는 것이 있었습니다. 좋은 사회를 위한 예법은 바로 이 배려와 겸손의 원칙에 있다고 하겠습니다. 예법의 묘미는 내가 다른 사람에게 겸손하게 대한다고 해서 내가 현실적으로 낮아지는 것이 아니라는 데에 있습니다. 배려의 경우도 마찬가지입니다. 또 남을 생각하는 감정이 풍부한 사람이 저절로 배려가 있는 사람이라고 할 수는 없습니다. 물론 그러한 감정이 있어야 하지만, 감정이 윤리적 이성으로 규범화된 것이 진정한 배려입니다. 간단한 의미에서는 겸손과 배려는 나를 낮게 하면서 내가 높은 사람이 되는 것이지만, 깊은 의미에서는 그것은 모든 사람이 근원적인 공존에 참여하는 것입니다. 그것은 삶과 존재의 전체에 참여하는 것이지요. 삶의 신비 앞에서 겸손해지는 것은 성스러운 일이고 동시에 같이 참여하는 사람에 대하여 감사를 느끼지 않을 수 없게 되는 일입니다. 예를 통해서, 배려와 겸손을 통해서, 참다운 미트자인에 참여하는 것은 전략적인 의미에서가 아니라 참된 의미에서 낮아지면서 높아지는 일입니다.

그런데 한 가지 보탤 것은, 되풀이하건대, 예가 지배와 순종의 원리일 수 있다는 사실에 대한 것입니다. 인류학자들이 그리고 동양의 의례를 연구한 어떤 학자들이 확인하는 것도 그것이 위계질서의 사회적 확인을 위한 사회 절차라는 것입니다. 이것은 특히 우리 경우에 그렇지 않나 합니다. 서양의 예의를 보면, 적어도 윗사람이 아랫사람에게 겸양을 보이는 절차인데, 우리는 노골적으로 그 반대가 되어 있는 것 같습니다. (사람이 약한 사람을 돕는 것을 원칙으로 하는 기사도와 같은 것도 강자가 약자에게 몸을 낮추는 규범입니다.) 예는 위계질서의 확인으로서가 아니라 보다 신성한 바탕에 이어지는 인간 행위의 표현 양식으로 이해되어야 할 것입니다.

또 여기의 문제들과 답변들은 사람이 본질적으로 이기적인 존재인가 아닌가 하는 문제들에도 그대로 이어진다고 할 수 있습니다. 질문 가운데에는 다윈주의, 주로 생존 경쟁에서 적자適者가 생존한 다는 생각the survival of the fittest ─ 또 다른 질문에 언급된 리처드 도 킨스의 『이기적인 유전자』라는 책의 주제도 그와 비슷한 것으로 요 약할 수 있을 것으로 생각하는데 ─ 에 관한 것이 있습니다. 이것도 공존의 문제에 관계된다 할 수 있습니다. 여기에 대하여서는 요즘의 생물학에서는 적자생존이 반드시 개체적인 의미에서의 생존 그리고 강자의 승리가 아니라 훨씬 더 복잡한 체계, 즉 다양한 변종의 생성, 그것의 환경적 적응의 실험, 그리고 변종의 특질의 지속적 유전 등의 복합 체계 속의 실험으로 확보된다는 설이 강하다고 간단히 답할 수 밖에 없습니다. 그리고 이러한 복합적 체계 속에서 이타심은 그 나 름으로 종의 생존에 중요한 역할을 담당하고 있는 것으로 생각됩니 다. 지금도 그것이 존재한다는 것 자체가 그것의 생존적 가치를 말 한다고 할 수 있습니다.

그러나 그보다 중요한 것은, 앞으로 조금 더 답해야 하겠지만, 사 람의 경우, 사람이 사는 데에는 반드시 규범이 생겨나고 이상적 이념 이 생겨난다는 사실입니다. 이것은 위에서 말한 바와 같이 인간 존 재의 특별한 존재론적 깊이에 이어졌다고 나는 생각합니다. 윤리나 예와 같은 형식적 완성은 결국 이에 관계된 삶의 가능성일 것입니 다. 이것을 여기에 언급하는 것은 플라톤적인 이데아에 대한 설명을 요구한 질문이 있었기 때문입니다.

4

　민은경 교수는 자아의 문제에 관하여 질문하시면서, 시몬느 베이유의, "한 인간에 있어서 신성한 것은 그의 개인성이 전혀 아니고, 오히려 그의 비개인성이다"라는 말을 인용하였습니다. 그리고 진정한 자아라는 것이 무엇인가를 논했습니다. 위에서 예와 관련하여 말한 것은 이 베이유의 말에도 맞아 들어갈 수 있는 것이 아닌가 합니다. 사람의 자기 형성의 동기는 그것이 반드시 신성한 것으로 나아가는 것은 아니면서도 보다 높은 존재를 향하여 가려는 인간 본유의 충동에 관계되어 있는 것이라 할 수 있습니다. 그것은 적어도 어떤 형식에로 나아감이고 그 형식의 존재하는 영역에의 나감이라 할 수 있습니다. 그리하여 그것은 개인적 실존에서 나오는 충동이면서 그것을 넘어가는 비개인적인 것—신성하다고 할 수도 있는 형식에의 움직임입니다.

　그런데 생각해 보면, 사람의 모든 것은 개인적인 의미에서 자기의 표현인 것이 없다고 할 수 있습니다. 성性이라는 것은 개인에게 작용하는 종족의 속임수라는 유명한 쇼펜하우어의 말이 있지만, 성은 개인을 움직이는 가장 큰 충동이지만, 이것이 개인 스스로 만들어 내는 것이 아니라는 것은 새삼스럽게 말할 필요도 없습니다. 이것은 식욕이나 행복에 대한 요구나 다른 욕망들에도 해당시킬 수 있습니다. 그러면서도 인간을 근본적으로 규정하는 요인들이 무엇인지를 전부 알 수는 없습니다. 이것은 지금의 인간에 대한 이해가 그렇기 때문이라고 할 수도 있고 본질적으로 그렇기 때문에 또는 그러한 것에 가깝기 때문에 그렇다고 할 수도 있습니다. 이 후자의 경우는, 인간을 구성하는 모든 것 또는 본성을 알 수 있지만 아직은 알지 못한다고 하는 경우나 알기 어려운 경우가 있다고 하는 것과는 상당한 차이가 있다고 하겠습니다. 프로이트가 사람의 의식의 밑에 있는 무의식을 말할 때, 그것은 사람의 뇌 작용에 우리가 쉽게 알 수 없는 영역이 있다는 것을 인정하는 것이지만, 다른 한편으로 그것은 역시 성과 가족 관계의 얼크러짐에서 나오는 억압의 결과이기 때문에, 반드시 접근 불가능한 것을 말하는 것은 아니라고 할 것입니다. 트릴링이 어떻게 무의식이 존재한다는 사실을 인간의 비극적인 운명과 관계시켰는지는 정확히 모르겠지만, 문명된 사회의 요구와 개인적 성 충동 사이의 갈등─가령 오이디푸스의 이야기에서처럼 둘 사이의 극복할 수 없는 갈등이 인생을 비극적인 것이 되게 한다고 말했을 수 있겠습니다. 이러한 갈등은 인간의 자기 수련에서 승화될 수 있는 것이기는 하지만, 그것은 단순히 승화─자기 수련에 관계된 승화의 숨은 동인이 될 수 있을 뿐이고 의식적인 지향의 출발점이 되지는 않을 것입니다. 그렇다는 것은 근본적으로 자기 형성이나 자기실현은 과거의 죄의 문제가 아니라 앞으로 이룩해야 할 어떤 형상에 관계되기 때문입니다. 그것이 자기를 초월하여 나아가는 것을 말한다면─주어진 잠재력이면서도 새로이 형성되어야 할 어떤 것을 향하여 나아가는 것을 의미하는 것이라고 한다면, 그것을 자극할 수 있는 인간의 무의식은 프로이트보다는 융의 무의식으로 설명될 수 있을 것입니다. 융이 말하는 집단 무의식은 인간의 존재론적 근거에 이어져 있다고 할 수 있기 때문입니다. 이것은 개인적 동기를 넘어가는 세계를 생각하게 합니다.

위에서 잠깐 말했지만, 플라톤적인 이데아의 세계에 대한 질문이 있었습니다. 이것은 학문의 세계가 어떻게 이데아의 세계에 관련되느냐 하는 질문입니다. 그것이 어떻게 하여 현실 세계에 관련되는지는 분명치 않으면서도, 수학이 이데아의 세계를 지시하는 것은 틀림이 없다고 할 수 있습니다. 수학은 경험의 세계에서 볼 수 없는 명증한 정리, 추리들을 다룹니다. 그것은 반드시 경험적인 세계에서 체험되어 증명되는 것은 아닙니다. 가령 수학의 개념으로서의 직선의 개념은 경험 세계의 진리가 아닙니다. 또는 등변 삼각형의 두 각이 등각이라든가 2에다 3을 보태면 5가 된다든가 하는 것은 경험에 관계없이 증명되는 것들입니다. 이것들이 실재로서 존재하느냐 하는 것은 물론 말할 수 없습니다. 또 이것들이 어떻게 현실에 맞아 들어가느냐 하는 것도 알 수는 없는 일입니다. 우연이나 신비라고 하여야 하겠지요. 그런데 물리학의 진리도 수학적 진리에 가까이 갑니다. 요즘의 천문학에서 우주의 최종적인 구성 요소는 수학의 알고리즘이라고 하는 생각도 나온다는 이야기를 듣습니다. 그런데 정의니 덕성이니 진리니 하는 것도, 그 실질적 내용에는 차이가 있다고 하더라도, 반드시 경험적으로만 추출되는 것만은 아닌 추상적 개념입니다. 플라톤은 이러한 개념들이 별도로 존재하는 영원한 세계, 이데아 또는 형상의 세계를 생각했습니다.

따로 존재하는 이데아의 세계와는 별도로 세계에서의 형상적인 것의 존재를 기이하게 생각하지 않을 수 없습니다. 특히 사회적인 공간이 있으면 거기에서 규범적인 개념이 생기는 것을 특이한 현상으로 생각하지 않을 수 없는 것입니다. 사람들이 모여서 그들 사이에 존재하는 문제를 논의하게 되면, 거기에는 정의라든가, 공정성이라든가 개체라든가 보편이라든가 하는 규범적 개념이 등장하게 마련입니다. 앞의 강의에서 아렌트의 공적 행복의 개념과 관계하여 말하고자 했던 것은 (그것은 반드시 그의 생각이라고 할 수는 없지만) 사회적 공간에서 나오게 마련인 규범성의 문제였습니다. 사회와 정치의 영역은 이해관계에 따른 갈등의 공간이면서 동시에 규범적 재결裁決의 공간입니다. 공적 행복은 다른 철학적 인간학의 의미를 가지고 있기도 하지만, 이러한 중요한 정치적 의미를 가지고 있습니다. 이것이 없이는 모든 정치적 문제는 오로지 싸움과 다툼의 문제가 되고 거기에서 이루어지는 사회는 결국은 사람이 사람에 대하여 이리(늑대)가 되는 사회로 남을 수밖에 없습니다.

그런데 플라톤적인 이데아의 문제는 삶에도—자기 삶을 살아가는 데에도 그대로 적용됩니다. 일정한 모양을 갖춘 삶을 산다는 것은 바로 자신의 삶 그것으로 형상의 세계에 접근하는 것을 말합니다. 민은경 교수는 자기 형성의 완성감을 가장 잘 나타내는 예술 형식이 무엇인가를 물었습니다. 그리고 그것은 소설이 아닌가 하는 것을 암시하였습니다. 그렇다고 대답하여야 하겠지요. 그렇다고 소설적인 삶이 자기실현의 삶이라고 할 수는 없습니다. 소설은 삶이 아니라 허구입니다. 헤세, 토마스 만, 로렌스 또는 괴테의 빌헬름 마이스터 또는 파우스트에서까지도 우리는 거기에 그려진 삶이 일단의 모양을 갖추고 있다는 느낌을 갖습니다. 그러나 그 삶이 그렇게 느껴지는 것은 소설가들의 재구성을 통해서이지요. 얼마 전 최장집 교수와 어떤 사람들의 자전적 기록을 놓고, 전기에 관한 이야기를 나눈 일이 있습니다. 그때 한 가지 나온 화제는 전기가 재미있는 것은 삶 자체에 못지않게 그것에 대한 성찰—자기의 삶을 넘어가는 사실적 연관과 그것들이 아울러 이루는 의미에 대한 성찰이라는 것이었습니다. 프루스트의 '잃어버린 시간을 찾아서'라는 제목은 이 관련을 잘 표현해 줍니다. 이 소설—다분히 자전적인 이 소설이 흥미로운 것은 거기에 들어 있는 가십들 때문이 아니라 그것에 대한 프루스트의 깊이 있는 성찰 때문입니다. 어떤 삶도 다시 찾아야 할 것들이 있고 그것들이 어떤 형상을 이루는 것이 될 수 있습니다. 그러나 여기에서 오는 완성감은 삶의 완성감이라기보다는 깨달음의 완성감입니다.

사실 자신의 삶 그것에 대한 깨달음은 누구에게나 주어지는 것은 아니라 할 수 있습니다. 또 프루스트 자신도 자신의 삶을 어떤 완성된 것으로 파악했다고 할 수는 없을 것입니다. 그가 이룩한 것은 삶의 성찰의 완성입니다. 오히려 사람들은, 앞에서 말한바, 사람들이 갖는 에피파니의 경험에서 조금 더 쉽게 삶의 형상성에 대한 경험을 갖는 것이 아닌가 합니다. 그것은, 다시 말하여, 어떤 사물이나 사건 incident이 삶과 일의 큰 의미를 드러내 주게 되는 것으로 비추는 경험을 말합니다. 이것은 의미에 대한 깨달음이기도 하지만, 전체적으로 직관적 성격을 가지고 있기 때문에, 사안의 형상적 파악의 성격을 갖는 것으로 말할 수 있습니다. 위에서 우리는 에피파니가 제임스 조이스의 소설의 주요 관심사라고 했지만, 에피파니의 경험은 사실 시적 경험이지요. 이것의 의미에 대한 제한된 예시라고 하겠지만, 일본의 하이쿠俳句는 특별한 형식의 에피파니의 시를 대표한다고 할 수 있습니다.

다시 더 확대하여 문예 현상학자 로만 잉가르텐Roman Ingarden은 문학의 핵심이 이러한 데에—즉 갑자기 순간적으로 의미의 빛 속에 조명되는 경험의 재현에 있다고 말한 일이 있습니다. 그러나 이것은 모든 지적인 경험—체험적인 성격을 가진 지식의 습득에서 볼 수 있는 것일 것입니다. 그러나 그것은 단순한 정보의 습득이 아니라 절정의 경험에 가깝다고 할 것입니다. 앞에서 본 곤학의 경험들이 말하는 것도 그것입니다. 플라톤의 『공화국』에서 동굴을 빠져나온 사람들이 열린 세상에서 보게 되는 형상, 특히 선善의 형상은 눈부신 햇빛과 같아서 정신을 아찔하게 합니다. 그리고 그들은 그 비전에 사로잡혀 그것의 진리에 대한 확신의 인간이 됩니다.

이것은 보통 사람들에게도 어느 정도는 일어나는 일이라고 할 수 있습니다. 사람이 자신의 삶을 완성하기는 어려운 일이라고 하더라도 그것을 향하여 노력하여야 한다는 의식은 삶에 일정한 방향성을 가지게 합니다. 그리하여 자기 형성과 자기실현과 삶의 완성을 향하게 되는 의지는, 현실의 관점에서도 무의미한 것이 아닐 것입니다.

여기에서 말한 것들은 민은경 교수 그리고 다른 플라톤에 대한 질문들로 촉발된 생각들을 적은 것입니다. 그런데 민 교수가 말하고 들고 있는 사상가들 가운데 푸코에 대한 답변이 빠졌습니다. 푸코도 자기를 돌보아서 보람 있는 삶을 살 것을 말하지만, 여기에 도달한 경로가 매우 특이하다고 할까, 현대적이라고 할까— 퍽 현실적입니다. 푸코는 내면적 자아를 상정하고 그것을 수련하는 것을 말하고 싶어 하지 않습니다. 그의 접근은 완전히 외면적입니다. 삶의 의미도 내면적으로 또는 어떤 초월적인 관련에서 주어지는 것이 아닙니다. 그가 자기 돌봄의 기술이라고 한 것은 살고자 하는 삶에 맞게 자기를 고치는 일인데, 이것을 앞에서는 '작용'이라고 말했지만, 이것은, 사람이 자기에게 가하는 '수술'operation이라고 부를 수 있습니다. 말하자면 세상에 맞아 들어가서 살기 위해 성형 수술을 하는 것이지요. 그런데 이것이 결국은 이성을 따르고 삶의 현실적 조건을 받아들이고 세상의 윤리에 따라서 사는 것이 되는 것입니다. 그런데 이런 과정에서 이성과 윤리는 어디에서 나오는 것인가 물을 수 있습니다. 이것이 순전히 경험적 과정에서 연역되어 나오는 것인지 어쩐지는 분명치 않습니다. 그는 그것들이 삶을 미리 살아 본 사람들에서 배울 수 있는 것이라고 할 뿐입니다.

그의 접근이 순전히 외면적인 것으로 남아 있는 것은 틀림이 없습니다. 그런 까닭에, 그가 캘리포니아의 쾌락주의 청년들을 긍정적으로 보는 것은 충분히 이해할 수 있습니다. 그는 현실에 가능한 것은 허용되어 마땅하다고 생각할 것입니다. 그는 젊은 시절에 자신도 미국으로 이민하여 살았더라면 좋았을 것이라는 말을 한 일이 있습니다. 미국에는 자기 자신의 선택한 삶을, 그것이 어떤 것이든지 간에, 살 만한 충분한 공간이 있다고 생각한 것입니다.

푸코의 자아관은 자아를 쾌락의 원리로 보면서 동시에 그 쾌락의 원리가 철저하게 사회적 공간에 의하여 제한되는 것으로 생각하는 것이라고 할 수 있습니다. 그렇지 않은 듯하면서도 그의 사회적인 인간관은 유교의 인간관과 비슷합니다. 공자가 관심을 가진 것도 결국은 개인적인 충족의 삶이면서도 철저하게 사회적인 관계 속에 있는 인간입니다. 거기에서 예라는 답이 나오고 그것의 내적인 원리로서 인이 나온 것입니다. 서로 유사한 데가 있는 것은 앞에서 이야기한 바 있습니다. 여기에서 이것을 새삼스럽게 말하는 것은 이 유사성에 대한 어떤 문헌적인 증거가 있는가 하는 질문이 있었기 때문입니다. 푸코가 유교의 경서들을 읽었을 가능성은 크다고 하겠습니다. 그러나, 짧은 지식으로는, 푸코가 공자를 언급하는 것은 보지 못했습니다.

5

마지막으로 답하여야 할 것은 이러한 생각들이 우리 현실에 어떻게 관련되는가 하는 문제입니다. 자기의 삶에 대한 문제는 어떻게 이야기되든지 개인적인 선택의 문제라 할 수 있습니다. 그러니만큼 현실의 급박성을 가지고 있지 않다고 할 수 있습니다. 우리가 현실이라고 할 때는 사회 현실입니다. 그것은 선택이 아니라 회피를 허용하지 않는 현실입니다. 오늘날 현실적인 현실은 사회와 정치와 경제입니다. 그리고 이것들은 인간의 자기실현을 위한 현실이기도 합니다. 위에서 퇴계를 말하였습니다. 퇴계는 남시보에게 예술적 여유와 학문적 탐구 그리고 일상생활의 진리의 경험을 권고하고 있지만, 이러한 예술과 학문과 그것을 결합하는 삶이 누구에게나 가능한 것이겠습니까? 여기에 놓여 있는 것은 심리적인 문제일 뿐만 아니라 경제적 여유의 문제이고 사회적 구조의 문제입니다. 퇴계가 거느리고 있던 노비만 해도 150명 정도가 되었다고 합니다. 실로 오늘날에도 가장 중요한 문제는 자기실현의 삶을 가능하게 할 경제와 사회가 가능하겠는가? 많은 사람들에게 그러한 삶을 사는 것이 가능하겠는가? 그렇지 않다면, 그렇지 않은 조건하에서는 어떤 종류의 자기 형성, 자기실현, 삶의 향수가 가능하겠는가를 물어야 할 것입니다. 또는 오늘의 조건 아래에서 사회가 어떻게 바뀌어야 그것이 가능하고 그것을 위해서는 어떤 노력이 있어야 하겠는가를 물어야 할 것입니다. 여기에 대하여서는 간단한 답이 있을 수 없습니다. 다만 여기에서는 이러한 현실 조건의 절대적인 중요성을 인정할 따름입니다.

여건종 교수는 저의 생각의 기본 틀이 변증법이라는 것을 지적하였습니다. 현실과 자기 형성의 관계도 변증법적이라고 답할 수밖에 없습니다. 그것들은 서로 길항하면서 다시 합칠 수 있는 두 대립 항이라고 하여야 하겠지요. 위에서는 여기에 더하여 자아의 다층적 구조, 또 삶의 다층적 구조를 말하였습니다. 서로 독립된 층위를 이루는 것들이 서로 영향을 주는 구조를 생각한 것입니다. 그러나 이번의 강의에서 개인적 자아를 논의의 중심으로 한 것은 그것이 인간 이해에 있어서 중심이라는 것을 상기하기 위해서였습니다. 사회적 현실의 절박성으로 인한 것이라고 하지만, 그것은 우리 사회에서 전적으로 논의의 밖에 있는 것으로 보입니다. 그 문제에 대한 고찰이 없이는—그것이 교육과 정책과 사회 철학에서 인간적 삶의 주축의 하나라는 것을 잊어버리고는 사회 변증법의 바른 전진을 기대할 수 없을 것입니다. 적어도 그것을 상기하는 것이 절실한 것이 우리 사회가 아닌가 합니다. 다시 말하여 그것 없이는 이상 사회의 실현도 있을 수 없고 현실의 인간화도 미약한 것이 될 수밖에 없을 것입니다.

좋은 사회란 사람들이 진정한 자신의 삶을 살고 동시에 공존의 진실한 형태를 실현하는 사회입니다. 사람들의 진정한 삶은 자유로운 자신의 삶을 사는 사회입니다. 그러면서 그 자유를 통하여 공존의 윤리적 규범을 실현하는 사회입니다. 이러한 사회에서 모든 것은 거의 저절로 움직인다고 할 수 있습니다.

여건종 교수가 심미적 이성에 대하여 질문하였습니다. 그것은 많은 것이 조화되고 사람들이 자기를 실현하면서도 서로 화해하고 화합하는 사회의 원리로서 이러한 이성을 말한 일이 있기 때문일 것입니다. 그것은 원래는 메를로 퐁티로부터 빌려 온 것이었지만, 여 교수가 지적하고 있듯이 실러의 생각을 빌려서 다시 말한 것입니다. 여기에서 그 문제를 다시 말한다면, 보충되어야 할 것은, 그러한 원리가 어떻게 여러 가지 부정적인 요인들 속에서도 작용할 수 있는가 하는 데 대한 의견일 것입니다. 그러나 이번에는 릴케의 시를 인용하여 삶에 있어서의 고통의 문제를 암시하는 것으로 그쳤다고 할 수밖에 없습니다. 심미적 이성은 단순히 이상 사회의 원리가 되는 것은 아닙니다. 심미적 이성의 원리는 이상 사회의 원리일 수도 있지만, 결핍과 고통이 많은 사회에서도 필요한 원리입니다. 강의에서 인용한 릴케의 시는 고통과 비탄을 포함하는 삶에 대한 절대적 긍정을 말한 것입니다. 릴케의 시를 인용한 것은, 고통의 현실도 인간 현실이라는 것을 인정하고 그것이 알게 하는 삶의 찬란함을 느낌으로써, 그로부터 출발하여 보다 이상적인 삶을 위한 노력이 촉발될 수 있다는 것을 생각해 보고자 한 것입니다.

주

1 윤사순 역주, 『退溪選集』(현암사, 1982), 55~56쪽.
2 cf. Renato Rosaldo, "After Objectivism", Simon During (ed.) *The Cultural Studies Reader* (Routledge, 1993).

찾아보기

ㄱ

가브리엘 마르셀Gabriel Marcel · 216

가오싱젠高行建 · 209, 211, 213, 214

가오판룽高攀龍 · 203~207, 209

가치의 독자성 · 47

감각 · 51, 149, 154, 155, 165~172, 190

개미집 · 118

개인 · 16, 22~28, 31, 32, 34~38, 45~
52, 59, 60, 62, 63, 83, 85, 86, 90~95,
103~106, 119, 124, 129, 147, 152,
159, 160, 170~172, 188, 213, 221,
222, 227, 230~232, 235, 236, 241~
244, 246, 258, 261

개인성 · 241, 242, 261

개체 · 16, 18, 20, 21, 23~25, 45, 49,
50, 83, 90, 91, 134, 152, 184, 190,
227~229, 231, 234, 264

개체로서의 자아〔小我〕 · 228

개체성의 정위치the locus of the personal ·
86

거짓된 사회적 가치 · 151, 152, 154, 230

검소 · 78, 79, 84, 145

게슈탈트 심리학 · 179

겨룸emulation · 135, 145

격물치지格物致知 · 67

결단Entscheidung · 181, 182, 188, 191,
193, 195, 196, 251

결심Entschluss(Entschlossenheit) · 165, 182
~188, 191, 193~195, 210

겸양 · 84, 259

경례經禮 · 228, 229, 256

계공모리計功謀利 · 198

계근戒謹 · 118

계보학 · 93

「계씨」季氏 · 82

『곤지기』困知記 · 200

곤학困學 · 6, 201, 209, 210, 247, 252,
256, 266

『곤학기』困學記 · 200, 201, 203

곤학困學의 역정歷程 · 163, 210, 232,
233, 247

공공 공간 · 36, 137, 140, 142

공구恐懼 · 118

공구신독恐懼愼獨 · 101

공리주의적 합리성 · 238

공손 · 84

공자孔子 · 69~73, 75~82, 84, 88, 90,
91, 117, 200, 232, 233, 241, 247, 255,
268

『공자가어』孔子家語 · 70

공작의 인간 · 59

공적 공간 · 121, 126, 129, 131~139,
141, 142, 147, 148, 159, 160

공적 덕성 · 143

공적 행복public happiness · 127~146,
152, 159, 229, 238, 264

공존Mitsein · 51, 185, 187, 188, 190, 258
～260, 270
공중성Die Oeffentlichkeit · 181
『공화국』 · 266
과시 소비 · 44, 139, 145
관습ethos(Sitte) · 77, 85, 104, 109, 193,
228, 251
괴테 · 265
교양 · 22～24, 201, 244
군자君子 · 71～75, 85, 88, 107, 194, 202
굴원屈原 · 204
권력power · 39～41, 50, 108, 109, 135,
138, 139, 145, 158, 229, 247
그림슬리(로널드 그림슬리) · 149, 150, 152
극장의 우상 · 43, 44
글쓰기 · 99, 100, 102
금욕 · 102, 103, 115, 116, 191
금욕의 단련 · 115
금욕주의 · 102
기율 · 18, 102, 103, 195
기이한 생각의 바다에서 · 227, 232
김나시아gymnasia · 103

ㄴ

나그네 · 209, 215～217
나치즘 · 26, 136, 187
남시보南時甫 · 252, 254, 269
낭만주의 · 23, 241
너스바움(마사 C. 너스바움)Martha C. Nuss
baum · 168
노에인noein · 179

『논어』論語 · 65, 70～73, 76, 78, 81, 83,
200, 207
뉴턴 · 28, 52
뉴턴의 물리학 · 52, 53

ㄷ

다원주의 · 260
단독자 · 149, 159, 229
『대학』大學 · 67
덕德 · 75, 80, 83, 85, 92, 212
덕성virtue · 83, 92, 139, 143, 144, 150,
152, 263
『데미안』 · 24, 26
데카르트 · 195, 196
도덕률 · 109, 115
도덕적 인간 · 59
도덕주의 · 34, 35, 38, 40, 57, 58, 110,
118
동굴의 우상 · 43
동굴의 허상 · 195
등용문登龍門 · 206
디알렉티케dialektike 변증법 · 100
디알렉티코스dialektikos 대화 · 100

ㄹ

레게인legein · 179
로고스Logos · 179, 182
로렌스 · 265
로만 잉가르덴Roman Ingarden · 266
로살도(레나토 로살도) · 256, 257
루소 · 145～155, 165～167, 171～174,

218, 229, 230, 233

루터 · 169

리처드 도킨스 · 246, 260

릴케 · 218, 219, 221, 233, 248~250,
255, 271

ㅁ

마담 드 배랭 · 149, 165

마르크스 · 237

마르크스주의 · 137

만유인력 · 52

맹자 · 75, 169

메를로 퐁티 · 270

멜레테 · 103

명상melete(meditatio) · 98, 103, 116, 152
~154, 183, 196

무목적의 목적성Die Zweckmassigkeit ohne
Zweck · 47

무산자 · 142

무의식 · 220, 262, 263

문화 · 15, 18, 22, 32, 42, 45, 46, 52, 82,
85, 91, 143, 145, 167, 234, 238, 240,
242, 255~257

문화혁명 · 212

문화혁명기 · 209, 213

물질세계 · 28, 67, 108

미국 예외주의American exceptionalism ·
140

미국 혁명 · 128, 136, 139, 140

민족 국가 · 38

민주정치론 · 171

민주주의 · 34, 125, 126, 136, 189

ㅂ

반소식 · 78, 79

방법론 · 40, 94, 195

『방법론 서설』 · 196

「버스정거장」車站 · 210

베블런(소스타인 베블런)Thorstein Veblen ·
139, 145

베이유(시몬느 베이유)Simone Weil · 5, 241~
243, 261

베이컨(프랜시스 베이컨) · 43~45

베토벤 · 249

변증법 · 37, 50, 59, 60, 84, 85, 96, 98~
100, 102, 110, 145, 155, 157, 158,
170, 218, 269, 270

〈보리수〉 · 249

보편성 · 51, 53, 87, 99, 140, 154

보편적 진리 · 52, 236, 244

보편적 질서 · 151~153, 157

복 · 92, 121, 123

불경佛經 · 251

불로佛老 · 198, 202

불인지심不忍之心 · 169, 171

비개인성 · 241, 242, 261

비아非我 · 40

비탄die Klage · 219, 220, 271

빌헬름 마이스터 · 265

ㅅ

사유 · 51, 92, 93, 154, 231, 232, 234,

235, 240

사적인 행복private happiness · 124~126, 128, 129, 131

사회 · 6, 7, 13, 15, 27, 28, 30, 32~52, 57~63, 65, 69, 71, 72, 77, 80, 83, 85, 88, 90, 91, 93, 95, 104~106, 108~ 110, 115, 119, 120, 123, 124, 126, 132, 133, 135~138, 140~145, 147, 150, 152, 153, 158, 159, 168, 170, 172, 188, 189, 203, 211, 215, 221, 222, 227, 228, 230~232, 246, 257~ 259, 262, 264, 269~271

사회성 · 36, 39, 41, 43, 45, 48, 130, 144, 145, 147, 230

사회 철학 · 77, 168, 270

사회 통합 · 36, 37

사회화 · 32, 57~59, 61, 172, 242

『삼시기』三時記 · 203

상제上帝 · 228, 229

상호 겨룸emulation · 135

생명life · 21, 49, 109, 127, 128, 147, 230

선량 · 84

「선진」先進 · 76

성리학 · 117, 118, 197, 202, 204, 208, 209, 228, 230

세네카 · 101

소크라테스 · 96, 99

소통 · 25, 49, 109

『소학』小學 · 74

쇼펜하우어 · 261

수신 · 23, 69, 70, 80, 115, 118, 197, 200

수월성excellence · 136, 143, 145

「술이」述而 · 70, 76, 88, 207

슈베르트 · 249

스토아 철학 · 94, 168

『스티븐 히어로』Stephen Hero · 170

『시경』詩經 · 82

시장의 우상 · 43

시장주의 · 36, 37

신독愼獨 · 118

실러(프리드리히 실러) · 236, 237, 270

실존 · 51, 52, 155~159, 165, 179, 182~ 185, 190, 236, 244, 261

실천 이성 · 144

『심리학 원리』 · 193

심미적 경험 · 236, 237, 243

심미적 국가 · 236~238

심미적 이성 · 6, 233, 236, 270, 271

심미적 형식 · 47, 243, 244

심미주의 · 78

심전心田 · 178

쑨친鄒欽 · 199, 200

ㅇ

아我 · 40, 108

아렌트(한나 아렌트) · 128~133, 136~140, 142, 144~146, 152, 159, 189, 190, 243, 264

아비투스habitus · 257

아서 웨일리Arthur Waley · 117

아스케시스askesis · 102~104

아우구스티누스 · 178, 195, 196

악덕 · 135, 136, 139, 146

악의 진부성banality of evil · 136

「안연」顔淵 · 87, 88

알고리즘 · 19, 263

알키비아데스 · 96, 99

『알키비아데스 1』 · 96

알튀세르(루이 알튀세르) · 151, 152

애기愛己(amour propre) · 147, 148, 230

애덤스(존 애덤스) · 129, 130, 144~146

야망ambition · 96, 135, 138, 139

야스퍼스 · 155, 159

양심 · 104, 182, 183, 187

「양화」陽貨 73

억압 · 21, 109, 118, 119, 124, 228, 231, 242, 262

『에밀』 · 150

에토스ethos · 105, 106, 109, 115

에피쿠로스학파 · 94

에피파니epiphany · 170, 171, 265, 266

에픽테토스 · 103

역유토피아dystopia · 110

영산靈山 · 210, 211, 213, 215, 217

「영산」靈山 · 209~211

예견Vorlaufen · 105, 183

『예기』禮記 · 117

예禮 · 80, 83~87, 90, 117

예외자 · 159

〈오르페우스에게 부치는 소네트〉 · 218, 221, 233, 248

오성 · 156

온화 · 81, 82, 84

「옹야」擁也 · 75, 87

왕양명 · 201

외물과 일거리 · 66~68

우양데歐陽德 · 201, 202

우주로서의 자아〔大我〕 · 228

우주적 행복 · 149, 229

워즈워스 · 28, 239

위기지학爲己之學 · 64~66, 90, 91, 230, 231

「위령공」衛靈公 · 88

위우주지학爲宇宙之學 · 231

위의威儀 · 202, 228, 229, 256

위인지학爲人之學 · 230, 231

「위정」爲政 · 82

유성遊星 · 221

유자儒者 · 199, 200, 203

유자有子 · 83

『유자의 역정』The Confucian's Progress · 199, 203, 211

유토피아 · 109, 110

유학儒學 · 64, 65, 68, 69, 75, 201, 202

유한계급 · 139

유희의 인간 · 59

윤리Sittlickeit · 37, 65, 68~70, 81, 91, 104~106, 115, 169, 242, 260, 267

윤리적 인간 · 104, 115, 119

융 · 262

음악 · 76, 87, 221, 249, 251, 257

이기 · 95, 96

『이기적인 유전자』 · 260

이데아 · 5, 247, 260, 263, 264

이데올로기 · 31, 50, 136, 152, 166, 231, 232

이성 · 6, 16~20, 90, 102, 104~106, 132 ~134, 143, 144, 147, 155~159, 166, 173, 180, 229, 230, 233, 236, 237, 243, 259, 267, 270, 271

『이성과 실존』 · 155

「이인」里仁 · 88

인仁 · 80, 86~88, 90, 117, 202

『인간 불평등 기원론』Discours sur l'origine de l'inegalite · 146

인민민주주의 · 137

인상 · 72, 168~170, 205

인정recognition(Anerkennung) · 14, 21~23, 33, 39, 40, 42, 44, 49, 58, 65, 66, 68, 106, 109, 119, 125, 130, 144, 171, 189, 193, 230, 240, 242, 258, 262, 269, 271

인지 · 7, 31, 110, 154, 179, 185, 219

『잃어버린 시간을 찾아서』 · 168

ㅈ

자공 · 70

자기 돌봄 · 99, 115, 116, 267

자기실현 · 48, 235, 236, 242, 243, 255, 256, 262, 264, 266, 269

자기의 기술 · 91

자기 형성 · 13, 18, 21, 22, 24, 26, 28, 30, 32~35, 45, 47, 51, 52, 58, 59, 64, 66, 68, 69, 116, 166, 233~236, 238, 240~244, 261, 262, 264, 266, 269

자로 · 74

자산가 · 140, 142, 143

자아 · 16, 17, 19, 20, 39, 46, 51, 61, 62, 64, 66, 85~87, 91~97, 100, 102, 104, 105, 108, 109, 147, 148, 155, 158, 159, 165, 174, 175, 183, 186, 192, 196, 197, 228, 230, 241~243, 261, 267~270

자아의 공학 · 91, 95

『자아의 공학』 · 96

자애自愛(amour de soi) · 86, 147, 154, 155, 159, 230

자연 · 24, 25, 27, 35, 51, 59~62, 90, 109, 144~147, 149~154, 165~167, 172~174, 190, 203, 205, 206, 209, 214, 217, 218, 227, 228, 230~232, 240, 249, 253, 255, 256

자유liberty · 16, 22, 47, 48, 91, 105, 106, 127, 128, 133, 136, 138, 140, 185, 186, 210, 235, 238, 258, 270

자유 시장의 원리 · 37

자유 의지 · 47, 91

「자장」子張 · 74

자하 · 74

「자한」子罕 · 70

재산property · 128, 140, 141

〈전원 교향곡〉 · 249

전체주의 · 37, 38, 133, 135~137, 158, 171

『전체주의의 근원』The Origins of Totalitarianism · 133

「절대신호」絶對信號 · 210

정명도程明道(程顥) · 207, 209

정보 · 31, 32, 50, 167, 180, 266

정심正心 · 198

정이程頤 · 118, 205

정치 공간 · 129, 131, 133, 136~143

정치 철학 · 69, 81, 128, 138, 144

정치 행동 · 130, 136, 189

정호程顥 · 205~207

제논Zenon · 168, 169

제퍼슨(토머스 제퍼슨) · 128, 129, 131

조이스(제임스 조이스)James Joyce · 170, 171, 266

조장助長 · 198

조화 · 26, 59, 77~80, 82, 88, 106, 109, 119, 150, 190, 204, 258, 270

종족의 우상 · 43

죄책감 · 182, 183

주인과 노예의 변증법 · 145

주일무적主一無適 · 117, 197

주자 · 66~68, 74, 118, 204, 205

죽음 · 49, 88, 89, 99, 103, 107, 116, 117, 153, 182, 183, 210, 219

즐김 · 71, 72, 76~79, 90, 176, 177, 253 ~255

증석 · 76

지각 · 21, 169, 179, 217, 250

지경持敬 · 118

지복至福 · 153

진리 · 42~45, 51, 52, 60, 92~94, 101, 105, 108, 109, 127, 133, 158, 169, 170, 172, 174, 184, 185, 187, 190, 195, 199, 230, 236, 244, 263, 266, 269

진리의 놀이 · 108, 109

『진실성과 진정성』Sincerity and Authenticity · 243

진정성Eigentlichkeit(authenticity) · 50, 147, 165, 167, 172, 174~177, 181, 188, 190, 191, 230, 243

진정한 공존das eigentliche Mitsein(das eigentliche Miteinander) · 187, 190

진정한 자아 · 62, 66, 86, 174, 186, 192, 197, 261

집단 무의식 · 263

ㅊ

창조적 가능성 · 16, 23

『천로역정』The Pilgrim's Progess · 199

천문학 · 221, 263

천인합일天人合一 · 228, 229

침묵 · 99, 100, 102, 218, 250, 251

ㅋ

카탈렙시스katalepsis · 167~169, 195

칸트 · 144, 145

쾌락plaisir · 115, 149, 165, 268

『크리스토의 모방』De Imitatione Christi · 23

ㅌ

「태백」泰伯 · 89

테일러(찰스 테일러)Charles Taylor · 144,

195, 196

토마스 만 · 265

통어력govermentality · 102, 108

퇴계(이황) · 118, 198, 252~254, 269

투쟁의 변증법 · 145

트릴링(라이오넬 트릴링)Lionel Trilling · 243, 262

ㅍ

파시즘 · 187

파우스트 · 265

페이이 우Pei-Yi Wu · 199, 200, 206, 207, 211

펜들턴(에드먼드 펜들턴)Edmund Pendleton · 137, 139, 145

평상심平常心 · 194

평온한 마음Gelassenheit · 194

푸코(미셸 푸코) · 91~97, 99~106, 108~ 110, 115~117, 182, 183, 195, 241, 242, 247, 267, 268

프랑스 혁명 · 128, 136, 237

프로이트 · 5, 243, 262

프루스트(마르셀 프루스트)Marcel Proust · 168, 265

플라톤 · 5, 96, 195, 260, 263, 266, 267

플루타르코스 · 103, 105

피타고라스 · 99, 250

핑가레트(허버트 핑가레트) · 85, 86, 257

ㅎ

하버마스 · 109

하이데거 · 175~184, 186~190, 192~ 195, 232, 233, 241, 243, 255

「학이」學而 · 81, 83, 84, 87, 88

「한국시와 형이상」 · 235

함께 있음Mitsein · 186, 188

행복 · 4, 6, 26, 27, 93, 104, 110, 119, 121~145, 147~153, 158~160, 165, 190, 215, 229, 238, 246, 261, 264

행복권 · 125, 127

행복의 추구 · 118, 119, 127, 128, 229, 246

행운 · 121

「향당」鄕黨 · 77

헤겔 · 104, 145, 176

헤세(헤르만 헤세) · 24~27, 51, 265

헨리 제임스Henry James · 168

헬레니즘 · 94, 104, 117

『혁명론』On Revolution · 128, 131

현존재(다자인)Dasein · 175, 178, 186, 189

현존재 분석 · 178, 186, 189

혜능慧能 · 21

호네트Axel Honneth · 144, 145

후지胡直 · 201~203